Ramesh S. Balsekar – Die Eine Wahrheit

Ramesh S. Balsekar

Die Eine Wahrheit

Der Schlüssel zur Nicht-Dualität

Verlag Alf Lüchow

Titel der amerikanischen Originalausgabe:
The Final Truth by Ramesh S. Balsekar
© Copyright 1989 by Ramesh S. Balsekar
First published in U.S.A.
by ADVAITA PRESS, Redondo Beach, CA 90277

Aus dem Amerikanischen übersetzt
von Heidrun Goeschel

Die Deutsche Bibliothek – CIP-Einheitsaufnahme

Balsekar, Ramesh S.:
Die eine Wahrheit : der Schlüssel zur Nicht-Dualität / Ramesh
S. Balsekar. [Übers.: Heidrun Goeschel. Bearb.: Chandravali
Schang]. – 1. Aufl. – Freiburg i. Br. : Lüchow, 1996
Einheitssacht.: The final truth <dt.>
ISBN 3-925898-59-X
NE: Schang, Chandravali [Bearb.]

---

2. Auflage 1999
© Copyright der deutschen Ausgabe 1996
by Verlag Alf Lüchow, Freiburg i. Br.
Alle Rechte vorbehalten

Umschlaggestaltung: Atelier Wolfgang Traub
Umschlagfoto: »Egg with keyhole«, The Stock Market, N.Y. U.S.A.
Übersetzung: Heidrun Goeschel
Bearbeitung: Chandravali Schang, 53797 Lohmar
Satz: Fotosetzerei G. Scheydecker, Freiburg i. Br.
Druck und Bindung: Freiburger Graphische Betriebe
ISBN 3-925898-59-X

Inhalt

Anmerkung der Lektorin 7
Vorwort 9

ERSTES BUCH

Die Natur der phänomenalen Manifestation

Die manifestierte Welt – ihre Natur 15
Das Erscheinen des Ich Bin 17

ZWEITES BUCH

Das Individuum in Beziehung zur phänomenalen Manifestation

Das Problem des Individuums 43
Das Konzept der Gebundenheit 44
Der allgegenwärtige »Jemand« 45
Erfahrungen und Gewahrsein 61
Was bedeutet die Wahrheit in der Praxis? 63
Die Natur der Existenz 65
Unsere Beziehung zur Zeit 66
Der Kosmos und Ich 68
Das Licht meines Auges 69
Befreiung vom Selbst 71

Das Kind einer unfruchtbaren Frau 72
Niemand zweifelt an seiner Existenz 74
Die fundamentale Logik der Leere 75
Das wirkliche ICH und das schattenhafte »Ich« 77

DRITTES BUCH

Das Individuum und sein Problem

Das Individuum und die Natur (Nisarga) 83
Das Individuum und die Gegensätze im Leben 95
Das Individuum und sein Verstand 113
Die individuelle Persönlichkeit 135
Das Individuum ist das Problem 144
Die vergebliche Suche des Individuums nach Sicherheit . . 157

VIERTES BUCH

Ultimatives Verstehen selbst ist die Lösung – Die Eine Wahrheit

Wie lebt man sein Leben 175
Die Essenz der Lehre 176
Die Grundlage der Selbsterforschung 187
Wenn das Ende der Gebundenheit naht 207
Verstehen ist reine Freude 218
Die Essenz des Höchsten Verstehens 223
Der Zustand der Erleuchtung 234
Die Eine Wahrheit 242

Glossar 245

Anmerkung der Lektorin

Das häufig im Text erscheinende Wort »*Bewußtsein*« wird im englischen Originaltext durch die Großschreibung als »*Consciousness*« vom persönlichen Bewußtsein unterschieden. Der Leser sollte sich daher darüber klar sein, daß in diesem Buch fast immer damit das Absolute, Allumfassende, die ungeteilte Totalität gemeint ist.

Das »*Ich*« ist die illusorische Vorstellung eines persönlichen, individuellen »Selbst«, das nur eine Ansammlung von Eindrücken darstellt; es kann auch das »Ego« genannt werden. ICH hingegen bezeichnet das wirkliche, universale Selbst, das Absolute.

Das englische Wort »*mind*« wurde meistens mit »Verstand« übersetzt, je nach Zusammenhang aber auch als »Denken«, »Denken und Fühlen« oder »Geist«. Es umfaßt den Gesamtbereich des Mentalen und des Gemüts und bedeutet im weitesten Sinne auch »Inhalt des Bewußtseins«.

»*Split mind*« ist der (in Subjekt und Objekt) trennende Verstand, der durch Wertung und Beurteilung das »Ich« in Gegensatz zu »den Anderen« setzt. Ein Beobachter interpretiert z. B. ein Geschehen so, daß er sagt: A habe dieses oder jenes B angetan. »*Whole mind*« ist der Geist, in dem die Subjekt/Objekt-Spaltung aufgehoben ist, ein Beobachter sieht ein Ereignis »einfach« als ein Ereignis an.

Das Wort »*subjektiv*« hat nicht die allgemein gebräuchliche Bedeutung von »persönlich, von persönlichen Meinungen gefärbt«, sondern weist auf das Subjekthafte. »*Subjekt*« ist das, was unabhängige Natur besitzt; das, was erkennt. Ebenso bedeutet »*objektiv*« in diesem Fall nicht »sachlich, frei von persönlichen Meinungen«, sondern weist auf das Objekthafte. Ein »*Objekt*« ist das, was erscheint, was keine eigene Natur hat, eine Erscheinung im Bewußtsein als Gegenstand der Wahrnehmung.

Das »*steuernde Zentrum*« (engl.: »functional center«) ist die Totalität, Bewußtsein oder Gott, die jeden einzelnen, individuellen Mechanismus als Instrument gebraucht, durch sie funktioniert. Das »*ausführende Zentrum*« (engl.: »operating center«) ist der psychische Teil des psychosomatischen Organismus, das den Körper funktionieren läßt. Es ist wie der »Chauffeur« eines Autos, während der Besitzer das eigentliche steuernde, maßgebliche Zentrum ist.

Das *persönliche Selbst* ist die illusorische Vorstellung eines Individuums als unabhängige Wesenheit, die sich mit dem Körper-Verstand-Mechanismus identifiziert. Das *universelle Selbst* hingegen ist unbegrenzt, frei von jeglicher Identifikation, und wird als reines Ich Bin erfahren.

Vorwort

Am Ende eines eigentlich für zwei Wochen geplanten Aufenthalts, der sich schließlich zu vier Monaten häufiger Gespräche entwickelte, stellte mir ein Besucher aus dem Westen die direkte Frage: »Was ist die einfache, endgültige Wahrheit?« Plötzlich wurde mir klar, daß eine ähnliche Frage vonseiten eines Schülers seinerzeit die Entstehung der *mahavakyas** veranlaßt haben muß.

Dennoch ist es eine Tatsache, daß Wahrheit weder erklärt noch beschrieben werden kann. Wahrheit ist das »Was-Ist« und das Annehmen dieser Tatsache. Jedes Wort über die Wahrheit kann nur ein Hinweis auf sie sein. Das Verstehen der Wahrheit kann nicht erworben werden. Es kann nur geschehen, und es kann nur dann geschehen, wenn der Verstand frei ist von allen Gedanken, von jeglicher Konzeptualisierung. Wenn sich das Verstehen ereignet, so wird es mit ziemlicher Sicherheit plötzlich und unmißverständlich dann eintreten, wenn man es am wenigsten erwartet. Und das Geschehen kann nur angenommen werden, wenn der Verstand frei von einem »Ich« und das Herz voller Liebe ist.

Das Verstehen, das selbst die Wahrheit ist, geschieht nur dann, wenn eine augenblickliche, direkte (und daher »echte«) Wahrnehmung stattfindet. Es vollzieht sich nur in der Abwesenheit von Vernunft und Logik, die sich im Bereich der Dualität befinden. In diesem Verstehen ist der Verstehende (das »Ich« als individuelle

---

* Feststellungen der Upanishaden, welche die höchste Wahrheit des Vedanta ausdrücken:
Prajnanam Brahman (Bewußtsein ist Brahman), *Aham Brahmasmi* (Ich bin Brahman), *Tat Tvam Asi* (DAS bist du) und *Ayam Atma Brahman* (Das Selbst ist Brahman).

DIE EINE WAHRHEIT

Wesenheit) vollkommen abwesend, und der Verstand hat sich völlig ergeben. Das Verstehen als solches kann nur dem absoluten Schweigen entspringen, der Stille, die herrscht, wenn die Aktivität aufhört und Konflikte enden.

Was ist die Grundlage dieses Verstehens? Es ist die Tatsache, daß alle Objekte, alle Phänomene, die in der Manifestation wahrgenommen werden können, lediglich Erscheinungen im Bewußtsein sind. Sie werden vom Bewußtsein selbst durch den »Mechanismus« der Subjekt/Objekt-Spaltung wahrgenommen und erkannt und ergänzt durch den Vergleich voneinander abhängiger Gegensätze. Dies ist in der Tat der Vorgang der Konzeptualisierung.

Ein solches Verstehen führt zur direkten Wahrnehmung des Wesens des Menschen. Es wird daraus klar, daß die als *maya* (grundlegende Täuschung) beschriebene phänomenale Manifestation nicht der Prozeß des Lebens als Abfolge von Geburt–Leben–Tod ist, sondern der Glaube an die objektive Wesenheit, die durch diese konzeptuellen Ereignisse geht und sie erfährt. Und es gibt noch eine weitere Illusion, ohne die jene grundlegende Täuschung nicht möglich wäre: Zeit und Raum, in denen sich die illusorische Wesenheit ausdehnt. Das »Wer«, das »Was«, das »Wo« und das »Wenn« sind begriffliche Vorstellungen im Bewußtsein. Sie sind so »real« wie jede Fata Morgana oder jeder Traum.

Diese Feststellung mag einiger Erklärungen bedürfen. Die Objekte in der phänomenalen Manifestation (einschließlich der empfindungsfähigen Wesen), die Erscheinungen im Bewußtsein sind, sind nicht so zu verstehen, als seien sie aus geistigem Stoff »erschaffen«, da sie tatsächlich gar nicht wirklich existieren. Sie existieren nur als Täuschungen und können daher nicht aus irgend etwas »zusammengesetzt« sein. Die Totalität der Manifestation und alles, was in ihr enthalten ist, ist Bewußtsein an sich, Unicity*. Es gibt nichts außer Bewußtsein, das sich seiner selbst in seiner

---

* Ein von Ramesh gern benutztes Konzept von dem Autor Wei Wu Wei: Unicity ist völlig losgelöst von den miteinander verbundenen Gegensätzen der Dualität und der Nicht-Dualität. »Einheit setzt Dualität voraus. Unicity erzeugt die Vorstellung, daß es keine zwei geben kann.«

noumenalen Subjektivität nicht gewahr ist, sich jedoch als objektiver Ausdruck in der phänomenalen Manifestation wahrnimmt. Wenn dies in seiner Tiefe ganz verstanden wird, gibt es nichts mehr zu verstehen. Warum? Weil ein solches Verstehen die Erkenntnis beinhalten muß, daß es keine individuelle Wesenheit als solche gibt. Was wir zu sein *glauben*, ist lediglich eine Erscheinung, ein nicht greifbarer Schatten, während das, was wir in Wahrheit *sind*, Bewußtsein selbst ist, das formlose Brahman. Das Verstehen bedeutet die absolute, totale Vernichtung der Identität, die über Jahre hinweg aufgebaut wurde. Die letzte Hürde, die das Aufdämmern der Wahrheit, das letzte Erkennen, die Erleuchtung, das Erwachen – oder welches Wort man auch immer dafür wählen mag – verhindert, ist die *Identifikation als eine getrennte Wesenheit*. Mit anderen Worten, das Individuum mag intellektuell den illusorischen Charakter des gesamten Universums und aller darin enthaltenen Dinge verstanden haben, aber nicht das *Illusorische »seiner selbst«*. Und das ist die wirkliche Macht von *maya*: das Denken, Wahrnehmen und Leben vom Standpunkt eines illusorischen, phänomenalen Zentrums.

Die letztendliche Wahrheit, wie Ramana Maharshi, Nisargadatta Maharaj sowie alle Weisen vor ihnen klar festgestellt haben, ist die, daß es weder Erschaffung noch Vernichtung, weder Geburt noch Tod, weder Schicksal noch einen freien Willen, weder einen Weg noch etwas Erreichbares gibt.

Lediglich darum geht es in diesem Buch. Sollten Sie dies verstanden haben, so lassen Sie sich von mir beglückwünschen – es gibt für Sie in diesem Buch nichts zu entdecken. Die Wahrheit unterliegt keinem Wechsel, sie wird von Augenblick zu Augenblick – hier und jetzt – aber niemals in der Dualität erfahren. Dieses Buch weist aus verschiedenen Blickwinkeln, verschiedenen Richtungen und in verschiedenen Aspekten auf die Wahrheit hin. Die letzte Wahrheit ist Unicity.

Bevor ich schließe, muß ich auf die Tatsache hinweisen, daß der Leser sicherlich feststellen wird, daß bestimmte Punkte – sogar im selben Wortlaut – an verschiedenen Stellen wiederholt werden. Das war notwendig, um diesem bedeutsamen Thema voll und ganz gerecht zu werden. Meine Bitte an den Leser ist, diese Wiederholungen nicht flüchtig und schnell als bloße Wiederholungen zu überfliegen, sondern sie insofern wichtig zu nehmen, als es notwendig war, sie im Zusammenhang mit dem jeweils besonderen Aspekt der Wahrheit zu wiederholen, die ohnehin nur *Eine* sein kann.

RAMESH BALSEKAR
Bombay – März 1988

ERSTES BUCH

Die Natur
der phänomenalen Manifestation

Die manifestierte Welt – ihre Natur

Die grundlegende Schwierigkeit, ein metaphysisches Prinzip anhand eines Beispiels oder einer Illustration zu erklären, liegt darin, daß jede Illustration sich nur auf einer relativen Ebene bewegen kann, während sich das Thema der Metaphysik auf das Absolute bezieht.

Aufgrund dieser Schwierigkeit benutzt die Tradition gewöhnlich drei Analogien *zusammen*, um dem Schüler zu ermöglichen, die offensichtliche Unwirklichkeit des manifestierten Universums zu verstehen:

1) das Seil, das fälschlicherweise für eine Schlange gehalten wird
2) die Wüste oder das Ödland, in der als überraschend reales Phänomen eine Fata Morgana erscheint, und
3) der persönliche Traum, mit dem der Wachzustand als »realer« Traumzustand verglichen wird.

Ein Seil wird zuerst fälschlicherweise für eine Schlange gehalten, aber wenn es danach als Seil erkannt wird, ist es nicht länger eine Schlange – die Erscheinung der Schlange ist verschwunden. In dieser Analogie scheint das Argument, daß das Universum lediglich eine Erscheinung, ein objektiver Ausdruck des wahren Selbst ist, nicht die entsprechende Wirkung zu haben, weil das Universum auch nach dieser Information so wie zuvor erscheint, anstatt zu verschwinden. Der entscheidende Punkt ist hier, daß es bei der Schlange klar nachweisbar ist, daß es sich um eine irrtümliche Vorstellung handelt: das Seil erscheint nur in der Dunkelheit als

Schlange, und sobald es hell ist, wird die Verwechslung klar erkannt. Das Erscheinen der Welt aufzuheben, ist jedoch nur durch die eigene tatsächliche Erfahrung des Selbst möglich. Um diesen Widerspruch zu erklären, wird die Analogie der Fata Morgana benutzt. Ebenso wie die Schlange ist auch die Fata Morgana ein Trugbild, das objektiv erklärt und bewiesen werden kann; und die Tatsache, daß eine Fata Morgana auch weiterhin gesehen werden kann, selbst nachdem sie als falsche Erscheinung erkannt wurde, bestätigt, daß *die anhaltende Erscheinung einer Sache kein Beweis für ihre Wirklichkeit ist.*

An diesem Punkt taucht eine dritte Schwierigkeit in Form des folgenden Einwands auf: die Fata Morgana ist eine trügerische Erscheinung, da kein Wasser existiert, um den Durst zu löschen – die Welt jedoch dient während ihrer Erscheinungsdauer vielerlei Zwecken. Diese Schwierigkeit wird angemessen mit der Analogie des persönlichen Traumes gelöst, in dem im Traum gegessen und der geträumte Hunger des geträumten Charakters gestillt wird.

Die Analogie des persönlichen Traumes beantwortet auch einen anderen Einwand: Während die falsche Vorstellung von der Schlange und die Täuschung der Fata Morgana sofort geklärt und verstanden werden können, ist es sehr schwierig, die Tatsache abzustreiten, daß die Welt etwas ist, was Flüsse, Berge und andere Dinge enthält, die Tausende von Jahren alt sind. Wir schauen uns um und sehen die Menschen beschäftigt mit Geburt, Leben und Tod, so wie man es allgemein kennt. Der persönliche Traum trifft hinsichtlich dieses Einwands den Nagel auf den Kopf, weil *die Traumwelt alle wichtigen Eigenschaften der tatsächlichen Welt enthält*: Im Traum leben Menschen ihr Leben, es gibt Flüsse und Berge, die offenbar schon lange Zeit existiert haben, obwohl der Traum nur einige Augenblicke dauern mag.

Was die Analogie des Traums aufzeigt, ist die Tatsache, daß Verlangen und dessen Befriedigung – welche die Grundfaktoren des Lebens schlechthin zu sein scheinen – so unwirklich sind wie das Individuum, auf welches sich das Bedürfnis und dessen Befriedigung beziehen. Wie der chinesische Weise Tschuang Tse es ausdrückte: »Ist es Tschuang Tse, der letzte Nacht träumte, er sei ein

Schmetterling, oder ist es der Schmetterling, der immer noch träumt, er sei Tschuang Tse?«

Tatsächlich hat weder Erschaffung, noch Vernichtung stattgefunden. Eine Gebundenheit existiert nur so lange, wie das Denken einem wahrgenommenen Objekt Realität einräumt. Sobald es damit aufhört, verschwindet damit auch die vermeintliche Gebundenheit. Hier, in dieser objektivierten Schöpfung, wächst und vergeht nur das, was auf diese Weise objektiviert wurde. In dieser Konzeptualisierung und Objektivierung wird die Dualität als die tatsächliche Grundlage der Manifestation gesehen. Die Dualität ist notwendig, damit die manifestierten Objekte im Rahmen von Raum und Zeit wahrgenommen und verstanden werden können, in denen sie sich ausweiten. Es ist wichtig sich zu merken, daß, obwohl die so erzeugte Manifestation die Natur einer bloßen Erscheinung oder Täuschung besitzt, sie insofern durchaus wirklich ist, als die Manifestation eine Reflektion des Bewußtseins ist. Der Schatten besitzt keine eigene Substanz oder Natur, doch ohne die Substanz kann der Schatten gar nicht entstehen.

Das Erscheinen des Ich Bin

Noumenon – reine Subjektivität – ist sich seiner Existenz nicht bewußt. Ein solches Gewahrsein seiner Existenz erscheint nur mit dem Auftauchen des Bewußtseins »Ich Bin«. Mit anderen Worten: Bewußtsein-in-Ruhe ist sich seiner Existenz so lange nicht bewußt, bis innerhalb seiner selbst eine *natürliche, aber plötzliche Bewegung* stattfindet. Dann wird es sich seiner selbst als »Ich Bin« bewußt. Diese plötzliche Bewegung wird auf verschiedenste Weisen bezeichnet, zum Beispiel als *Omkar* (der uranfängliche Klang) in den Vedanta-Schriften und möglicherweise als Urknall in der Astronomie!

Das spontane Auftauchen des »Ich Bin« (als eine Bewegung im Bewußtsein) ist ein Gewahrsein der Existenz, ein Gewahrsein des Da-Seins. Gleichzeitig entsteht die Erscheinung der phänomenalen Manifestation im Bewußtsein. Die phänomenale Manifestation bedarf *bestimmter, vorausgesetzter phänomenaler Bedingungen*, ohne die eine solche Manifestation nicht möglich wäre. Die in sich ausgeglichene Gesamtheit des subjektiven Noumenons (des Bewußtseins-in-Ruhe) spaltet sich scheinbar in die Dualität eines Pseudo-Subjekts und eines beobachteten Objekts. Jedes phänomenale, empfindungsfähige Objekt subjektiviert sich infolgedessen als »Ich« in Beziehung zu allen anderen Objekten als »die Anderen«. Die Objektivierungen dieser Dualität bedürfen der scheinbaren Schaffung der beiden Konzepte von »Zeit« und »Raum«. Raum ist notwendig, damit sich das Volumen der Objekte ausdehnen kann. Zeit (Dauer) ist notwendig, damit die im Raum ausgedehnten phänomenalen Bilder wahrgenommen, erkannt und hinsichtlich der Dauer jedes Objekts und jedes Ereignisses gemessen werden können.

Menschen, ebenso wie alle anderen empfindungsfähigen Wesen (Objekte, die fühlen und ihre Existenz und Gegenwart spüren können), sind genauso wie alle anderen phänomenalen Erscheinungen, seien es Felsen, Flüsse oder Bäume, ein integraler Teil der gesamten phänomenalen Manifestation. Sie tauchen mit dem Erscheinen des phänomenalen Universums auf, so wie sie es spontan und gleichzeitig im Traum tun. *Als objektive Phänomene gesehen gibt es keinen eindeutigen Unterschied zwischen belebten und unbelebten Objekten*, doch subjektiv gesehen ist es das Empfindungsvermögen, das die Lebewesen zur *Wahrnehmung* der phänomenalen Manifestation befähigt.

Das Empfindungsvermögen ist ein Aspekt des Bewußtseins (die ursprüngliche Totalität der Energie), aber es hat nichts mit dem scheinbaren *Auftauchen* der Manifestation innerhalb des Bewußtsein zu tun. Obgleich das Empfindungsvermögen die Menschen befähigt, andere Objekte wahrzunehmen (und der Intellekt, ein anderer Aspekt des Bewußtsein, sie zur Unterscheidung befähigt), unterscheiden sich die Menschen als *Objekte der Erscheinungswelt* nicht von allen anderen Erscheinungen.

Die eigentliche Essenz des endgültigen Verstehens liegt darin, daß es keinen Unterschied zwischen der unmanifestierten Noumenalität und der manifestierten Phänomenalität geben kann. *Noumenalität und Phänomenalität sind identisch* insofern, als die

Noumenalität der Phänomenalität immanent ist. Die Phänomenalität besitzt keine eigene Natur, die von der Noumenalität getrennt ist. Der Schatten kann keine andere Natur als der Körper haben, der den Schatten wirft. Mit anderen Worten, *die Erscheinungswelt ist der objektive Ausdruck des noumenalen Subjekts.*

Es ist die Identifikation der Noumenalität mit jeder gesonderten Erscheinung, die – indem sie gewissermaßen ein Pseudo-Subjekt aus dem schafft, was lediglich das ausführende Element im menschlichen phänomenalen Objekt ist – damit das Trugbild eines autonomen Individuums erzeugt. Dies ist das Ego, das sich in der Vorstellung von Begrenztheit wähnt. *Der Ablauf innerhalb der Phänomenalität geschieht ganz und gar unpersönlich. Das illusorische individuelle Wesen ist dabei völlig überflüssig, es sei denn als Werkzeug oder Mechanismus.* Der unpersönliche Ablauf zeitigt die unpersönliche *Erfahrung* von Freude und Leid. Nur wenn diese unpersönliche Erfahrung vom Pseudo-Subjekt so *interpretiert* wird, daß es als Erfahrender die Erfahrung in zeitlicher Dauer erlebt, verliert die Erfahrung ihr zeitloses, unpersönliches Element des Wirkens und nimmt die Dualität der Objektivierung als Subjekt/Objekt an.

Wir gebrauchen die Ausdrücke »verschiedene Dinge« oder »alles« oder »alle Dinge«, aber dies sind lediglich Sprachgebilde. Alles, was existiert, ist universales Bewußtsein. Das Universum *als solches* ist nicht das universale Bewußtsein, aber Bewußtsein *ist* das Universum, so wie der Armreif aus Gold gefertigt ist, aber das Gold umgekehrt nicht aus dem Armband. Ob das manifestierte Universum existiert oder nicht, Bewußtsein existiert als das subjektive Absolute. So wie das gemeißelte Bildnis bereits latent im Marmorblock enthalten ist, so ist die Vorstellung eines »Ich« und die »einer Welt« latent im potentiellen Plenum – der Fülle – des Bewußtseins-in-Ruhe enthalten. Wenn sich die Totalität des tatsächlich Bekannten aus der Totalität des alle Möglichkeiten enthaltenden Unbekannten heraus manifestiert, so wird dies als Schöpfung verstanden. An diesem Prozeß der Schöpfung ist keine willentliche Tätigkeit beteiligt – das unendliche Bewußtsein und die »Schöpfung« stehen in keiner aufgeteilten oder getrennten Beziehung zueinander.

Bewußtsein wohnt all diesen Dingen inne, ob sie nun belebt oder unbelebt sind. Obwohl der Felsen und der Baum ohne Regung zu sein scheinen, besteht doch eine Beziehung zwischen ihnen. Die fundamentalen Zusammensetzungen sind in beiden die gleichen, jedoch einmal so kombiniert, daß sich ein Baum bildet, und ein andermal so, daß sich ein Felsen formt. Vergleichbar reagieren die Geschmackskörperchen in der Zunge – aufgrund der Ähnlichkeit in der Zusammensetzung der Grundstoffe – auf den Geschmack einer Speise. Insofern ist *Selbsterkenntnis tatsächlich eine Erkenntnis der bestehenden Einheit*, die fälschlicherweise so betrachtet wurde, als gäbe es darin eine Beziehung. Das Mißverständnis resultiert daraus, daß der trennende Verstand einen Dualismus von Subjekt/Objekt und einer Menge anderer, voneinander abhängiger Gegensätze für wahr hält.

Es besteht kein ursächlicher Zusammenhang zwischen Bewußtsein und dem Universum. Die Wahrheit ist, daß nur Bewußtsein existiert und all dem innewohnt, was als das Universum erscheint. Mit anderen Worten, Bewußtsein und das Universum sind nicht zwei, zwischen denen irgendeine Art von Beziehung existieren könnte. Es ist völlig richtig zu sagen, daß der Baum im Samen existiert, weil beide sichtlich verschiedene Formen besitzen. Aber wie kann man vom Formlosen, von Bewußtsein, sagen, daß darin die kosmische Form des Universums in Samenform enthalten ist? *Es gibt keinen Samen im Bewußtsein, der seine Identität als Same aufgibt, um zum Universum zu werden.*

Millionen von Universen erscheinen im unendlichen Bewußtsein (*Chid-akasha*) und bilden eine Gesamtheit bekannter Form (*Mahad-akasha*) innerhalb der Totalität des formlosen Unbekannten. Diese Millionen von Universen erscheinen im unendlichen Bewußtsein wie Staubpartikel, die von einem Lichtstrahl erleuchtet sind. Jedes einzelne Universum reflektiert lediglich das Licht, es ist keinesfalls seine Ursache.

Die Rolle, die Bewußtsein im Geschehen der Welt einnimmt, ist vergleichbar mit der Rolle des Frühlings beim Aufblühen der Bäume. »Still dasitzend / nichts tuend / der Frühling kommt / und das Gras wächst von selbst.« Der Prozeß der Erfahrung durch die Vielzahl psychosomatischer Mechanismen hindurch wird tatsächlich durch Bewußtsein bewirkt, ja ist Bewußtsein. Irgendwo manifestiert es sich als Raum, irgendwo als Zeit, irgendwo als Handlung, ebenso wie es verschiedene Ozeane und Meere gibt, aber in Wirklichkeit nur eine einzige Gesamtheit von Wasser.

Das unendliche Bewußtsein ist »wie eine Schlingpflanze, und sowohl empfindende Wesen als auch unbelebte sind ihre Glieder, gesprenkelt mit den latenten Neigungen zahlloser Wesen, durchwebt mit den Fasern vergangener Schöpfungen, und Verlangen als ihre Knospen tragend.«

Kein Gedanke könnte ohne das unendliche Bewußtsein entstehen, ausgedrückt oder in Handlung umgesetzt werden. Bewußtsein erscheint als die physischen Körper (die in Wirklichkeit träge Masse sind), die vermittels jenem Aspekt von Bewußtsein, der Empfindungsfähigkeit ermöglicht, verschiedene Reaktionen durch wechselseitigen Kontakt miteinander erlauben.

Bewußtsein allein ist die Wirklichkeit, nicht nur in allen phänomenalen Objekten, sondern auch in allen Erfahrungen. *Aus dem Denken entsteht Handeln.* Und Denken ist eine Funktion des Verstands, der nichts anderes als Bewußtsein ist, das sich selbst durch die Identifikation mit einem psychosomatischen, individuellen Mechanismus begrenzt hat.

Obwohl die Wirklichkeit das eine, unendliche, homogene Bewußtsein ist, erscheint unerklärlicherweise eine scheinbare Spaltung oder Trennung von Beobachter, dem, was beobachtet wird, und dem Vorgang des Beobachtens. Damit der Vorgang der Beobachtung stattfindet, müssen ein scheinbarer Beobachter und die Manifestation, die beobachtet wird, vorhanden sein. Mit anderen Worten, der Vorgang des Beobachtens (oder jeder andere Vorgang wie Hören, Riechen usw.) kann nur in einer scheinbaren Dualität stattfinden. Aber der wichtige Punkt ist der, daß das subjektive ICH (Bewußtsein, das universale Selbst), genau das ist, was als objektives Universum erscheint. Es besteht kein Unterschied zwischen beiden, so wie es keinen Unterschied zwischen der Luft und ihrer Bewegung geben kann. *Es existiert keine kausale Beziehung zwischen dem grenzenlosen Bewußtsein und dem phänomenalen Universum.* Im unendlichen Bewußtsein erscheint dieses Universum wie ein Staubpartikel in der Luft.

DIE EINE WAHRHEIT

Das Erscheinen des Universums im unendlichen Bewußtsein kann nicht rational erklärt werden, so wie man es beispielsweise bei der Beziehung zwischen den Wellen und dem Ozean tut. Während den Worten »Ozean« und »Wellen« eine sichtbare Realität entspricht, gibt es nichts »Greifbares«, das den Worten »Universum«, »Verstand« oder »Ego« entsprechen könnte. Es ist einfach so, *daß die Erscheinung des Universums im unendlichen Bewußtsein genauso existiert, wie die Idee von Entfernung oder Leere im Raum.* Wann immer Fragen oder Diskussionen über so etwas wie eine Fata Morgana auftauchen, geht man selbstverständlich davon aus, daß die Fata Morgana nicht existiert. Ohne Bewußtsein existiert auch die Erscheinung des Universums und des Verstandes (oder des Egos) nicht. Es ist die kosmische Energie des Bewußtseins, das die *Illusion* der Welt und das Gefühl des Egos aus einer Kombination der fünf Elemente heraus geschaffen hat (so wie die Fata Morgana ein Trugbild des Wassers ist, kreiert durch Sonnenstrahlen auf dem heißen Wüstensand). Nur Bewußtsein allein existiert. Es erzeugt die Illusion der Welterscheinung und des Ego-Gefühls, und nimmt die Illusion der Verschiedenheit in dem wahr, was in Wirklichkeit reine Unicity ist.

Im Beispiel von Gold und goldenen Schmuckstücken ist klar, daß das Schmuckstück zu einem bestimmten Zeitpunkt, an einem bestimmten Ort als ein sichtlich unterschiedenes Objekt geschaffen wurde. *Vom Bewußtsein wurde jedoch nie etwas Getrenntes »erschaffen«.* Da Bewußtsein in sich selbst ruht und alles ist, was existiert, kann es nur ein subjektives Erfahren geben. Es gibt weder Substanz, noch Ursache für die »Erschaffung« des Universums. Das Universum ist eine bloße Erscheinung und das Ego-Gefühl nur ein Konzept. Wenn man diesen grundlegenden Unterschied nicht im Gedächtnis behält, wird jede ähnliche Veranschaulichung (die sich notwendigerweise innerhalb der Relativität bewegt) ziemliche Verwirrung stiften.

Das unendliche, formlose Bewußtsein drückt in seinem objektiven Erscheinen seine verschiedenen Aspekte aus – wie Absicht, den Willen, etwas zu tun bzw. das Verlangen, Zeit und Raum und natürliche Ordnung oder *niyati*, d.h. Schicksal, und eine unendliche Anzahl von Kräften oder Energien, wie Wissen, Dynamik und positive oder negative Wirkungen.

Obwohl diese Aspekte und Kräfte in ihrem Ausdruck und ihrer Wirkungsweise begrifflich verschieden sind, sind sie *in ihrer Essenz* nicht verschieden vom unendlichen Bewußtsein (der ursprünglichen Energie).

Die gesamte manifestierte Schöpfung stellt einen kosmischen Tanz des göttlichen Tänzers dar, und *der Tanz kann nicht vom Tänzer getrennt werden*. Zeit und Dauer ist die Melodie, nach der der Tanz aufgeführt wird, und Raum ist seine Bühne. Die verschiedenen Bewegungen sind die verschiedenen Aspekte und Kräfte. Der Einfluß der natürlichen Ordnung der Geschehnisse und ihrer Abfolge moderiert das Thema des Tanzes, ausgehend von den besonderen Merkmalen jedes Objekts (von einem Grashalm bis zu dem als Brahma aufgefaßten Schöpfer), jeweils reagierend auf unterschiedliche Ereignisse und Abläufe. Die natürliche Ordnung (*niyati*) ist der Tänzer, der das getanzte Schauspiel der phänomenalen Manifestation und ihrer Wirkungsweise aufführt. Es ist Bewußtsein, das spontan und grundlos durch den kosmischen Gedanken »Ich Bin« aus seinem Ruhezustand in Bewegung versetzt wurde. Der Tanz zeigt verschiedene Epochen und Jahreszeiten und schildert alle erdenklichen Stimmungsbilder, wie Liebe und Haß, Mitgefühl, Ärger usw. Er spielt sich vor der Hintergrundmusik der Elemente ab, auf einer Bühne, die von der Sonne, dem Mond und den Sternen erleuchtet wird, und die *Schauspieler* setzen sich aus allen Lebewesen im gesamten Universum zusammen.

Obwohl das unendliche Bewußtsein nicht verschieden von seinem Aspekt als Tänzer (natürliche Ordnung) und dem Tanz selbst ist, ist es der schweigende, aber wachsame Zeuge – *drashta* – dieses kosmischen Tanzdramas, das *innerhalb* seiner selbst stattfindet.

Es scheint schwierig zu verstehen zu sein, wie das Universum im unendlichen Bewußtsein enthalten sein kann, das doch angeblich transzendental ist. In Wirklichkeit gibt es nichts außer Bewußtsein, und deshalb muß Bewußtsein jeder scheinbaren Existenz innewohnen. Und trotzdem kann keine phänomenale Manifestation in irgendeiner Beziehung zum Bewußtsein stehen, weil es eine Beziehung nur zwischen zwei verschiedenen Wesen geben kann.

In diesem Sinn ist das Bewußtsein transzendental zum manifestierten Universum. Das Universum ist im Bewußtsein enthalten wie zukünftige Wellen in einem ruhigen See – lediglich *scheinbar* verschieden, im Hinblick auf die Möglichkeit seiner Manifestation. Ein Kristall, über ein farbiges Objekt gehalten, nimmt die Farbe des Objektes an, aber die Farbe hat keine unabhängige Natur. Das Bewußtsein bleibt von der Erscheinung des Universums innerhalb seiner selbst unberührt – es ist transzendental – so wie weder der Raum von den Wolken, die in ihm schweben, noch der Ozean von den Wellen, die sich an seiner Oberfläche erheben, beeinflußt wird.

Das formlose Bewußtsein kann nur durch die Vielzahl empfindungsfähiger Wesen, versehen mit Namen und Formen, erfahren werden, so wie das Licht nur durch strahlenbrechende Ursachen gesehen werden kann. Es ist daher nicht so, daß die Vielzahl von Namen und Formen unabhängig vom Bewußtsein existieren, sondern Bewußtsein kann sich nur durch diese Formen ausdrücken. Der Ventilator, die Lampen und die Küchengeräte funktionieren nicht von selber, sondern es ist der Strom, der durch diese verschiedenen Formen hindurchwirkt.

Was das natürliche Wachstum des Samens bewirkt, ist nichts anderes als Bewußtsein. Der erste Gedanke »Ich Bin« innerhalb des Bewußtsein schafft die scheinbare Verschiedenheit in der Manifestation. Als Raum ermöglicht Bewußtsein die Existenz des Samens, als Luft haucht Bewußtsein »Leben« in den Samen, als Wasser ernährt es ihn, und als Erde gewährt es dem Samen den Boden, in dem er sprießen kann. Als Licht offenbart Bewußtsein seine manifestierte Form, während es als Empfindungsfähigkeit die Wahrnehmung und Erkenntnis der manifestierten Form ermöglicht. *Es gibt nichts außer Bewußtsein, das sich selbst auf verschiedene Weisen ausdrückt, um die Manifestation und ihr Wirken in der Totalität zu gestalten.*

Bewußtsein, das höchste Brahman, das sowohl transzendent als auch immanent, unendlich und zeitlos ist, durchdringt alles. Es befähigt Menschen, den Ton, das Sehen, den Geschmack, den Duft und die Berührung zu erfahren. Es ist seinem Wesen nach reine Nicht-Dualität. Nur durch Unwissenheit entsteht der Dualismus voneinander abhängiger Gegensätze, wobei der grundlegende Gegensatz der von Subjekt/Objekt, »Ich« und »Nicht-Ich« ist. Und auch die Unwissenheit ist ein Konzept.

Der Bildhauer »erschafft« verschiedene Figuren aus einem Stein. Die Gestalten göttlicher Wesen, ihre Partner und ihre Begleiter entstehen aus ihm, und doch bleibt er ein Stein, ob gemeißelt oder ungemeißelt, als ein Block oder in unterschiedlichen Formen. Ähnlich kann das unendliche kosmische Bewußtsein als eine allumfassende, homogene Zusammenballung der Möglichkeiten gesehen werden, aus der heraus Millionen phänomenaler Objekte unendlicher Verschiedenartigkeit verwirklicht werden. Das allumfassende Bewußtsein bleibt immer Bewußtsein, mit oder ohne phänomenale Manifestation. Wenn den phänomenalen Objekten verschiedene Namen zugeschrieben werden, so ist die Unterscheidung rein begrifflich. Der Same kann nichts außer sich selbst enthalten, und was auch immer aus ihm wird, seien es Blumen oder Früchte, es kann ebenfalls nur von der Natur des Samens selbst sein. Die homogene Masse des Bewußtseins kann nichts anderes als das hervorbringen, was es in seiner Essenz ist. Bewußtsein *ist* immanent in jedem phänomenalen Objekt in der Manifestation, das im Bewußtsein auftaucht.

Wenn diese Wahrheit erkannt und wahrgenommen wird, verschwinden alle dualistischen Vorstellungen. Was immer gesehen wird, ganz gleich in welcher Form, kann nur Bewußtsein sein, weil alles Bewußtsein ist, und alle Manifestationen jetzt oder wann auch immer, können nur Bewußtsein sein. Dies ist die letzte Wahrheit.

Zeit, Raum und die Dualität selbst – notwendige Attribute für das Erscheinen der Manifestation – sind zusammen mit dem Empfindungsvermögen alles Aspekte des Bewußtseins. Sie sind Vorstellungen, Konzepte oder Gedanken. Mit dieser Erkenntnis erwacht die weitere Erkenntnis, daß diese – obschon sie *in sich selbst* unwirklich sind, als Aspekte des Bewußtseins nichts anderes als Bewußtsein selbst sein können. Es gibt eine zugrundeliegende Einheit in der potentiellen Verschiedenheit. Wir können von Verschiedenheiten in der phänomenalen Manifestation ebenso sprechen, wie wir vom Wasser in der Fata Morgana reden. So wie alles, was Wasser genannt wird, nichts als Wasser-*stoff* und Sauerstoff ist, ebenso ist die gesamte phänomenale Manifestation nichts als Bewußtsein, das als der Verstand erscheint, als Gebirge, Ozeane, Flüsse, Tiere und Menschen.

So wie die vielfältig glänzenden Federn und Flügel eines Pfaus potentiell im Ei des Pfaus enthalten sind, so ist die offensichtliche Verschiedenheit der phänomenalen Manifestation potentiell im Bewußtsein vorhanden. Daher ist das manifestierte Universum gleichzeitig dual und nicht-dual. Zeit, Raum, Verstand und Ego haben eine illusorische Wirklichkeit angenommen, obwohl sie überhaupt nicht erschaffen wurden. Nichts wurde als etwas Getrenntes geschaffen, auch wenn es dem Anschein nach so ist.

Ausdrücke wie »Verstand«, »Ego«, »Individuum«, »Unwissenheit« usw. werden nur als Hilfen für diejenigen gebraucht, die sich noch in den Anfängen ihrer Suche nach der Natur des Selbst befinden. Sie sind lediglich Begriffe, ohne inhaltliche Substanz. Das Wort »Wasser« wird im Falle einer Fata Morgana nur benutzt, um zu verdeutlichen, daß das, was als Wasser *erscheint*, überhaupt kein Wasser, sondern eine Täuschung ist. Ähnlich werden verschiedene Begriffe gebraucht um zu zeigen, daß das, was als Vielfalt *erscheint*, keine ist und daß das, was als Realität *erscheint*, ebenso keine ist! Alles ist Bewußtsein.

In der scheinbaren Schöpfung ist Bewußtsein in ständiger Bewegung und war es immer, seit dem Punkt, als der Gedanke »Ich Bin« spontan (ohne irgendeine Ursache) auftauchte. Diese Bewegung im Bewußtsein ist die ursprüngliche Energie, die die Realität in allem ist, was scheinbar als unerbittliche Kausalität im Zeitlichen wirkt. Sie wird mit verschiedenen Namen bezeichnet, wie *chit shakti* (die Urenergie), *mahashakti* (die große Kraft), *mahadrishti* (die große Vision), *mahakriya* (das große Tun), *mahaspanda* (die große Vibration) usw. Es ist die Kraft, die alles mit ihrem *dharma* (der charakteristischen Qualität) versieht. Man darf jedoch nie vergessen, daß diese Unterscheidung zwischen dem Absoluten und seiner Kraft, Brahman und *shakti*, rein begrifflicher Art ist. Sie wird nur gebraucht, um die manifestierte Schöpfung als Wirken der Kraft zu erklären, die aber selbst nur ein Konzept ist. Die Unterscheidung ist so konzeptuell wie die Unterscheidung zwischen dem Körper und seinen Teilen, oder dem Körper und seinen verschiedenen inneren Funktionen wie dem Verdauungs- und dem Atmungssystem.

Das Wirken dieser *shakti* (Kraft), die als *niyati* (Schicksal) bekannt ist, bestimmt alles, was geschieht, d. h. die Entstehung der Entsagung, die zur Selbsterforschung führt, die Begegnung von Guru und Schüler und das Wachstum, das sich durch seine Lehre ergibt oder auch nicht. Der ganze Vorgang ist der der Evolution, in dem die Individuen tatsächlich ziemlich unbedeutend sind außer als Instrumente, durch die der Prozeß der Evolution stattfindet und durch die *niyati* wirkt.

In einem Traum erscheinen die Traum-Körper und alles andere sehr real. Die Sinneswahrnehmungen sind so scharf wie im Wachzustand, doch sobald wir aufwachen, verschwindet diese Wirklichkeit. Wenn wir zu unserer wahren Natur erwachen, wird die Realität unserer Körper, sowie die Sinneswahrnehmungen des sogenannten Wachzustandes als so unreal wie die Traum-Körper erkannt. Tiefer Schlaf folgt dem Ende des Traumes, ebenso wie die Samen der Gedanken und Konzeptualisierungen durch reines Wissen verbrannt werden. Dann findet »Befreiung« vom Traum des Wachzustandes statt. Der befreite Weise scheint wie jede andere Person zu leben und zu denken, aber ein solches Leben ist vergleichbar mit der Form, die ein Seil zuweilen behält, selbst wenn es ganz verbrannt wurde. Befreiung oder wahres Erwachen enthält keine Rückstände, im Gegensatz zu den Zuständen des Tiefschlafs oder der Bewußtlosigkeit, in denen die Samen der Gedanken in latenter Form bleiben. Die Erwachten leben fest verankert in der bewußten Wahrnehmung, daß das Universum, obwohl eine Reflektion des noumenalen Absoluten, nur eine Erscheinung ist. Ihre Gedanken betreffen nur noch ihre wahre Natur, ebenso ihr Sprechen und ihre Unterhaltung. Ihre Wahrnehmung der Erscheinungen und Ereignisse entspricht einem Zeugesein ohne Vergleiche oder Beurteilungen. Gedanken mögen spontan auftauchen, aber sie werden nicht weiterverfolgt, sondern lediglich bezeugt.

Die Eine Wahrheit

ICH bin die subjektive Realität, der Träumer meiner selbst in dem kosmischen Traum, in dem ICH erscheine. Daher kann ICH unmöglich die objektive, geträumte Erscheinung und daher auch keine Wesenheit sein. Es ist niemals das Objekt, das erwacht, sondern der Träumende erwacht aus der Identifikation mit dem geträumten Objekt, welche die Illusion der Gebundenheit verursachte. »Erwachen« bedeutet in der Tat, als ein geträumtes Objekt zu verschwinden, die Auslöschung der Erscheinung, die Verflüchtigung der Täuschung oder des Traumes. Erwachen gipfelt daher in der Entdeckung, daß die scheinbare Wesenheit zusammen mit der ganzen Illusion oder dem Traum verschwunden ist. Das geträumte Objekt ist tatsächlich und substantiell nichts anderes als die subjektive Realität, die durch das Verschwinden der Illusion nun freigelegt ist.

Es gibt nur Bewußtsein. Wenn das Bewußtsein durch Unwissenheit oder abwesende Weisheit gesehen wird, ist das, was erfahren wird, das phänomenale Universum, der physische Aspekt des Bewußtseins. Wenn sich das unendliche Bewußtsein (*Brahman*) irrtümlicherweise im phänomenalen Ablauf für etwas anderes hält als das, was es wirklich ist, entsteht »Ich«-Erfahrung oder »Selbst-Zerstörung«. An diesem Punkt begrenzt sich das Bewußtsein auf den Verstand, dessen eigentliches Wesen (als Inhalt des Denkens) darin besteht, das Wissen um das Selbst zu verschleiern oder zu zerstören. Eine solche Verschleierung oder Zerstörung des Selbst währt nur einen Augenblick oder ein *kshana*. Aber im Denken dehnt sich jener Augenblick (*kshana*) zu einem Welt-Zyklus aus. Warum? Weil es die Natur des Verstands ist, fiktive oder konzeptuelle Existenz zu erschaffen. Natürlich ist eine solche Existenz, da sie nur fiktiv ist, unreal. Sie löst sich in dem Moment auf, in dem die Wahrheit realisiert wird. In dem Augenblick, in dem das berüchtigte Seil als Seil gesehen wird, verschwindet die Illusion oder Vorstellung des Seils als Schlange. Sobald die Wahrheit erkannt wird, wird die »Selbst-Zerstörung« in Unsterblichkeit verwandelt.

Die Täuschung und Verwirrung, in der das phänomenale Universum nicht als Illusion, sondern als real betrachtet wird, ist selbst der Verstand. Das Nicht-Begreifen der Wahrheit ist der Verstand. Bewußte Wahrnehmung der Wahrheit bedeutet die Vernichtung des Verstands (indem man den Verstand als den Betrüger entlarvt, der er ist). Dies wird Selbsterkenntnis, Selbstverwirklichung, Erwachen oder Erleuchtung genannt. Mit anderen Worten, die klare, bewußte Wahrnehmung, daß »dies« kinetisches Bewußtsein (Verstand) und nicht »DAS« (reines Bewußtsein) ist, zerstört die bisherige Illusion des Verstands, genau wie ein Erkennen »dies ist kein Wasser« die Auflösung der Täuschung der Fata Morgana zur Folge hat.

Die Zerstörung der Illusion des Verstands vernichtet gleichzeitig die mit ihr verbundene Illusion des Getrenntseins, die durch das Konzept des relativen »Ichs« geschaffen wurde. Alles, was danach bleibt, ist reines Bewußtsein. Dann wird alles Leben in dem Sinne noumenal, als alle Ideen darüber, was zu tun oder nicht zu tun ist, irrelevant werden und als Blasen auf der Oberfläche des Ozeans des unendlichen Bewußtseins belassen werden. Der Verstand, befreit von all seinen Konditionierungen, wird zum völlig unkonditionierten *Sattva* oder reinem Bewußtsein und hält das Bewußtsein nicht länger für das phänomenale Universum. Alle Bewegungen und Ruhezustände im unendlichen Bewußtsein werden als rein gedanklich, als völlig unreal, erkannt.

Das Bewußtsein aktiviert den Verstand, so wie die Brise das Rauschen der Blätter verursacht. Bewußtsein läßt die Sinne funktionieren »wie der Reiter das Pferd führt«. (Ein Individuum bezieht sich auf das Bewußtsein als »mein Bewußtsein«!!) Welch eine Ironie, daß Bewußtsein, das der Herr aller physischen Körper ist, wie ein Sklave agieren sollte, für immer verwickelt in alle Aktivitäten im ganzen Universum!

Die Wahrheit sollte von jedem erkennbar sein, aber leider ist dies nicht der Fall, da sich nicht jeder der Selbsterforschung widmet. Wenn »Das« gesehen wird, wurde alles gesehen, wenn »Das« gehört wird, wurde alles gehört, wenn »Das« berührt wird, wurde alles berührt. Die Welt existiert nur, weil »Das« ist. »Das« ist wach, auch wenn wir schlafen. »Das« treibt den unwissenden Träumer in die Wachheit. »Das« beseitigt die Qual des Leidens, die Verhaftung des Unwissenden.

Bewußtsein ist die Leere des Raumes. Es ist die Bewegung in allen bewegten Dingen. Es ist das Licht in allen leuchtenden Dingen, die Festigkeit der Erde, die Flüssigkeit in allem Flüssigen, die Hitze im Feuer. Es ist die kosmische Energie in allen manifestierten Dingen. Welchen Bedingungen der Körper auch immer unterworfen sein mag, das Bewußtsein bleibt unberührt. Wie kann es eine Beziehung zwischen dem Bewußtsein, das wir wirklich sind, und den Wünschen und Verlangen des Körpers geben, der wir meinen zu sein?

Bewußtsein ist der Duft in der Blume. So wie ein Waldbrand viele Formen annimmt, obwohl er eine einzige Flamme ist, so nimmt das formlose, nicht-duale Bewußtsein verschiedene Formen als Objekte im Universum an. Bewußtsein ist der subtile Bestandteil der Kontinuität in den unzähligen Universen, die immer potentiell in ihm enthalten sind, ebenso wie der Geschmack in der Nahrung potentiell in ihren Bestandteilen vorhanden ist, aber durch das Kochen erst richtig zum Ausdruck kommt. Alle Universen würden ohne das Bewußtsein augenblicklich wie ein Kartenhaus zusammenstürzen. Alle Konzepte, wie Freude und Leid, fallen in der Gegenwart des Bewußtseins zusammen, so wie die Dunkelheit sich in der Gegenwart des Lichts auflöst.

Es gibt kein Erwachen, kein Ende des Erwachens, keine Geburt, keinen Tod. Es gibt nur reines Bewußtsein, in dessen Gegenwart das Kleinste und Subtilste als Mikro-Kosmos erscheint. Personen, die man im Traum sieht, haben kein vergangenes *karma* – ähnlich hatten diejenigen, die zu Beginn der »Schöpfung« erschienen, kein *karma*, da sie reines Bewußtsein waren. Nur durch eine feste Verwurzelung in der scheinbaren Realität dieser phänomenalen Manifestation – und den Glauben an die Wirklichkeit der Willenskraft eines Individuums – entsteht die Vorstellung von *karma*. Das Individuum irrt mit seinem scheinbaren Wollen in seiner »realen« Welt herum und leidet aufgrund seines vermeintlichen *karmas*. Wenn erkannt wird, daß es nur Brahman oder Bewußtsein gibt, und daß es keine Erschaffung als solche gibt, wo ist dann *karma*? Wessen *karma*? Wenn die gesamte Schöpfung unerschaffen ist, wie kann es dann das Individuum als eine Wesenheit geben?

Die Ganzheit der Schöpfung befindet sich im Herzen des unendlichen Bewußtseins, sowohl als Ursache, wie auch als Wirkung, so wie ein persönlicher Traum im eigenen Geist abläuft. Das Ich-Bin-Sein ist selbst eine Gedankenschöpfung. Die voneinander abhängigen Gegensätze wie Tugend und Sünde, gut und böse, positiv und negativ, Subjekt und Objekt, welche die Trennung erzeugen, die die Ursache allen Leids ist, sind reine Vorstellungen, denen keine Wirklichkeit zugrundeliegt. Sie besitzen keine unabhängige Existenz. Es ist nur das eine reine, unendliche Bewußtsein, das als verschiedene Objekte in einem Traum erscheint. Diese Traumobjekte verschwinden im Tiefschlaf, ebenso wie diese scheinbar reale Traum-Welt, die in unserem scheinbaren Wachzustand auftaucht, in der kosmischen Auflösung verschwindet, die dem Zustand des Tiefschlafes entspricht.

Wenn diese Wahrheit erkannt wird, wie kann es dann noch irgendeine Gebundenheit oder Befreiung geben?

Es gibt nichts Beständiges im Erscheinen der Welt. Sie verändert sich fortlaufend, weil Veränderung das Wesen der Manifestation (*anitya*) ist, wie die ständig wechselnden Muster der Wolkengebilde am Himmel. Gewöhnlich wird vergessen, daß es unzählige Welten gibt. Es ist Unwissenheit, die uns meinen läßt, diese Welt sei ein stabiles Gebilde. Tatsache ist, daß die »Welt« jedes einzelnen Menschen sich von der eines anderen unterscheidet, weil die Gedanken des einzelnen niemals ganz von einem anderen erfaßt werden können. Obwohl Menschen im gleichen Haus leben, haben sie verschiedene Träume, in denen verschiedene Welten erfahren werden.

Das Denken besitzt die einmalige Fähigkeit, an etwas als Vorstellung festzuhalten. Eine solche Vorstellung wird traditionell *samskara* genannt. Mit der Erkenntnis jedoch, daß eine Vorstellung, ein *samskara*, keine unabhängige Existenz haben kann, sondern nur eine Bewegung im Bewußtsein ist, verliert sie ihre ganze Kraft und ihren Einfluß. Dann wird klar, daß *samskara* nur ein der Unwissenheit innewohnender Teil ist, die selbst eine Illusion ist! Es gibt nichts außer Bewußtsein.

»Samskara« wird gewöhnlich als »latente Eindrücke vergangener Taten und Erfahrungen« interpretiert, aber hier wird das Wort im wesentlichen in der Bedeutung von »etwas, das vor dem Auftreten des Traums existierte« (und das als etwas erscheint, was man schon vorher gesehen hat) gebraucht. Die *samskaras*, die im Wachzustand geschaffen wurden, tauchen im Traum auf, werden aber ebenso von neuem im Wachzustand kreiert. In Wahrheit wurden sie nur in einem *scheinbaren Wachzustand* geschaffen, der aber in Wirklichkeit gar keiner war. Vorstellungen tauchen im Bewußtsein so natürlich auf wie Bewegungen in der Luft – um Vorstellungen zu schaffen, ist kein *samskara* nötig. Die kosmische Schöpfung ist der Zustand, in dem die Erfahrung von »Zehntausenden von Dingen« im Bewußtsein entstehen. Das Ende dieser Erfahrungen ist die kosmische Auflösung. Daraus ergibt sich, daß das reine, unendliche Bewußtsein (*chid-akasha*) die Vielfalt von Namen und Formen hervorbringt, ohne je seine Unicity zu verlieren, ebenso wie jemand in seinem Traum eine Welt erschafft. Die »Schöpfung« ist nichts anderes als ein Spiegelreflex im unteilbaren Bewußtsein und daher nicht vom Bewußtsein selbst verschieden. Die Ursache (die natürlich sowohl vor der Wirkung existiert, als auch, wenn die Wirkung aufgehört hat) »wirkt effizient« (*samyak karoti*), indem sie den Effekt erzeugt, der dann selbst wiederum zur Ursache wird.

Die Wahrnehmung oder die Erfahrung der »Welt« existiert im atomaren Teilchen des unendlichen Bewußtseins, doch ist sie in keiner Weise verschieden von Bewußtsein. So wie sich die Reflektion im Spiegel nicht vom Spiegel unterscheidet, so ist das unendliche Bewußtsein selbst die »Schöpfung«. Schöpfung existiert, wo immer Bewußtsein gegenwärtig ist, und daher *ist die Schöpfung in Wirklichkeit keine Schöpfung*. Die Erkenntnis, daß ich die Schöpfung jederzeit und überall wahrnehme, wann immer ich bewußt bin (und jeder Mensch kann dies von sich sagen) verwandelt mich (als relatives »Ich«) von einem verschwindend kleinen Teilchen des Bewußtseins in das unendliche Bewußtsein selbst. Ein Tropfen auf der Oberfläche des Ozeans *ist* der Ozean selbst.

Die Wahrnehmung und Erfahrung der äußeren Welt durch den *jiva* (das Individuum) geschieht durch die nach außen gerichteten Sinne, die der inneren Welt durch die inneren Sinne. Während der Erfahrung der äußeren Welt ist der Bereich der inneren Vorstellungen vage und unspezifisch. Wenn sich der Geist nach innen richtet, wird die Natur der Realität mit größerer Klarheit wahrgenommen.

Im goldenen Armband kann die Substanz, das Gold, gesehen werden, und die Form oder Erscheinung, die das Armband ausmacht. Im Selbst (Bewußtsein) ist die Substanz das Bewußtsein, und die Vorstellung ist die des phänomenalen Objekts.

Der Körper erscheint als ein Konzept oder Bild im Bewußtsein, eine Vorstellung, die das Bewußtsein hegt. Die Identifikation des Bewußtseins mit dem Körper schafft das dementsprechende persönliche Bewußtsein oder den feinstofflichen Körper (*ativahika* oder *puryashtaka*), der aus dem Geist, dem Intellekt, dem Ego-Gefühl und den fünf Elementen zusammengesetzt ist. Während das unendliche, universale Bewußtsein formlos ist, bewegt sich das persönliche Bewußtsein im Laufe der Evolution von Körper zu Körper, bis es seine wahre Natur der Universalität erkennt (Erleuchtung). Bewußtsein ist gleichermaßen in unbelebten Objekten, empfindungslosen Körpern (wie im Tiefschlaf) und fühlenden Körpern anwesend. Der Traumzustand in empfindungsfähigen Körpern ist die Erfahrung dieser Schöpfung, und ihr Wachzustand ist *in Wirklichkeit* der transzendentale (*turiya*) Zustand der Befreiung während des Lebens. Jenseits des *turiya*-Zustands herrscht der Zustand des universalen, unendlichen Bewußtseins.

Jede Unterscheidung, und das muß immer wiederholt werden, ist nur gedanklicher Art und dient nur dem Zweck, die Sachlage verständlich zu machen. Alles, was es gibt, ist Bewußtsein, Selbst oder Noumenon. Die gesamte phänomenale Manifestation ist nichts anderes als der objektive Ausdruck dieser kosmischen Energie.

Beschreibungen über die Erschaffung des Universums sind in den Schriften nur behandelt worden, um den Schülern ein Verstehen zu erleichtern. Wenn klar verstanden wurde, was die Illustrationen und Worte zu erklären versuchen, müssen sie vergessen werden. So wird im Vedanta gesagt, daß die phänomenale Manifestation ein natürlicher Ausdruck der kosmischen Energie (*chit-shakti*) des unendlichen Bewußtseins oder Brahmans ist. Tatsächlich existiert im unendlichen Bewußtsein weder die Absicht der kosmischen Energie, sich selbst auszudrücken, noch

Die Eine Wahrheit

irgendein Schleier der Täuschung. Die Manifestation des Universums ist lediglich der objektive Ausdruck des subjektiven Absoluten, in dem – als Subjekt – nicht der leiseste Hauch einer Objektivität existiert.

Die Wahrheit kann nur erkannt werden, wenn Unwissenheit verschwindet, was gewöhnlich durch die Unterweisung vonseiten derer geschieht, die bereits erleuchtet sind. Diese Unterweisungen bedürfen der Illustrationen, Beschreibungen, Geschichten, eben der Worte. Alles ist nur ein Versteckspiel *mayas*. Das unendliche, universale Bewußtsein identifiziert sich selbst mit einer individuellen Form als persönliches Bewußtsein, und dann sucht das persönliche Bewußtsein seine Quelle oder wahre Natur! Wenn das Licht des wahren Verstehens aufleuchtet, verschwindet die Dunkelheit der Unwissenheit. Die eigentliche Frage sollte in die Richtung gehen, wie diese Unwissenheit beseitigt werden kann, und nicht, wie es zu ihr kam. Das Erkennen der Wahrheit ist begleitet von einem klaren Verstehen, daß Unwissenheit jeder Grundlage entbehrt und lediglich eine Illusion ist.

Es gibt in der Tat keine Spaltung im Bewußtsein, keine Trennung, die man die »Schöpfung« oder »Welt« nennen könnte. Eine solche illusorische »Schöpfung« taucht aus dem Nichts auf und löst sich letztendlich im Nichts auf. Ihre wahre Natur ist Leere, und daher existiert sie nicht. Dies ist die Wahrheit. Das, was zu Beginn nicht existiert, wird auch am Ende nicht existieren und existiert auch jetzt nicht. Das ist die Wahrheit. Diese Erscheinung einer Manifestation ist wie ein Traum, und die einzige Realität, in der sie erscheint und sich auflöst, ist das unendliche Bewußtsein. Niemand wurde je geboren, niemand lebt, niemand stirbt. Das ist die Wahrheit.

Die Vorstellung, daß das Bewußtsein als Universum erscheint, so wie das Seil als Schlange, ist nichts anderes als eine Unterhaltung für das kindliche und unwissende Gemüt. Der Erleuchtete weilt für immer in jener Wahrheit, die keiner Veränderung unterworfen ist, im unmittelbaren Gewahrsein, daß es nur das Selbst gibt. Wenn die Färbungen des Denkens gewichen sind, tritt das Wesentliche des Unendlichen an ihre Stelle. Wenn der Verstand leer ist, übernimmt das reine Bewußtsein.

Schöpfung existiert so lange, wie Gedanke und Konzeptualisierung vorhanden sind. So wie die Essenz eines Gegenstands in dem Gegenstand enthalten ist (wie das Öl im Samen und der Duft in der Blume), so liegt die Fähigkeit der objektiven Wahrnehmung im Wahrnehmenden. Tatsächlich kann es kaum eine Unterscheidung zwischen beiden geben (z. B. zwischen Zucker und seiner Süße oder Chili und seiner Schärfe).

Die Manifestation in der Gesamtheit ihrer sinnlich wahrnehmbaren Aspekte ist nichts anderes als Bewußtsein. »Denken« ist der Inhalt des Bewußtseins. Aber es sollte kein Mißverständnis aufkommen: die Manifestation selbst ist kein Etwas. Die in ihr enthaltenen Objekte sind nicht aus irgendeiner Art von »geistiger Materie« »zusammengesetzt«, weil es sie einfach nicht gibt. Was sind dann die Ojekte in der Manifestation? Sie sind reine Wahrnehmung, ein integraler Bestandteil ihrer Wahrnehmbarkeit. Wahrnehmung und Wahrnehmen machen in der Tat den »vermeintlichen« Verstand aus, für den man sie hält. Mit anderen Worten, es gibt keinen Verstand als solchen. Es gibt nur reines Wahrnehmen. Der »Verstand« zusammen mit den Konzepten von »Raum« und »Zeit« existiert nur scheinbar, um das Wahrnehmen der Manifestation zu ermöglichen.

Objektiv ausgedrückt ist der Punkt der, daß es unmöglich etwas getrennt vom Phänomen der Wahrnehmung geben kann; und Wahrnehmungsfähigkeit in Form bewußter Wahrnehmung ist völlig frei von einer auf ein Objekt bezogenen Eigenschaft. *»Denken und Fühlen« ist daher all das, was alles Geschehen zu sein scheint, und ist doch selbst nichts anderes als reines Wahrnehmen.* Mit anderen Worten, die Erscheinungen sind identisch mit dem, was Bewußtsein ist. Beide sind gleichermaßen real wie unreal. Das, was geschaffen wurde, muß notwendigerweise die Essenz dessen aufweisen, woraus es geschaffen wurde. Die unmittelbare »Ursache« der Manifestation ist der Gedanke »Ich Bin«, wenn das Bewußtsein in die Bewegung pulsiert.

So ist die manifestierte Erscheinungswelt gedanklicher Natur, objektivierter Gedanke. Dennoch erzeugen die Erscheinungsbilder (obwohl sie imaginär sind) »realistische« Wirkungen aus »realistischen« Ursachen, so wie ein im Traum vorgestellter sexueller Akt »realistische« Ergebnisse erzeugt.

Somit ist Bewußtsein der Schöpfer. Der Geist (sein Inhalt) ist das Instrument, durch das die Phänomenalität geschaffen wird. Das wahrgenommene Objekt ist im Wahrnehmenden enthalten. Aber es darf nie vergessen werden, daß es niemals eine Erschaffung oder eine Vernichtung gegeben hat. Aus dem unendlichen Potential erhebt sich die unendliche Manifestation und existiert in ihm als das Grenzenlose – das eine ist statisch, das andere ist Bewegung, das eine unentfaltet und formlos, das andere Form, ausgedehnt in Zeit und Raum.

Das unendliche, universale Bewußtsein ist der Same der fünf Elemente, die fünf Elemente sind der Same des manifestierten Universums. Die Früchte des Samens können nur von der Natur des Samens sein. Daher ist das manifestierte Universum nichts anderes als das unmanifestierte Absolute – Bewußtsein – und es gibt keinen Samen als solchen, weil es in dieser unerschaffenen Schöpfung weder einen Samen, noch dessen Frucht gibt. Nur Bewußtsein in seiner Subjektivität existiert, das jedes Verlangen sich selbst zu kennen, ausschließt.

Es gab niemals den Verstand als eine Entität. Nur Bewußtsein existiert, und alles, was die Vorstellungen von Verstand, Universum (und alle anderen verwandten Vorstellungen) entstehen läßt, ist von der Natur des Bewußtseins. Wenn die eigentliche Basis des Universums eine illusorische Vorstellung ist, wie kann dann ein »Ich« oder »Du« real sein? Es gab niemals ursächliche Faktoren, und so konnte es niemals irgendeine Erschaffung geben. Auf der Ebene des unendlichen Bewußtseins ist alles, was als phänomenale Manifestation erscheint, eine Reflektion des Bewußtseins. Realität, grenzenlos und unveränderlich, ist nichts als Bewußtsein. *Bewußtsein als Empfindungsvermögen befähigt empfindungsfähige Wesen zur Erfahrung der Sinne und ihrer Objekte. Bewußtsein als Geist-Intellekt befähigt die menschlichen Wesen zu denken und zu unterscheiden.*

Die transzendentale Realität ist das »Was-Ist«. Die Welt ist insofern nicht unwirklich, als ihr jene Realität innewohnt. Unwirklich ist der Verstand, der die trennende, begrenzende Vorstellung einer Spaltung zwischen dem »Ich« und der Welt erschafft. Was innerhalb des Bewußtseins als seine eigene Reflektion erscheint –

die Manifestation des Universums – ist nicht getrennt oder verschieden vom Bewußtsein. Obwohl der Schatten *an sich* keine Existenz besitzt und daher unwirklich ist, unterscheidet er sich nicht von der Substanz, *wenn man beide zusammen sieht*. Wenn kein Verstand arbeitet und keine Konzeptualisierung stattfindet, dann wird klar erkannt, gefühlt und erfahren, daß die Phänomenalität nur der objektive Ausdruck des subjektiven Noumenons ist. Die Substanz und ihr Schatten, der Ozean und die Wellen, der Zucker und seine Süße können nicht voneinander getrennt werden. Jede Trennung ist nur begrifflich und dient lediglich dem Zweck des intellektuellen Verstehens.

Die phänomenale »Schöpfung« ist nichts anderes als Bewußtsein, und nur *Bewußtsein ist sich dieser Schöpfung gewahr*. Wenn die Gedanken und Worte über die »Schöpfung« ins Unbedeutende sinken, wird die wahre Bedeutung von »Schöpfung« sofort als das ewige Bewußtsein selbst *gefühlt*. Das Wort »Bewußtsein« beinhaltet »Schöpfung«, und das Wort »Schöpfung« ist in der Bedeutung von »Bewußtsein« enthalten. Wenn reine Wahrnehmung (reines Wissen) stattfindet, kann es sich natürlich nicht mehr um ein Begreifen handeln, denn dann gibt es niemanden, der etwas begreifen könnte – der Begreifende muß verschwinden, bevor das intuitive Erfassen stattfinden kann.

Gott ist weder Shiva, Vishnu oder Brahma, noch die Sonne oder der Mond, der Wind, das Feuer oder das Wasser. Gott ist jene formlose Subjektivität, reines Potential, unendliches, universales Bewußtsein, das allein selbst nach der kosmischen Auflösung weiterbesteht. Nur innerhalb dieses reinen, unendlichen Bewußtseins, der Fülle aller Möglichkeiten, tauchte diese phänomenale Manifestation als reine Spiegelung jener Potentialität auf, als bloßer objektiver Ausdruck jener reinen Subjektivität.

Die phänomenale Objektivierung dieser reinen Subjektivität erscheint und wirkt in unserer *äußeren* Welt des Bewußtseins im Wachzustand genau wie die empfindenden und empfindungslosen Objekte in der *inneren* Bewußtseinswelt des Traumzustands zu existieren und zu wirken scheinen. In keinem der beiden Zustände geschieht wirklich etwas. Bewußtsein ist die Substanz und der Träger in beiden Objektivierungen – der Traum-Welt und der scheinbar »realen« Welt. Beide sind objektive Manifestationen im Bewußtsein, wenn sich Bewußtsein in Bewegung befindet.

Die äußere Verehrung einer Form als Gott gilt nur für diejenigen, deren Psyche nicht ausreichend gereinigt, und deren intuitive Intelligenz nicht entsprechend erwacht ist. Eine solche Verehrung eines Objekts, das von ihnen selbst als ein Konzept geschaffen wurde, mag den Anbetenden eine gewisse Beruhigung und geistigen Frieden schenken, aber aus der Sicht der Erfahrung der eigenen wahren Natur ist es ein nutzloses Vorgehen.

Der von einem hochentwickelten Intellekt zu verehrende Gott ist der, der die gesamte phänomenale Schöpfung durch seine Substanz erhält ... ein Gott jenseits aller Konzepte, unendlich und zeitlos... ein Gott, der, wie der Geschmack im Essen, in jedem Lebewesen existiert, und der daher keiner Suche bedarf... ein Gott, der nicht begriffen werden kann, da Er den Verstand und die fünf Sinne der Wahrnehmung transzendiert.

Universales Bewußtsein sollte durch das eigene persönliche Bewußtsein verehrt werden und nicht durch das Darbringen von Blumen, Speisen oder Sandelpaste, noch durch Räucherwerk oder das Schwenken von Lichtern. Es sollte eine Verehrung ohne Anstrengung sein, allein durch Selbsterkenntnis, durch die höchste Meditation im dauerhaften, ununterbrochenen Gewahrsein des Inneren, der innewohnenden Gegenwart. Diese Verehrung bedarf keiner Anstrengung, da es nichts zu erreichen gibt, nichts, das man nicht bereits besitzt.

Die Verehrung des universalen Bewußtseins besteht darin, alles was unseren Weg ungesucht und unaufgefordert kreuzt – alle physischen Vergnügungen und alle Leiden – aus ganzem Herzen anzunehmen. Diese Verehrung akzeptiert jede Aktivität, die durch den psychosomatischen Organismus stattfindet. Das Selbst sollte mit allen Freuden, die sich ohne Anstrengung und spontan ergeben, verehrt werden, ganz gleich, ob solche Vergnügen von den Schriften gebilligt oder verboten werden, ob sie als wünschenswert, angemessen oder nicht, angesehen werden. Das Selbst sollte mit allen Erfahrungen, die auftreten, verehrt werden, ob schön und angenehm oder häßlich und unangenehm, je nach Zusammentreffen von Zeit, Umständen und Umgebung. Erfahrungen sollten mit Gleichmut angenommen werden, wie die Weite des Raumes, während das Denken zutiefst still, in unendlicher, innerer Ausdehnung verweilt. Äußere Bewegungen finden ohne Beteiligung eines Wollens statt, ohne Verlangen oder Ablehnen. Alles wird bezeugt ohne Wunsch, ohne Ablehnung, ohne Beurteilung.

ZWEITES BUCH

Das Individuum in Beziehung
zur phänomenalen Manifestation

Das Problem des Individuums

Die traditionelle Prägung vom »Meer des *samsara*« ist so stark, daß man genötigt ist, den Zustand von *nirvana* in einer äußeren Quelle zu suchen. Man betet: »Ich ertrinke in diesem Ozean des Elends, oh Gott, bitte rette mich!« Dann wird einem gesagt, daß die Befreiung ganz und gar nicht leicht oder einfach sei und daß man sich langer und mühsamer Anstrengungen unterziehen müsse, bevor Befreiung erlangt werden könne. Verschiedene Wege mit Namen, Riten und Vorschriften werden nahegelegt. Schließlich wird gesagt, daß man ganz und gar nicht gebunden sei, und daß daher die Frage einer Befreiung oder Erlösung nicht auftauche. All dies jedoch geschieht einem »Du« und wird zu einem »Du« gesagt.

Ist es nicht einfacher und direkter, auf Anhieb zu verstehen, daß es gar kein »Du« gibt, daß das »Du« ein Konzept ist, das vom Verstand geschaffen wurde? »Du« bist eine Täuschung. In einem solchen Verstehen gibt es kein Konzeptualisieren, kein Denken, das als das verstehende Ego »Du« tätig ist. Ein solches Verstehen, ohne jegliches »Du« als der Verstehende, ist reines Verstehen oder intuitives Erfassen. Diese bewußte Wahrnehmung – oder besser, das spontane Erfassen – ist alles, was *ist:* Bewußtsein, Gewahrsein, Gott oder wie immer man es nennen mag, dessen einziges »Tun« darin besteht, Zeuge des ganzen Ablaufs der gesamten Manifestation (ohne irgendein Beurteilen) zu sein.

Die vorhergehenden Stufen sind Abschnitte des Kreises, der sich nur durch die endgültige Vernichtung des »Du« oder »Ich« schließt.

Das Konzept der Gebundenheit

Um die Beziehung zwischen dem Menschen und der phänomenalen Welt klar zu verstehen, ist es notwendig, diese begrifflich in den wahrgenommenen oder objektiven Aspekt, und den wahrnehmenden oder subjektiven Aspekt aufzugliedern. Es muß betont werden, daß eine solche Unterscheidung rein begrifflich (und dennoch wesentlich) ist, denn obwohl diese Aspekte in der Manifestation als zwei erscheinen, sind sie im Unmanifestierten nicht getrennt.

In bezug auf den wahrgenommenen oder objektiven (sichtbaren) Aspekt erscheinen die Menschen in der Manifestation wie alle anderen Phänomene im sichtbaren Universum. Es gibt, objektiv, keinen Unterschied zwischen belebten und unbelebten Objekten – sie alle sind Objekte in der phänomenalen Manifestation, die gleichzeitig auftauchen. Dies ist der wahrgenommene oder objektive Aspekt.

Der Unterschied (begrifflich) entsteht aus der Sicht des scheinbaren Universums, so wie es den Lebewesen durch ihr Empfindungsvermögen, mittels ihrer Sinne *bekannt ist*. Empfindungsvermögen ist jener Aspekt der Manifestation, durch den die Phänomenalität (einschließlich anderer empfindungsfähiger Objekte) erkannt wird. Mit anderen Worten, wenn die Erscheinungsform als der statische Aspekt der Manifestation gesehen wird, so ist das Empfindungsvermögen der dynamische Aspekt. Durch das Empfindungsvermögen der Sinne und die Fähigkeit des Erkennens findet die kognitive Interpretation statt. In diesem Sinne gibt es einen Unterschied zwischen lebendigen und leblosen Objekten: *während beide wahrgenommene Objekte sind, kann nur ein belebtes Objekt selber wahrnehmen*.

Aufgrund der Wahrnehmungsfähigkeit oder dem *subjektiven Aspekt* der Manifestation im Bewußtsein betrachtet der Mensch sich als getrenntes, unabhängiges und autonomes Wesen, das Handlungs- und Entscheidungsfreiheit besitzt. Dieses Mißverständnis entsteht, weil der Mensch den wahrgenommenen oder objektiven Aspekt seiner eigenen Erscheinung als einen Teil der gesamten Manifestation vergißt. Trotz allem, was dagegen zu sprechen scheint, ist der Mensch, wie alle empfindungsfähigen Wesen, objektiv nichts anderes als ein Trugbild, eine Traumfigur. Er wird voll und ganz gesteuert, wie eine Marionette, die vom Puppenspieler bewegt wird.

Alles, was der Mensch tut, ist reines Konzeptualisieren, durch die Erschaffung illusorischer Bilder und Interpretationen, mit Hilfe des entsprechenden psychosomatischen Mechanismus, den der Körper darstellt.

Jede phänomenale »Existenz« ist hypothetisch. Jede Tätigkeit wird geträumt oder imaginiert durch einen Träumer, der keine wie auch immer geartete objektive Qualität besitzt, d.h. die Tätigkeit wird durch Bewußtsein in seinem subjektiven Aspekt geträumt. Was immer objektiv wahrnehmbar ist, ist eine geträumte Phantasie des Lebens. »Wir« sind lediglich geträumte Figuren, die phänomenalen Objekte im Lebenstraum des träumenden Subjekts, des Bewußtseins, das *als solches* selbst ein Konzept ist. Ein klares, tiefes Verstehen dieser Situation ist Erwachen oder Erleuchtung.

Das ganze Problem des Lebens taucht auf, weil der Mensch in seiner objektiven Einordnung den subjektiven Aspekt beansprucht, und all das »Leid«, das rein imaginär ist, auf sich zieht. Ein Erkennen, daß der Mensch, als der *subjektive Aspekt des Bewußtseins* das Universum träumt, indem er es objektiviert, bedeutet aus dem Lebens-Traum zu erwachen – oder Erleuchtung. Der Traum wird als unbegründet erkannt. Das ist die endgültige Wahrheit.

Der allgegenwärtige »Jemand«

Es ist nicht allzu schwer intellektuell zu verstehen, daß wir die innewohnende Substanz und nicht der »flüchtige und gequälte Schatten« sind. Selten jedoch wird dieses Verstehen in seiner Ganzheit intuitiv verwirklicht. Das liegt darin begründet, daß das Verstehen in der Regel nicht *als solches*, sondern nur mit einem damit verbundenen »Jemand« akzeptiert wird. Das Verb wird nicht ohne Subjekt akzeptiert, das Geschehen nicht ohne das *vorgestellte* Individuum. Um es etwas anders auszudrücken, *der illusorische Charakter jeder Erscheinung im Universum wird verstan-*

Die Eine Wahrheit

den und akzeptiert – der illusorische Charakter aller Dinge, außer dem illusorischen Wesen desjenigen, der dies versteht und akzeptiert! Es ist fast unmöglich, die totale Aufhebung einer Identität zu akzeptieren, die jedem Wesen durch fortwährende Konditionierung eingeprägt wurde.

Folglich existiert eine Blockade gegenüber dem vollkommenen Verstehen. Diese Blockade ist der immer vorhandene »Jemand«. Und solange das »Wer«, der »Jemand« oder das »Ich« nicht völlig schwinden, kann sich jenes nicht-intellektuelle Verstehen, jenes intuitive Erfassen, jene tiefe und absolute Überzeugung, jene strahlende, bewußte Wahrnehmung, die keines Beweises durch Schriften oder sonstiges bedarf, nicht ereignen.

Das »Ich« will bei jeder Erforschung über »sich selbst« und die Natur der phänomenalen Manifestation dabei sein. Es ähnelt einem Blinden, der die Natur der Welt um sich herum verstehen möchte, jedoch nur davon ausgehend, daß sie in der Dunkelheit existiert, der er ausgesetzt ist. Eine wirkliche Schwierigkeit entsteht, wann immer jemand einem Guru zuhört oder ein Buch liest, das auf metaphysische Wahrheiten hindeutet (mehr als umreißen oder hinweisen ist ohnehin nicht möglich), da Worte unweigerlich an ein Individuum gerichtet sind! Sogar das *mahavakya* »DAS bist Du« ist an ein »Du« gerichtet. Es ist, als ob dem Individuum nie erlaubt wird zu vergessen, daß es ein Individuum ist, obwohl man ihm wiederholt sagt, daß kein Individuum als unabhängiges, autonomes Wesen existieren kann.

Aufgrund dieses gordischen Knotens – unsere Konditionierung verhindert das Verstehen, doch ohne dieses grundlegende Verständnis ist Erleuchtung nicht möglich – wurde der Weg als pfadloser Pfad beschrieben, der niemanden von keinem »hier« zu keinem »dort« führt! Eine Entwirrung dieses gordischen Knotens ist unmöglich. Er kann nur durch ein plötzliches, spontanes, unmißverständliches Annehmen des Verstehens durchtrennt werden, ohne bewußten Versuch, jenes Verstehen zu begreifen. Warum? *Weil wir dieses Verstehen sind.* Warum sollten wir nicht, anstatt wie der Blinde ein Verstehen der Welt auf der Basis ewiger Dunkelheit anzustreben, das akzeptieren, was Buddha mit leidenschaftlicher Eindringlichkeit behauptete (und so viele andere in allen Teilen der Welt), daß es kein »Selbst« bzw. ein getrenntes »Individuum« oder ein »Wesen« gibt?

Und doch taucht die Frage auf, »wer« behauptet dies? »Wer« schreibt dies? Natürlich niemand. Es gab seit Beginn der Zeit niemals ein »Wer« außer *dem »Wer«, das phänomenal allgegenwärtig und noumenal völlig abwesend ist!* Derjenige, der die Frage stellt, ist das »Wer«, der Suchende, der sich Selbst sucht. Aus diesem Grund erklärte Nisargadatta immer wieder, er sei kein Individuum, das zu einem anderen Individuum spreche, sondern *Bewußtsein*, das zu Bewußtsein spricht.

Es gibt eine Tatsache, die nicht allgemein erkannt wird und nicht leicht zu akzeptieren ist, selbst wenn sie intellektuell klar verstanden wurde. Es ist die Tatsache, daß ein Objekt nur deshalb als ein Objekt erkannt wird, weil eine Reaktion eines oder mehrerer Sinne eines empfindungsfähigen Wesens auf einen äußeren Reiz stattfindet, d.h. da ist ein Reiz, der scheinbar aus Quellen kommt, die außerhalb des psychosomatischen Mechanismus liegen, welcher der re-agierende »Apparat« ist. Objekte würden nicht als solche erkannt, wenn es keine Reaktionen der Sinne empfindungsfähiger Wesen auf eine Vielzahl äußerer Anregungen gäbe – was natürlich heißt, daß *Objekte als solche, unabhängig vom rea-gierenden Mechanismus, durch den man sie für wirklich hält, keine nachweisliche Existenz haben.*

Das Subjekt, das Objekte wahrnimmt, ist selbst ein Objekt für andere empfindungsfähige Objekte. Daher ist es ziemlich offensichtlich, daß alle empfindungsfähigen Objekte – von denen jedes als Subjekt im Hinblick auf andere Objekte handelt – nur eine Mutmaßung sind. Weder die tatsächliche Existenz des Objekts, noch die des Subjekts kann bewiesen werden. Was das wirklich bedeutet, ist, daß es keinen annehmbaren Beweis für das Vorhandensein einer phänomenalen Welt – außerhalb und unabhängig vom Bewußtsein der empfindungsfähigen Wesen gibt. Um diesen Punkt logisch weiter auszuführen: die äußere Welt wäre somit scheinbar nichts anderes als die empfindungsfähigen Wesen, die die Wahrnehmenden dieser Welt sind. Aber die empfindungsfähigen Wesen selbst scheinen keine unabhängige, äußere Existenz zu haben (weder als Subjekt, noch als Objekt) und müssen daher

Die Eine Wahrheit

ein Konzept im Bewußtsein sein, in dem sie erkannt werden! So scheint es, daß alle Objekte – als Subjekt oder Objekt – einschließlich der empfindungsfähigen Wesen, nichts anderes als Bewußtsein sind! Letztendlich hat das Bewußtsein selbst keine nachweisbare Existenz und muß daher eine konzeptuelle Vermutung sein.

Die einzige Schlußfolgerung, zu der wir logisch scheinbar gekommen sind, ist die, daß das Bewußtsein als der manifestierte Aspekt des Unmanifestierten anzusehen ist – das äußerste Konzept, das auf Das hinweist, was der Definition nach unvorstellbar ist. Darüber hinaus können wir nicht gehen, weil Konzeptualität nicht aus Konzeptualität entstehen kann, sondern allein aus dem Nicht-Konzeptuellen. Was als objektiv anwesend verstanden wird, kann nur aus dem objektiv Abwesenden entstehen, die Manifestation aus dem Unmanifestierten. So wie ein Auge sich nicht selbst als Objekt sehen kann, kann Konzeptualiät sich nicht selbst begreifen oder objektivieren. Mit anderen Worten, das Bewußtsein (in dem Konzeptualität entsteht) ist *reine* Nicht-Konzeptualität, unberührt von Begrifflichem oder Nicht-Begrifflichem. Es ist absolute Abwesenheit von Konzeptualität, sei es im positiv, existierenden Sinn oder im negativ, nicht-existierenden Sinn, und daher die absolute Abwesenheit von Name und Form. Es existiert nicht als ein Objekt. Es ist *die äußerste Abwesenheit, aus der heraus alles ins Dasein tritt.*

Es ist wichtig zu verstehen, daß das Bewußtsein das phänomenale Universum nicht *projiziert*, es *ist* das phänomenale Universum, manifestiert als sein objektives Selbst: *»›ICH‹ existiere nicht objektiv, aber das phänomenal objektivierte Universum ist ›mein‹ Selbst.«*

Außer dem reinen Bewußtsein existiert nichts Unabhängiges – weder die Sinne und der Verstand, noch ihre Objekte. Bewußtsein allein erscheint als die Sinne in einem Individuum und als die verschiedenen Objekte außerhalb. Als Denken interpretiert es die äußeren Objekte als angenehm oder unangenehm.

Das reine Bewußtsein, unendlich und ewig, ist immer frei von allen Modifikationen. In der Ausdrucksweise des Vedanta ist der *jiva* (das Individuum) nur ein Begriff, der spontan und gleichzeitig mit der Vorstellung »Ich Bin« auftaucht. Es ist dieses vorgestellte, persönliche Bewußtsein, das lebt, sich bewegt und sich für eine individuelle Wesenheit hält. Mit dem Erscheinen des Ich-Bin-Seins nennt man Bewußtsein Ego (*ahamkara*), mit dem Erscheinen von Gedanken nennt man es Geist (*manas*), mit dem Erscheinen von Kenntnis nennt man es Intelligenz (*buddhi*). Insgesamt gibt es nichts außer Bewußtsein in seinen variierenden Aspekten – als Körper, Sinne, Ego, Gedanken, als Intellekt und als die äußeren Objekte. Durch die unglaublich schnelle Wiederholung dieser Vorstellungen verdichtet sich das persönliche Bewußtsein (die subtile Persönlichkeit) selbst in scheinbar materielle Festigkeit oder Konkretisierung. Anschließend identifiziert sich das gleiche Bewußtsein mit jedem individuellen, abgetrennten Objekt. Wenn diese Selbsttäuschung verschwindet, wird das Bewußtsein seiner Universalität und Grenzenlosigkeit gewahr – und das nennt man »Erleuchtung«.

Alle Körper (*puryashtaka*) erscheinen im Bewußtsein als Bilder – sei es ein Objekt, nah wie ein Stuhl, oder entfernt wie ein Stern – ebenso wie die Manifestation des gesamten Universums (der erste und ursprüngliche *puryashtaka*) im unendlichen Bewußtsein aufgetaucht ist. Der *jiva* (das Individuum) sieht all das als Objekte, was er von jenem Teil des Gedächtnisses aus begreift, mit dem er im Augenblick der Empfängnis erfüllt wurde. So wie die kosmischen Elemente sich im Makrokosmos entfalten, entfalten sich die entsprechenden Sinne ähnlich im Mikrokosmos. Natürlich darf man nie vergessen, während man versucht, die Mechanismen des scheinbaren Manifestationsprozesses zu verstehen, *daß nichts wirklich »erschaffen« wurde*. Alles, was erscheint, ist Gedankenwerk, aus dem alle Träume gemacht sind. Wenn die Illusion der Fata Morgana als solche erkannt wird, verschwindet automatisch die Vorstellung, daß Wasser in ihr zu finden ist. Dennoch war das Bild des Wassers notwendig, um die Illusion zu erklären.

Nur das Selbst oder Bewußtsein existiert. Alles andere, der *jiva*, der *puryashtaka* (der feinstoffliche Körper) und alle weiteren Vorstellungen, die notwendig sind, um die Illusion der Manifestation zu erklären, verschwinden, wenn das ganze Thema klar verstanden wird. Die Untersuchung der Natur der verschiedenen Vorstellungen (einschließlich der des Individuums, *jiva*) war insofern tatsächlich die Untersuchung ihrer Unwirklichkeit.

Bewußtsein identifiziert sich mit jedem Objekt, nimmt die Natur des Individuums an und erfährt die Gedanken des jeweiligen Individuums. Wissen ist im Bewußtsein enthalten – sie sind in der Tat genauso identisch wie Raum und Leere identisch sind. Aber durch die Identifikation mit dem Individuum, *jiva*, teilt sich das Wissen – das Ich-Bin-Sein – in eine Subjekt/Objekt-Beziehung, sodaß die Vielzahl der Objekte begrifflich durch Raum und Zeit begrenzt wird. Diese Begrenzung ist das Ergebnis der gedanklichen Aufteilung in Bewußtsein/Wissen, Bewußtsein/Geist, Subjekt/Objekt. Aber subjektives Wissen, reines Wissen, ist die wirkliche Essenz des Bewußtseins, und zu Ihm kehrt es immer wieder zurück. Wenn das überlagerte Falsche als falsch erkannt wird, wird das Wirkliche als das, was die ganze Zeit über immer da war, enthüllt.

Die scheinbare Bewegung der Energie im Bewußtsein entspricht dem Denkorgan, und seine natürlichen Äußerungen (ähnlich wie das Zischen der Schlange entspricht oder das Brüllen dem Tiger) werden Gedanken oder Ideen genannt. *Bewußtsein plus Konzeptualisierung ist Gedanke. Bewußtsein ohne Konzeptualisierung ist unsere wahre Natur, das Was-Wir-Sind.* Bewußtsein plus Konzeptualisierung lassen den Dualismus von »Ich« und »nicht-Ich« entstehen. Es kann keine Konzeptualisierung ohne ein »Ich« geben, das die eigentliche Grundlage jeder Konzeptualisierung ist. Die Konzeptualisierung grenzt das universale Bewußtsein in ein persönliches Bewußtsein, Verstand oder Ego ein. So entsteht das Ego. Das tiefe Verstehen des offensichtlichen Unterschieds zwischen dem universalen Bewußtsein – dem Was-Wir-Sind – und dem persönlichen Bewußtsein – dem was-wir zu-sein-scheinen – setzt den Prozeß der Rückkehr zu unserer wahren Natur in Gang. Das intuitive Erfassen unserer wahren Natur unterbindet den nach außen gerichteten Fluß der Gedanken, der das vorgestellte Wohlergehen des vermeintlichen »Ich« als Ausgangspunkt hat und führt zu dem Phänomen, das Erleuchtung genannt wird. Diese *geschieht* plötzlich, spontan, ohne Bemühen und völlig unerwartet. In der Tat wäre jede Erwartung ein Hindernis.

Solange bestimmte Vorstellungen andauern, muß die damit verbundene vermeintliche Gebundenheit (und der Schmerz und das Leid, die mit dieser Annahme einhergehen) das vermeintliche Individuum weiterhin plagen. Der Mensch ist »nicht etwas, *das ist*«. Er ist eine Erscheinung. Als ein Phänomen, als eine Erscheinung in jemandes Bewußtsein, ist der Mensch lediglich »etwas, was *zu sein scheint*«.

Der Kernpunkt der Verhaftung ist der, daß das, was eine Erscheinung wahrnimmt (das »Ich«) sich fälschlicherweise für das Subjekt jener Wahrnehmung hält und folglich für ein vom Wahrgenommenen getrenntes Wesen. Tatsache ist jedoch, daß sowohl der Wahrnehmende, als auch das Wahrgenommene, beide Erscheinungen im jeweiligen Bewußtsein des anderen sind. Alles Vorstellbare, das unsere Sinne wahrnehmen und unser Verstand erkennt (aufgrund der Interpretation dessen, was durch die Sinne wahrgenommen wird), kann tatsächlich nichts anderes als eine Erscheinung im Bewußtsein sein, objektiviert und interpretiert als ein Ereignis in Zeit und Raum.

Es muß verstanden werden, daß beide, sowohl die falschen Annahmen als auch die Verhaftung, die auf diesen Annahmen beruht, lediglich phänomenal und daher nur scheinbar vorhanden sind. Dieses Verstehen zerstört die psychologischen Elemente der rein psychologischen Konditionierung, die durch jene scheinbare Verhaftung entstanden ist. Diese Konditionierung wird durch einen Prozeß der Entkonditionierung gelöscht, indem das Konzept der »Realität« durch das Konzept der »Erscheinung« ersetzt wird. Dieser Entkonditionierungsprozeß – der das auflöst, was fälschlicherweise als »real« und »getrennt« aufgefaßt wurde – muß notwendigerweise auch die vermeintliche wahrnehmende Wesenheit auflösen. Beides wird dann als eine Erscheinung im Bewußtsein erkannt, ganz offensichtlich ohne irgendeine Unabhängigkeit oder Autonomie.

Es gibt keine wirkliche Verschiedenheit in der Schöpfung. Verschiedenheit ist nur eine Erscheinung im Bewußtsein, entsprechend den Vorstellungen, die in einem bestimmten persönlichen Bewußtsein im Laufe der Evolution (oder Involution, wenn man so will) entstehen. Viele der Vorstellungen vermischen sich, und so entsteht durch Vertauschungen und Kombinationen eine unendliche Vielfalt innerhalb dieser Verschiedenheit. Und doch erscheint die Vielfalt nur in dem einen unendlichen, universalen Bewußtsein.

Die Handlungen, die zu irgendeinem bestimmten Zeitpunkt durch bestehende Körper-Geist-Mechanismen stattfinden, erzeugen bestimmte Reaktionen in der Zukunft. Diese Reaktionen werden in Form von zukünftigen Handlungen durch neugeschaffene, individuelle Organismen reflektiert. Sie erzeugen wiederum weitere Wirkungen, und so setzt sich die Beziehung von Ursache und Wirkung durch die Schaffung neuer Charaktere in dem unvollendeten Spiel, das dieses Leben und Erleben in unserer Welt bedeutet, fort. Die Evolution schafft eine Reihenfolge von »Leben« in Form einer Weiterentwicklung in Richtung des letzten Phänomens, d.h. der Erleuchtung. In diesem Zustand verbleiben keine unerfüllten Erwartungen des Gedächtnisses, und keine neuen, willentlichen Erwartungen werden geschaffen. Aber an diesem Prozeß der Evolution – der mit einem Gefühl der Unzufriedenheit mit materiellen und sinnlichen Vergnügungen beginnt und sich durch Entsagung hin zur Selbsterforschung entwickelt, um dann in einem völligen Verzicht und der Hingabe des Wollens und der Identifikation zu gipfeln, was schließlich Erleuchtung bedeutet – ist keine individuelle Wesenheit beteiligt. Es ist nicht eine individuelle Wesenheit, die geboren wurde und wiedergeboren wird. Alles, was geschieht, ist eine allmähliche Entwicklung durch verschiedene Leben – jedoch *keiner bestimmten Wesenheit* – in Richtung der endgültigen Disidentifikation des universalen Bewußtseins von einer bestimmten physischen Form, mit der es sich selbst als persönliches Bewußtsein oder Denken identifiziert hat.

Gebundenheit entsteht für das vermeintliche Individuum aufgrund einer mißverstandenen Identität. Was-Wir-Sind ist lebenverleihendes Bewußtsein – das Noumenon. Was wir *glauben zu sein*, ist das phänomenale Objekt, dem das belebende Bewußtsein Empfindungsvermögen verleiht. Die einzige »Existenz«, die jedes phänomenale Objekt, einschließlich des Menschen, haben kann, ist nur eine scheinbare. Das heißt, sie ist nur eine Erscheinung im

Bewußtsein, eine Objektivierung, die ihre Existenz nur dem Geist verdankt, der sie objektiviert. Mit anderen Worten, die Existenz des phänomenalen Objekts, dessen Wesenhaftigkeit sich einzig vom Denken ableitet (wie jeder geträumte Charakter), kann einfach keinerlei eigene unabhängige Natur besitzen.

Diese mißverstandene Identität eines getrennten »Ichs« entsteht, wenn das unpersönliche Bewußtsein durch Objektivierung seiner selbst als Subjekt und Objekt in die Manifestation eintritt und sich sofort mit jedem Objekt identifiziert. In diesem Prozeß der Personifizierung des Bewußtseins und indem wir Es als »Ich« auffassen, machen wir das eine und alleinige Subjekt (ICH) zu einem Objekt. ICH ist der direkte Ausdruck der Subjektivität, vollkommen frei von dem letztlich objektiven »Ich«. Diese Objektivierung der reinen Subjektivität des ICH, die es als persönliches »Ich« auffaßt, ist genau das, was »Verhaftung« entstehen läßt. Tatsächlich ist dieses konzeptuelle »Ich« selbst die vermeintliche Verhaftung, von der »Befreiung« gesucht wird.

Es ist Unwissenheit, die den Körper und sein Agieren als verschieden und unabhängig vom Geist (Bewußtsein) ansieht. Der Geist erschafft in Wirklichkeit in sich selbst die Erscheinung des Körpers, so wie ein Töpfer aus feuchtem Lehm einen Topf gestaltet.

Der Geist verstrickt sich in die phänomenale Manifestation (seine eigene Schöpfung), indem er Gedanken wie »ich bin glücklich« oder »ich bin unglücklich« hegt. Bewußtsein (dessen Inhalt der Geist ist) gewinnt seine Universalität zurück, wenn alles sinnlich Wahrnehmbare als falsch oder illusorisch erkannt wird. Dann herrschen Friede und Gleichmut.

Allein das universale Bewußtsein existiert. Es ist wie der weite Ozean, auf dessen Oberfläche Wellen in verschiedenen Formen und Größen erscheinen. Wenn Wellen wie empfindende Menschen denken könnten, würde die kleine Welle denken, daß sie klein und die große, daß sie groß sei. Eine Welle würde denken, sie sei warm, eine andere, sie sei kalt, und die Welle, die sich im Wind bricht, würde glauben, sie stirbt! Tatsache ist, daß Wellen nur *Erscheinungen* auf der Oberfläche des Ozeans sind. Alles ist in Wirklichkeit Wasser.

Der Seidenwurm webt seinen Kokon und hüllt sich darin ein. Das universale Bewußtsein erschafft Millionen empfindender Wesen als Teil der gesamten Manifestation und bindet sich dann selbst innerhalb jeder Form durch Identifikation als ein getrenntes Wesen. In Wahrheit gibt es weder Bindung, noch Befreiung. Es handelt sich lediglich um das Spiel des unendlichen, universalen Bewußtseins, das sich selbst durch Identifikation für gebunden hält. Dann jedoch, durch Aufhebung der Identifikation mittels Selbsterforschung, betrachtet es sich als befreit. Es ist ein Versteckspiel, das Bewußtsein mit Sich Selbst, in Sich Selbst, spielt.

Die Frage von »Freiheit« und »Gebundenheit« kann nur auftauchen, wenn die wahre Natur des »Individuums« nicht wirklich ganz verstanden wurde. Wenn die grundlegende Tatsache klar erkannt wurde, daß das Individuum die manifestierte Erscheinung des Unmanifestierten ist, kann das Problem einer Verhaftung nicht auftauchen. Die Frage kann aus dem einfachen Grund nicht aufkommen, weil der Fragende nicht wirklich existiert, es sei denn als Erscheinung im Bewußtsein, eine Bewegung im Geist.

Was auch immer der Mechanismus der Phänomenalität sein mag – scheinbare Kausalität oder das mehr wissenschaftlich akzeptierbare System einer statistischen Wahrscheinlichkeit – die Tatsache bleibt, daß das Individuum als solches nur eine Erscheinung im Bewußtsein ist. Es ist eine Verbindung von Körper und Psyche, die offensichtlich unfähig ist, in irgendeiner Weise frei zu agieren.

Das, was glaubt, gebunden zu sein, ist das, was sich für ein seelisch-körperliches Wesen hält, das der Kausalität unterworfen ist. Phänomenal gesehen existiert in einer Körper-Seele-Einheit kein »Ens« (Sein, Wesen), das irgendeine Freiheit besitzt. Aber das, was glaubt, gebunden (oder frei) zu sein, ist gedanklich mit einem phänomenalen Objekt identifiziert und *scheint* der Bindung unterworfen (oder der Freiheit überlassen) zu sein. Dies führt uns zu dem unvermeidlichen Schluß, daß »der Jemand« (die seelisch-körperliche Einheit, die sich selbst für eine getrennte Wesenheit hält), der glaubt, frei zu sein, ebenso gebunden ist wie »der Jemand«, der sich für gebunden hält.

Für das subjektive »Sein«, für das alle phänomenale Manifestation eine Erscheinung ist, ist keinerlei Konzept anwendbar, weil alle Konzepte ein Produkt der Dualität sind.

Die Beziehung zwischen Bewußtsein und Körper ist rein konzeptuell. Man könnte sagen, die phänomenale Welt einschließlich des Körpers wurde vom Bewußtsein ebenso zur Schöpfung erdacht wie eine Traum-Welt während des Schlafes erschaffen wird. Die illusorische Wesenheit wird objektiviert, wenn das Bewußtsein seine eigene kreative Energie gebraucht, um die Vielzahl der »Ichs« in eine konzeptuelle Existenz zu bringen, indem es sich selbst mit jedem der so erschaffenen Körper identifiziert und sich folglich darin begrenzt.

In Wahrheit gehen weder der Körper, noch das Bewußtsein durch irgendeine Erfahrung von Freude oder Leid. Lediglich das unwissende Denken und Fühlen leidet, und dies ist Inhalt des Bewußtseins. Träume entstehen nur im Schlafzustand (nicht im Tiefschlaf), und die Träume verschwinden, wenn man aufwacht. Nur in Unwissenheit träumt das Denken die Erscheinungswelt. Wenn die Unwissenheit durch Erwachen der Erkenntnis schwindet – wenn das Licht des Wissens die Dunkelheit der Unwissenheit vertreibt – wird die Erscheinung der Welt (und alles, was sie beinhaltet) als die Illusion erkannt, die sie ist. So ist also *das, was Freude und Leid erfährt, weder der Körper, noch das universale Bewußtsein, sondern das, was unter verschiedenen Namen, wie persönliches Bewußtsein, Verstand, Ego, Unwissenheit, mentale Konditionierung usw. bekannt ist.*

Unser Unglücklichsein und Leiden (unsere vermeintliche »Bindung«) ist ausschließlich die Auswirkung der Identifikation dessen Was-Wir-Sind (das belebende Bewußtsein) mit dem Subjekt, dem wahrnehmenden, erkennenden Element, innerhalb der von uns vorgenommenen Trennung in Subjekt und Objekt, Wahrnehmenden und Wahrgenommenes. Diese Identifikation führt zur konzeptuellen Umwandlung des Subjekt-Elements in eine vermeintlich unabhängige und autonome, individuelle Wesenheit, die persönliche Willenskraft im Wählen, Entscheiden und Tun zum Ausdruck bringen kann.

Tatsache bleibt jedoch, daß *das Subjekt-Element und das Objekt-Element voneinander abhängig und wechselseitig untrennbar* im Geist sind. Beide zusammen bestimmen den Ablauf eines Geschehens, und ganz klar kann keines irgendeine Art persönlichen Willen oder eine Autonomie, unter welchen Umständen auch immer, besitzen.

Diese illusorische Identifikation, die zu einer illusorischen Bildung einer Wesenheit führt, ist die Ursache aller vermeintlichen Verhaftung. Was-Wir-Sind (Bewußtsein-in-Ruhe oder ungeteilter Geist oder Noumenon) kann keine Existenz *als solche* haben. Wir können nur als objektive Manifestation der Gesamtheit der Phänomenalität existieren. Wir –*als das subjektive Noumenon* – können mit anderen Worten keine objektive Existenz besitzen und können daher weder irgendeiner Begrenzung unterworfen sein, noch davon befreit werden. Unsere »Bindung« und das damit verbundene Leid und Elend können nur eine konzeptuelle und illusorische Grundlage haben.

Als das universale Bewußtsein sich selbst als Universum manifestierte, entstanden gleichzeitig die charakteristischen Neigungen jedes empfindungsfähigen Wesens. Der verkörperte *jiva* war »geboren«, mit seinem eigenen *dharma*, d.h. seinen natürlichen Eigenschaften. Es gibt keinen grundlegenden Unterschied zwischen Gedanke und Handlung. Handlung ist im wesentlichen eine Bewegung der Energie im Bewußtsein und wird zur Ursache der unvermeidbaren Wirkung im unerbittlichen Gesetz der Kausalität. Wenn so ein Handeln endet, hört auch die Konzeptualisierung auf, und *ohne Konzeptualisierung gibt es kein Handeln*. Dies ist ganz klar bei den befreiten Weisen zu sehen.

Die alleinige Realität ist das unendliche Bewußtsein. Alles andere ist ein Konzept, beginnend mit dem ersten Gedanken (Konzept) »Ich Bin«, mit dem sich das Bewußtsein selbst als Objekt der Wahrnehmung in der Dualität von Subjekt und Objekt (und all der unzähligen, voneinander abhängigen Gegensätze) sah.

Reine Bewegung im Bewußtsein ist *karma* oder Handlung, unberührt von einem individuellen oder persönlichen Wollen. Wenn so ein Handeln aufgrund von Gedächtniseindrücken vergangener Freuden stattfindet, führt es zu sogenannter Verhaftung.

Das verfälschte Denken, behaftet mit dem Dualismus von »ich« und »nicht-ich«, verfärbt alle Beziehungen und schafft Argwohn und Feindschaft ringsherum. Ein gleiches Ereignis, von verschiedenen Menschen erlebt, wird entsprechend dem jeweiligen geistigen Zustand verschieden interpretiert. So ist tatsächlich *das, was jemand zu sein glaubt, nichts anderes als das Denken und Fühlen selbst.* Es ist das Denken und Fühlen, das Objekte innerhalb seiner selbst schafft, und dadurch das Bewußtsein seiner wahren Natur entfremdet und veranlaßt, daß es sich mit dem Körper identifiziert. Es ist der Geist, der als Wind die Blätter am Baum bewegt... der als die Festigkeit der Erde erscheint... als die Weite des Himmels... und der leuchtende Glanz im Licht.

Die Sinne leiten sich vom Denken und Fühlen ab, nicht das Denken und Fühlen von den Sinnen. Wenn »der Geist umherschweift«, merkt man nicht, was direkt vor einem geschieht. Man registriert nicht den Geschmack dessen, was man ißt, ja nicht einmal einen Schmerz, bis zu dem Grad, an dem der Schmerz die Aufmerksamkeit zurückholt. Und das, was fähig ist, all dies wahrzunehmen und zu verstehen, muß notwendigerweise in seiner Natur verschieden vom Wahrgenommenen sein.

Der Wunsch zu »werden«, der Wunsch nach Veränderung dessen »Was-Ist«, ist die Ursache des vermeintlichen Leids. Das Selbst (Bewußtsein) ist in seiner Natur vollkommen verschieden von Körper und Psyche, so verschieden, wie die Lotusblume vom Wasser. Solange der träge Körper-Verstand fortfährt, illusorischem Vergnügen nachzujagen, solange wird die Dunkelheit der Illusion fortbestehen. Aber sobald sich das Denken nach innen wendet, zum Licht des Erwachens, verschwindet die Dunkelheit der Unwissenheit augenblicklich.

Es scheint, als sei der Himmel vom Staub verdunkelt, aber er bleibt unberührt von den herumwirbelnden Staubpartikeln. Freude und Leid scheinen von einem »Ich« erfahren zu werden, aber sie berühren weder den Körper noch das Selbst, das alles transzendiert, während es gleichzeitig allem innewohnt.

Die phänomenale Manifestation ist lediglich die Spiegelung des Unmanifestierten in sich selbst. Beides ist nicht-dual. Daher gibt es kein Leid, keine Täuschung, keine Schöpfung, keine Vernichtung, keine Geburt, keinen Tod. Was immer ist, *ist*.

Was ist zu tun? Nichts.

Was geschieht also? »Du« wirst frei vom Dualismus des »Ich« und »Nicht-Ich«, »Du« verweilst im *inneren* Frieden, ohne daß Kummer oder Zweifel in deinem Denken sind. »Du« bleibst fest verankert in der inneren Stille, ohne dich um dein Wohlergehen zu sorgen, zufrieden mit allem, was geschieht. »Du« lebst ohne Bemühen, ohne etwas zu wünschen oder vorsätzlich etwas aufgeben zu wollen. Dies ergibt sich durch das tiefe Verstehen, daß sich alles ohne irgendein Bemühen eines vermeintlichen individuellen Wesens im Bewußtsein ereignet, genauso wie ein Spiegel die Gegenstände um ihn völlig absichtslos reflektiert. Der Flug der Vögel wird im Wasser des Sees gespiegelt, aber die Vögel *beabsichtigen* nicht, die Widerspiegelung zu erzeugen, noch *beabsichtigt* das Wasser, den Flug der Vögel zu reflektieren.

Wenn das intuitive Erfassen der Wahrheit geschieht, wird verstanden, daß alles, was uns ungesucht begegnet, mit ganzem Herzen bejaht und erfahren werden muß. Nichts braucht verworfen, verneint oder aufgegeben werden, weil sogar eine solche Entsagung ein Akt des Wollens wäre. Man erkennt, daß, obwohl es nichts zu erreichen gibt, dies keine vorsätzliche Untätigkeit bedeutet, da willentliche Tätigkeit und Untätigkeit identisch sind. *Wenn das Denken ganz aufhört, sich als Handelnder oder als Nicht-Handelnder zu fühlen, wird alles Handeln zu Nicht-Handeln.*

Wenn die meisten Menschen von Gott oder dem Göttlichen sprechen, meinen sie in der Regel das Unvermeidliche, das Unbekannte jenseits ihrer sogenannten Kontrolle, etwas, was die normalen Ereignisse übersteigt. Sie beten, daß das Angenehme geschehe und das Unangenehme an ihnen vorübergehe. Andere beziehen sich auf Gott oder göttliche Gnade als etwas, was zu Gleichmut und der Beendigung der vergänglichen Freuden und Leiden führt.

In Wirklichkeit agiert das vermeintliche Individuum in dieser Welt völlig entsprechend den Fügungen der Vorsehung der natürlichen Ordnung (*niyati* oder *prajnya*), vergleichbar mit der Bewegung des Windes im Raum. Dennoch mag das Individuum seine Tätigkeiten als Willensakte betrachten, die auf seiner Wahl und Entscheidung beruhen. Die Bewegung der Pflanzen und Bäume an einem Berghang weckt den Eindruck, als sei der Gipfel am schwanken. Ähnlich handelt das vermeintliche Individuum oder enthält sich der Handlung aufgrund der Impulse der Natur und nicht aufgrund seines vermeintlichen Willens als eine autonome und unabhängige Wesenheit. Jedes solche Handeln – oder Unterlassen – ist gänzlich Teil der Totalität des Ablaufs der Manifestation und nichts als eine Bewegung im Bewußtsein.

Solange ein Konzeptualisieren vorhanden ist, gibt es ein Individuum und einen Gott und ebenso alles andere, was im Denken objektiviert wird. Wenn der Geist leer ist und die Konzeptualisierung aufgehört hat, gibt es niemanden, der sich über irgend etwas Sorgen machen könnte. Warum sollte es irgendeine Angst oder ein Bedenken im Hinblick auf die konzeptuelle Leere geben? Wer sollte sich fürchten – und vor was?

Die Bindung, der sich das Individuum unterworfen fühlt, ist nichts anderes, als die Verhaftung an einen illusorischen freien Willen. Die Verhaftung an einen vermeintlichen »Willen« möchte von jener illusorischen Wesenheit, mit der Was-Man-Ist identifiziert ist und die »Ich« genannt wird, als Ausübung einer unabhängigen, persönlichen Handlungs- und Entscheidungsfreiheit umgesetzt werden.

Das heißt, daß das Pronomen »Ich« ganz falsch benutzt wird. ICH ist grundsätzlich dem Wesen nach das ewige Subjekt ohne die geringste Spur von Objektivität. Das Pronomen wird jedoch für eine phänomenale Objektivierung benutzt, so als sei diese völlig frei zu tun, was immer ihr beliebt, wann immer und wo immer sie es wünscht. Aber es ist eine einfache und unbestreitbare Tatsache, daß eine Objektivierung, so wie jeder andere Teil eines Mechanismus, nichts von sich aus tun kann.

Was wirklich geschehen ist, ist, daß sich der »Autofahrer« mit dem »Auto« identifiziert hat und dann das Auto als »sich« ansieht. Diese angenommene Persönlichkeit des »Ich-Mechanismus« ist ein Konzept, das tatsächlich nicht existiert. Es verursacht Konflikte, Leiden und Bindung. Da ist ein Bedürfnis, willentlich zu handeln, entgegen dem tiefsten intuitiven Wissen, daß die Wesenheit (die ihren Willen ausagieren soll) nicht existiert, ja, nicht existieren kann.

Die Eine Wahrheit

Wenn die Widersinnigkeit dieser Situation tief verstanden wurde, schwindet die Illusion einer leidenden Wesenheit, die gebunden ist, augenblicklich. Das »Ich« kehrt zurück zu seiner ursprünglichen Subjektivität, sobald seine Verdunklung schwindet. Das, was durch die Sinne lebt (oder genauer »gelebt wird«) ist das Objekt, und das Was-Ich-Bin ist sein Empfindungsvermögen. Was-Ich-Bin drückt sich selbst als phänomenales Wirken – seh*end*, hör*end*, schmeck*end* – aus, aber es gibt kein objektives »Ich« (das »Ich« ist eine Erfindung), das sieht, hört, schmeckt. Lediglich das Objekt leidet, und ICH bin kein Objekt.

Das grenzenlose Bewußtsein ist alles, was es gibt, und daher gibt es keine Beziehung zwischen Denken und Bewußtsein, es sei denn wie zwischen der Blume und dem Duft. *Die Sinne sind träge und unempfänglich und dienen nur als Kanäle, durch die die Aufmerksamkeit fließt, um objektive Erfahrungen zu sammeln.* Die Augen sehen Objekte, aber die Wertung der Erfahrung als angenehm oder unangenehm findet nicht in den Augen, sondern im Verstand statt. So sind die Sinne in ihrer Tätigkeit selbst ganz unschuldig. Natürlich könnten die Vorgänge als solche – das Sehen, Riechen, Schmecken, Tasten, Hören – ohne sie nicht stattfinden. Wenn der Geist eine Distanz zu den Sinnestätigkeiten, die natürlich sind, wahren würde, gäbe es kein Leiden. Es ist diese illusorische Beziehung zwischen dem Geist und den Sinnen, die Empfindungen von Lust und Ärger erzeugen und zu Unzufriedenheit und Bindung führen.

Nur Unwissenheit erzeugt ein falsches Verständnis von Ursache und Wirkung zwischen den Sinnen und ihren Objekten, den Erfahrungen und dem illusorischen Erfahrenden, den Handlungen und dem illusorischen Handelnden. Wo liegt der Irrtum? Wie kommt er zustande? Wessen Irrtum ist es? Der Ablauf ist in etwa folgendermaßen: Bäume wachsen und liefern Holz, Holzstücke werden durch Seile aus Fasern zusammengebunden, der Schmied stellt die Axt her, die der Zimmermann zum Bau eines Hauses benutzt – und dieser baut das Haus, nicht um darin zu leben, sondern um seinen Lebensunterhalt zu verdienen! Mit anderen Worten, Ereignisse dieser Welt geschehen unabhängig voneinander, und ihre Beziehungen zueinander, oder Ursache und

Wirkung, ist eingebildet oder zufällig. Es gibt den klassischen Fall der reifen Kokosnuß, die fällt, »weil« sich eine Krähe auf dem Zweig niederläßt. Kann irgend jemand verantwortlich gemacht werden? Wenn das intuitive Erfassen stattfindet, bleibt Irrtum als Irrtum zurück, Wissen wird Wissen, das Reale wird als real gesehen, und das Unreale als unreal, was vernichtet wurde, ist vernichtet, was bleibt, bleibt. Es gibt keinen Grund mehr, nach Ursache und Wirkung zu suchen, es stellt sich keine Frage nach Schuld oder Gelingen.

Wenn Verstehen erwacht, hört das Konzeptualisieren auf, und der Verstand wird leer. Die eigentliche Natur des Verstands ist Unwissenheit und daher Stumpfsinn. Wenn der Verstand innehält (das Konzeptualisieren ein Ende findet), herrschen Friede oder Weisheit. Kein Gedanke an Glück oder Unglück beeinflußt den Gleichmut des gereinigten Geistes.

Erfahrungen und Gewahrsein

»Erfahrung« ist das, was bei der Reaktion auf einen äußeren Reiz oder ein Ereignis empfunden wird. Erfahrung beruht nicht auf Tatsachen, sondern ist ein Produkt des Konzeptualisierens. Diese Tatsache wird sehr oft ignoriert: Erfahrung als solche gibt es nicht. Eine Reaktion wird als sinnlich angenehm oder unangenehm interpretiert, und eine solche Reaktion wird von Person zu Person verschieden sein und sogar für ein und dieselbe Person wird sich die Reaktion entsprechend den Umständen verändern. *Wenn aus irgendeinem Grund keine Reaktion stattfindet, wird es gar keine Erfahrung geben.*

Zusammen mit der Tatsache, daß Erfahrungen konzeptuell und nicht faktisch sind, ist die andere grundlegende Tatsache die, daß es in der Abwesenheit eines »Ichs« keine Erfahrung, kein Erkennen, geben kann. Und *umgekehrt* muß eine Erfahrung da sein, wann immer ein Ich-Bewußtsein da zu sein scheint. Mit anderen Worten, sowohl die »Erfahrung« als auch das »Ich« sind konzeptuell, und eins kann ohne das andere nicht sein; und da sie konzeptuell ist, bewegt sich die Erfahrung immer im Zusammenhang mit

»Zeit«. Im gegenwärtigen Augenblick, *jetzt*, gibt es kein horizontales Aneinanderreihen aufeinanderfolgender Augenblicke zu etwas Dauerndem. *Jetzt* existiert weder das »Ich«, noch eine »Erfahrung«.

Es ist wesentlich, zwischen *einer Erfahrung* und *Erfahr-en* zu unterscheiden. Ein »persönliches Selbst« oder »Ich«, das sich für autonom hält und »lebt« und »stirbt«, ist ein Teil der Zeit-Phantasie. In dieser Phantasie gibt es den Sehen-den, Denken-den, Handeln-den und das Gesehene (oder sinnlich Wahrgenommene), Gedanken und Handlungen. Diese »Gebilde« sind lediglich *Statisten* in der Zeit-Phantasie. Die Tätigkeit, die vor sich geht – das Handeln als getrennt vom Handeln-den und der Handlung – ist nicht die konzeptuelle Interpretation einer Lehre, sondern Wahrnehm-*en*, der subjektive Aspekt Dessen-Was-Wir-Sind. Daher sind »Denk-*en*« und »Fühl-*en*« die nicht durch ein »Ich« als Gedanke und Gefühl interpretiert werden, immer noch nicht-objektiv und unpersönlich. Da sie offensichtlich nicht von einem Erfahrenden erfahren werden, sind sie Erfahr-*en*, was alles ist, was »wir« sein können. Das »Innewohnende« ist die Quelle allen Wirk-*ens*. Es ist der unveränderliche Hintergrund des phänomenalen Geschehens, des »Lebens«, wenn er nicht in Sequenzen zeitlicher Dauer eingefangen ist. Die Erfahrung eines »Ichs« – positiv oder negativ – geschieht in der Zeit und wird als Gedanke und Gefühl, Freude/Schmerz, Liebe/Haß interpretiert.

Warum ist dies so? Damit die Erfahrung individualisiert wird, muß es ein individuelles, phänomenales Objekt geben. Deshalb konnte ein Philosoph wie Schrödinger sagen, daß das Bewußtsein ein Singular sei, dessen Plural unbekannt ist. Aber ein Mystiker wie Nisargadatta Maharaj bestand darauf, daß Bewußtsein auch kein Singular ist. Mit anderen Worten, wir können nicht als bewußte und rationale Wesenheiten existieren, noch können wir nicht existieren, weil das Fehlen einer positiven Existenz die Abwesenheit eines mit ihr verbundenen Gegenteils beinhaltet. *Was-Wir-Sind ist das Erfahr-en, aber nicht die Erfahrung, die von einem »Ich« erfahren wird.*

Was-Wir-Sind, Was-Ich-Bin, kann nicht bewußt oder gewahr sein, weil es Bewußtsein oder Gewahrsein *ist*. Es ist unmöglich, sich dessen bewußt zu sein, was bewußt ist, oder dessen gewahr zu sein, was gewahr ist. Wenn ich dessen, was ich bin, gewahr bin, dann ist das, was ich bin, das Objekt eines Subjekts, das sich eines Objekts gewahr ist – und wäre somit ein Objekt, dessen sich ein Subjekt gewahr ist und so weiter, in nicht endender Rückbeziehung. Was bewußt oder gewahr sein kann, ist ein gespaltener Verstand, der zwar logisch denken, doch seine Ganzheit nicht wahrnehmen kann. Wenn es jedoch nur einen Menschen auf der Welt gäbe, müßte dieser dann wissen, daß er ein »Mensch« ist – muß das Licht wissen, daß es Licht ist?

Was bedeutet die Wahrheit in der Praxis?

Es ist völlig einleuchtend (doch selten akzeptiert), daß es keine tatsächliche Existenz als ein Wesen geben kann (weil kein Objekt eine Natur an sich oder ein unabhängiges Sein hat), und daß wir daher gar nicht existieren können.

Ein Lebewesen ist nur eine Vorstellung im Geist, eine Erscheinung, die vom »Subjekt« einer jeden solchen Objektivierung wahrgenommen und gedacht wird. Es sind nicht »wir«, die wahrnehmen und denken, da es kein »wir« gibt. »Wir« und »jene« werden durch das jeweilige Gegenüber wahrgenommen, erdacht und interpretiert. Das bedeutet ganz klar, daß eine einzige Quelle der Wahrnehmung existieren muß, deren Wahrnehmung durch die verschiedensten Instrumente der Wahrnehmung, die »wir selbst« sind, geschieht. Jedes dieser Instrumente wird als scheinbare Wesenheit angesehen, aber hat in Wirklichkeit keine eigenständige, persönliche Existenz.

Wenn diese Tatsache klar gesehen wird, ist die Schlußfolgerung unausweichlich, daß wir objektiv nichts anderes als das sein können, was von anderen Lebewesen wahrgenommen, vorgestellt und interpretiert wird. Die Interpretation der phänomenalen Objekte, die wir sind, wird davon abhängen, ob sie von unseren »Freunden«, »Feinden« oder von »uns selbst« vorgenommen wird. Tatsache bleibt jedoch, daß wir keinerlei objektive Existenz besitzen. Was wir im Leben darstellen, ist lediglich eine Erscheinung im

Geist oder Bewußtsein. Wir besitzen keine festen Identitäten, Qualitäten oder Attribute.

Es ist wichtig festzustellen, daß wir subjektiv ebenso jeder Identität, Qualität oder Eigenschaften entbehren, indem wir phänomenal das noumenale, subjektive ICH repräsentieren, die Quelle aller Phänomenalität und Manifestation.

Der bedeutsame Punkt, der jetzt kommt, ist: wenn wir, als wir selbst, nichts sind, wenn wir als autonome Wesenheit nicht existieren, für wen wird all dies dann gesagt? Die Antwort ist (wie Nisargadatta Maharaj eindringlich wiederholte), das universale Bewußtsein spricht zum identifizierten Bewußtsein. Verstehen kann niemals auf einer persönlichen Ebene stattfinden. Wenn Verstehen ohne einen Verstehenden geschieht, ist dies ein klarer Hinweis auf Das-Was-Wir-Sind, durch Verstehen dessen Was-Wir-Nicht-Sind.

Es verbleibt die Tatsache, daß wir *scheinbare* Wesenheiten sind, die ihr Leben leben. Aber das intuitive Erfassen der Wahrheit führt zur Erkenntnis der dualen Natur des Lebens in dieser Welt, die auf Relativität beruht, und diese Erkenntnis ist notwendig. Es ist die Erkenntnis, daß unsere phänomenalen Begrenzungen in Form einer autonomen, getrennten Wesenheit als *Begrenzung* zwar illusorisch sind, unsere Phänomenalität jedoch insofern keine Täuschung ist, als sie unserer Noumenalität innewohnt. Mit anderen Worten, wir sind uns des dualen Charakters unseres »Lebens«, der auf Relativität, dem Vergleich einander entgegengesetzter Konzepte beruht, bewußt. Danach leben wir, *als wäre* die Welt real, wie in einem Kasperletheater, wie in einem Drama, in einem Traum – wir sind nur Zeugen des Schauspiels.

Aus diesem Grund sagte Maharaj so oft »Verstehen ist alles«. Dem klaren Verstehen (dem intuitiven Erfassen) folgt die Überzeugung, daß wir als bloße Erscheinungen unmöglich einen freien Willen, was ein Wählen oder Handeln betrifft, haben können. Was geschieht dann? Dann fließen »wir« mit dem Strom. Alles, was bleibt, ist das Fließen des noumenalen Bezeugens (ohne irgendwelche phänomenale Zeugen), das subjektive Element in unserem »Leben«. Dann wird der Lebenstraum in Gleichmut bis ganz an sein Ende geträumt, bis das phänomenale Objekt wegfällt.

ZWEITES BUCH

Die Natur der Existenz

Was versteht man eigentlich unter »Existenz«? Wenn wir ein bestimmtes Wort gebrauchen und dabei nicht klar verstehen, was wir damit meinen, wird eine ziemliche Verwirrung entstehen, die aber *vermeidbar* ist. Es ist eine allgemeine Erfahrung, daß in Diskussionen unbestimmte Ausdrucksweisen (Worte) benutzt werden, denen eine affektive Bedeutung anhaftet, die eine bewußte Unterscheidung zwischen einander widersprechenden Gegensatzpaaren erforderlich macht. Wenn man sich darüber klar wäre, würden die meisten unnützen Diskussionen vermieden werden.

»Existenz« z.B. kann nur eine Bedeutung im Vergleich zu »Nicht-Existenz« haben, weil »Existenz« die konzeptuelle Objektivierung einer Sache ist, die es gibt oder zu geben scheint. Anders hat sie, abstrakt (nicht objektiv angewandt), keine Bedeutung. Wenn dem nicht so wäre, wenn man mit dem Wort »Existenz« nicht beabsichtigen würde, genau das, »was *sichtlich* da ist«, auszudrücken, würde es bedeuten, daß es keinen Unterschied zwischen einem Objekt und seinem Erscheinen gäbe. Das wäre jedoch ein deutlicher Widerspruch an sich, denn »was sichtlich da ist« würde auch das Gegenteil »nicht sichtlich zu sein« mit sich bringen, und das würde eine potentielle, nicht-offensichtliche Existenz voraussetzen!

Die Bedeutung dieser Analyse liegt darin, daß beide, Existenz und Nichtexistenz – positive und negative Existenz – konzeptuelle Formen der Existenz sind. *Die Abwesenheit beider*, die Abwesenheit des Konzeptualisierens an sich, ist die Einsicht, die Wahrheit. Mit anderen Worten, jede Art der Existenz ist konzeptuell und daher phänomenal. Nur die Abwesenheit sowohl positiver als auch negativer phänomenaler Gegenwart, durch gegenseitige Aufhebung, ist noumenale Gegenwart. Damit der ganzheitliche Geist (whole-mind) als Totalität agieren kann, muß das trennende Denken (split-mind) leer und außer Kraft gesetzt sein. Dann kann ein derartiger Zustand des ungeteilten Geistes (whole-mind), der phänomenal gesehen *negativ* ist, nicht durch dualistisches Denken oder durch verbalen Ausdruck offenbart werden.

Ähnlich ist »*Leben« als Existenz eine räumliche Illusion, während »Sterben« als Nicht-Existenz eine zeitliche Illusion ist.* Was-wir-zu-sein-glauben ist die zeitlich-räumliche Illusion eines »Lebens«, basierend auf einer periodischen Aneinanderreihung dreidimensionaler »Standaufnahmen« oder »Quanten«. So wie die »Einzelaufnahmen« eines Films werden sie nur solange als eine Bewegung wahrgenommen, solange das Licht des Bewußtseins anwesend ist. Ist das Licht des Bewußtseins ausgeschaltet, »existieren« wir nicht länger, weil wir nicht länger im Raum entfaltet und in zeitlicher Dauer ausgedehnt sind. Das heißt »Sterben«. Es ist die direkte Wahrnehmung des Raum-Zeit-Ablaufs als rein konzeptuell – noumenales Verstehen – das alles Konzeptualisieren aufhebt. Dann wird die Wahrheit Dessen-Was-Wir-Sind offenbar. *Als Das-Was-Wir-Sind haben wir nie gelebt und können niemals sterben.*

Aus diesem Grund haben die Meister immer erklärt, daß wir weder existieren noch nicht-existieren. Existenz – positiv oder negativ – gibt es nur in der Zeit. Was wir *sind*, ist *Zeitlosigkeit*.

Unsere Beziehung zur Zeit

Bewußtsein kann nicht konzeptualisiert werden, ohne die Ganzheit oder Unicity in Dualität aufzuspalten. Dualität wird daraufhin durch eine Vielzahl voneinander abhängiger Gegensätze gekennzeichnet. Es gibt z.B. die traditionellen, religiösen Bezeichnungen wie Himmel und Erde und die moderneren und philosophischen Ausdrücke wie Noumenon und Phänomen. Die metaphysischen Ausdrücke »Ewigkeit und Zeitlichkeit« kommen der Sache vielleicht am nächsten. Was-Wir-Sind ist zeitlos – was-wir-zu-sein-glauben (was wir scheinbar sind), das, womit wir uns unglücklicherweise identifizieren, ist zeitlich. In unserem phänomenalen, objektiven Aspekt ist das-was-wir-zu-sein-glauben »Zeit«, während wir in unserem subjektiven Aspekt (als Bewußtsein) »zeitlos« sind.

Phänomenal sind wir »Zeit«, da das, wofür wir uns halten (der psychosomatische Organismus) etwas in Bewegung befindliches ist. Was in Bewegung ist, geschieht innerhalb einer Zeitspanne, ob das »Tun« nun physisch oder psychisch, praktisch oder gedanklich ist. Ein scheinbar willentliches Tun und die entsprechende willentliche Reaktion gestalten zusammen das berüchtigte *karma*. Offensichtlich trägt jede dieser scheinbaren Aktionen zu der verflochtenen Struktur der Ereignisse bei, die unser Leben in der phänomenalen Welt ausmacht. Wichtig ist, daß diese Bewegung innerhalb einer Dauer uns Wesen in keiner Weise von »etwas«, genannt »Zeit«, trennt. Es bedeutet ganz einfach, daß wir »Zeit« sind!

Ob als gerade Linie oder Kurve vorgestellt, die »Zeit« wurde oft mit einem Fluß verglichen. Tatsächlich ist dieser Vergleich nahezu intuitiv und instinktiv. Es bedarf keiner besonderen Weisheit, um zu verstehen, daß wir – da wir diesen Fluß der Zeit als fließend wahrnehmen – natürlich außerhalb der Zeit stehen müssen. Wären wir in dem Fluß, könnten wir uns des Fließens nicht bewußt sein. *Da wir den Fluß der Zeit wahrnehmen, erfahren wir ihn offensichtlich von »außerhalb der Zeit«, was nur Zeitlosigkeit bedeuten kann.* Was im Strom der Zeit fließt, phänomenale Erscheinungen, wahrgenommen durch unsere Sinne (einschließlich unserer Körper), kann nur der Zeit unterliegen. Was-Wir-Sind muß notwendigerweise zeitlos und unveränderlich sein.

So sollte klar sein, daß »Zeit« und »Phänomenalität« konzeptuelle Objektivierungen sind, einschließlich unserer eigenen Erscheinung, mit der wir uns irrtümlich identifiziert haben. *Als Phänomene* sind wir somit »Zeit« – wir fließen vom Wachen in den Schlaf, von der Geburt zum Tod, von Gegenwärtigkeit zur Abwesenheit, von Erscheinen zum Verschwinden, von scheinbarer Integration zur scheinbaren Disintegration, wie alle »Dinge«. Zeit und das mit ihr zusammenhängende Gegenteil, Zeitlosigkeit, sind nur getrennte oder polarisierte Gegensätze, wenn sie als solche phänomenal wahrgenommen werden. Noumenal, in ihrer wechselseitigen Negierung in der Nicht-Phänomenalität, bleiben sie untrennbar vereint. Im ganzheitlichen Geist (whole-mind), wenn der trennende Geist (split-mind) der phänomenalen Konzeptualisierung abwesend ist, sind sie in ihrer Ganzheit reintegriert, sind weder zeitlich, noch ewig.

Aus diesem Grund kann »Das-Was-Wir-Sind« zeitlos als »Ich-Bin-Hier, Jetzt« beschrieben werden. »Jetzt« ist der vertikale, ewige, gegenwärtige Moment (»Zeit« ist das horizontale Fließen). »Hier« ist die zeitlose Unendlichkeit (nicht das zeitliche »dort«). Aus diesem Grund sagen die Meister immer wieder: »*Sei einfach.*«

Der Kosmos und Ich

Wir sind empfindungsfähige Wesen in der Welt und Das-Was-Wir-Sind ist ICH. Die Natur des Kosmos ist nicht verschieden von Dem-Was-Wir-Sind. Dies ist eine grundlegende, einfache Tatsache.

Es ist nichts Religiöses oder Heiliges um Das-Was-Wir-Sind. Als empfindungsfähige Objekte bleiben wir immer noch Objekte, selbst wenn wir mit Empfindungsfähigkeit ausgestattet sind. Allen Objekten sind die drei Dimensionen des Meßbaren, sowie eine zeitliche Dauer eigen, durch welche sie in ihrer Form erkennbar sind. *Die Maße, die die Form ausmachen, sind gleichzeitig der Vorgang, sie wahrzunehmen.* So wird die Wahrnehmung identisch mit dem Wahrgenommenen, mit dem Ergebnis, daß getrennt von der Wahrnehmung an sich, kein Raum für einen Wahrnehmenden bleibt. Die Erscheinungsformen nehmen einander wahr, und die wahrgenommene Erscheinung ist selbst Wahrnehmender, Wahrnehmung und Wahrgenommenes.

Es ist wichtig zu verstehen, daß Dinge wahrnehmbar werden. Sie bestehen nicht als »Dinge« an sich, alles, was sie sind, ist der Wahrnehmende. Es gibt somit auch keinen Platz für jemanden, der Formen projiziert, da der vermeintliche Projizierende der Wahrnehmende ist, und es nichts zu projizieren gibt. Das einzige Geschehen ist das Wahrnehmen der Form, und dieses Wahrnehmen ist die absolute Gesamtheit des Geschehens – ihr Ursprung, ihre Beschaffenheit, ihr Erscheinen. Das Wahrgenommene ist seine Wahrnehmung. Mit anderen Worten, das vermeintliche »Geschehen« ist einfach seine Wahrnehmung, seine Manifestation in ihrer dimensionalen Zusammensetzung. Das heißt ganz einfach, daß es *weder einen Platz für ein Subjekt, noch für ein Objekt gibt. Es gibt nur ein sinnliches Wahrnehmen, das ein Aspekt der Noumenalität ist, die alles ist, was es gibt.*

Was wir sind, ist nicht getrennt von dem, was wir wahrnehmen. Objekte sind nicht getrennt vom Subjekt. Phänomenalität ist nicht getrennt vom Noumenon. Nichts Phänomenales ist von dem getrennt, was wir noumenal *sind*, und das ist vollkommen formlos. Als Raum-Zeit-Vorstellungen sind wir zeit- und grenzlos. Als Konzepte sind wir Nicht-Konzeptualität.

Material, charakteristische Merkmale und die »Darstellung« einer »Form« sind alle nur interpretierende Konzepte innerhalb der Zeit, ausgehend von Erinnerung (welche als Energie der Gewohnheit interpretiert werden könnte). Sie sind nur Details psychischer Differenzierungen, die das phänomenale Bild abrunden, ohne irgendeine relevante Voraussetzung hinzuzufügen. Ähnlich sind alle emotionalen und intellektuellen Äußerungen (einschließlich der Gedanken und Gefühle, die einfache, fromme Menschen einer Gottheit zuwenden) interpretierende, psychische Differenzierungen, deren phänomenaler *Ausdruck* niemals direkten noumenalen Ursprungs sein kann.

Letztlich kann konzeptuelle Negierung niemals begriffen werden. Wie kann Begreifen das begreifen, was selbst begreift?! Es ist, was wir *sind*, weder irgend-etwas, noch kein-etwas. Es ist einfach ICH, nicht einmal Ich-Sein. Wir, als ICH, sind diese unendliche Zeitlosigkeit – »Ich-Bin (Dieses) Jenes Ich Bin«.

Die letzte Wahrheit ist wirklich einfach und klar – »direkt vor unseren Augen«, wie die Weisen es ausdrückten. Sie ist wie die Brillengläser, durch die man sieht, ohne sie zu sehen. Der Punkt ist, daß »Es« nicht objektiviert werden kann. Daher ist für ein Erwachen eine subjektive Verlagerung erforderlich, um Es zu *sein*.

Das Licht meines Auges

Das Licht meines Auges ist ICH – das ICH, das sich durch eine Vielzahl von Manifestationen ausdrückt, in denen jeden Augenblick unzählige »Ichs« aufsteigen und wieder verschwinden.

Es gibt nichts im Kosmos, das nicht vom Licht aufgespürt wurde – außer der Dunkelheit. Wenn das Licht auf die Dunkelheit stößt, findet es seine eigene Abwesenheit. Das einzige Finden liegt im Verstehen, daß das, was gefunden wurde, die Abwesenheit dessen war, was suchte. Die Frage »wer bin ich« ist die Frage des Lichts, das die Dunkelheit eines »Ichs« sucht, aber indem es feststellt, daß es kein »Wer« gibt, kann es nur ein »Was« finden – die Abwesenheit der Gegenwart dessen, das die Frage stellt und das das »Wer« sucht. Schalte die Taschenlampe, die auf ein äußeres Objekt gerichtet ist, aus, und sofort wirst du nicht mehr das Subjekt sehen (weil es gleichzeitig zum Objekt würde), sondern die Abwesenheit dessen, was sieht.

Das Licht leuchtet – oder leuchtet scheinbar – nur wenn es auf einen objektiven Widerstand trifft. Licht ist überall im Raum vorhanden (selbst wenn der Himmel verdunkelt zu sein scheint), aber es ist als solches nur erkennbar, wenn es anscheinend durch objektive Reflektion der Partikel in unserer konzeptuellen Atmosphäre leuchtet (wenn diese sinnlich wahrgenommen werden). Jedes erkannte Objekt oder beobachtete Ereignis besitzt seine Existenz nur, weil »wir« das Objekt wahrgenommen oder das Ereignis erlebt haben. Es existiert nur, weil einer unserer Sinne den Gegenstand oder das Geschehen aufgezeichnet und es innerhalb der Dualität von Subjekt / Objekt interpretiert hat. *Das Objekt oder Ereignis besitzt keinerlei unabhängige Existenz, die losgelöst davon ist, daß wir es wahrnehmen.*

Es ist jedoch äußerst wichtig zu verstehen, daß uns all dies nur zu geschehen scheint, und dies ist alles, was wir darüber wissen können. Alles, was wir davon verstehen können, ist, was »wir selbst« darüber denken. Es besitzt keine erkennbare, eigene Existenz. Es ist absurd, es für etwas Gesondertes zu halten (ungeachtet dessen, daß es eine Erscheinung in unserer Psyche ist), das unabhängig von unserer Wahrnehmung existiert.

Das Licht meines Auges, das wahrnimmt, ist ICH, weil es kein anderes Licht als *unser* Licht geben kann. Da alles, was wir sind, zwangsläufig auf das Wort ICH reduziert werden muß (wer auch immer es sagt, und »jeder« kann es sagen) muß ICH Licht sein. ICH, als Licht, manifestiere mich nur, wenn ICH dem scheinbaren Widerstand der phänomenalen Objektivität begegne, und dabei leuchte ICH, da das Leuchten die augenscheinliche Natur (*dharma*) des Lichtes ist. Wenn alle sichtbaren Objekte entfernt sind – wenn das Bewußtsein im Tiefschlaf oder unter Narkose aufhört tätig zu sein – verbleiben alle Objekte und »Ich« in der Potentialität des statischen Aspektes des Bewußtseins. Das ist das Nicht-Leuchten des Lichts oder die scheinbare Dunkelheit des Raumes. Es ist das Bewußtsein ohne Bewegung, in der Abwesenheit von Widerstand.

Es ist Das-Was-Ich-Bin, das sieht. Es ist die Leuchtkraft der Totalität des Wirkens – das ICH – das Handlung hervorbringt und allen Handlungen universellen Charakter verleiht. Die vermeintlichen Individuen, die an allen scheinbaren Handlungen beteiligt sind, sind lediglich phänomenale *Reflektionen* wie alle anderen Objekte und nicht mehr, wie die Spiegelungen des Mondes in Gewässern.

Befreiung vom Selbst

Ich mag glauben, daß das gesamte Universum ein Traum ist, und daß alle Menschen und andere empfindungsfähige Wesen geträumte Charaktere innerhalb jenes Traumes sind, aber solange das Ich ein »Selbst« ist, das sich selbst als außerhalb dieses Traumes sieht, bin ich dem Erwachen aus diesem Traum noch nicht unbedingt näher, und zwar deshalb, weil Befreiung nichts anderes ist als Befreiung von dieser Idee eines »Selbstes« oder »Ichs«. *Nur wenn dieses »Ich« in das geträumte Universum einbezogen ist, und die direkte Wahrnehmung kein »Ich« mehr beinhaltet, das als Wahrnehmender wahrnimmt,* kann das ICH den Platz einnehmen, den das (persönliche) »Ich« freigibt. Dann führt die direkte Wahrnehmung zu der Erkenntnis, daß der Suchende und das Gesuchte ein und dasselbe sind.

Das »Selbst« als ein Phänomen ist nur eine Erscheinung wie alle Phänomene und entbehrt daher einer autonomen, unabhängigen Natur, so wie der Schatten eben keine wirkliche Substanz hat. Als Wesenheit ist das »Selbst« nur ein auf einem Irrtum beruhendes Konzept. Mit anderen Worten, das ICH ist in der bloßen Erscheinung vollkommen abwesend, und das ICH kann niemals ein Objekt sein. Befreiung von Verhaftung ist nichts anderes, als von diesem Verstehen vollkommen durchdrungen zu sein. Es kann keine Befreiung ohne die totale Vernichtung der Vorstellung einer phänomenalen Identität als »Selbst« oder »Ich« geben.

Die einfache Wahrheit ist, daß kein »Ich« befreit werden kann, da es kein objektives »Ich« gibt, das gebunden ist. Ganz einfach gesagt, es gibt überhaupt kein »Ich«! Freiheit kann nur in der Befreiung von der Vorstellung, die man von sich selbst hat, liegen. Die Vorstellung eines persönlichen »Selbst« ist unsere einzige Bindung. *Tatsächlich würde jede Anstrengung eines »Selbst«, »sich selbst« zu befreien, nur eine ständige Verstärkung des eigentlichen Hindernisses bedeuten*, das es zu beseitigen sucht.

Notwendig ist die Aufhebung der Auffassung eines »Selbst«, das Verschwinden der konzeptuellen Erscheinung, die, wie man weiß, nicht das ist, was man *ist*. Damit dies geschieht, kann der Weg dahin unmöglich Meditation (sitzend, denkend) oder ein Vorsatz (sitzend daran denken, nicht zu denken) oder ein Nicht-Beabsichtigen (sitzend nicht-denkend über das Nichtdenken) sein. Alle diese Methoden oder Vorgänge müssen notwendigerweise ein »Ich« einschließen, das meditiert, etwas beabsichtigt oder nicht beabsichtigt, mit dem Ziel, die Auffassung gerade jenes »Ichs« aufzuheben, welches übt. Solche Vorgänge oder Methoden mögen tatsächlich zu gewissen Ergebnissen führen (die schädlich oder nicht sein können), aber nie zu dem einen Ergebnis, um das es geht und das gesucht wird. Die Antwort liegt allein im spontanen »Loslassen« aller Wünsche und Anstrengungen, in einer wahren Hingabe, die selbst nur das Ergebnis eines tiefen Verstehens ist!

Das Kind einer unfruchtbaren Frau

Die Fragen, ob jemand unwissend oder erleuchtet ist und ob er dem Schicksal unterworfen ist oder einen freien Willen hat, drücken ein völliges Mißverständnis aus. Keine von beiden ist überhaupt eine wirkliche Frage, weil die Voraussetzungen, auf denen sie gründen, falsch sind. Es gibt einfach keine Wesenheit, die »Jemand« genannt werden kann, auf die sich eine dieser Bedingungen beziehen könnte, sei es physisch oder metaphysisch.

Tatsache ist, daß dieser »Jemand« nur psychosomatisch (ein Körper-Verstand) ist, der keinerlei Unabhängigkeit oder Autonomie ausüben kann. Die Körper-Psyche-Zusammensetzung ist nur eine Erscheinung. Sie ist nur eine Sicht, die von einer der beiden Weisen abhängig ist, durch welche der Mechanismus der Phänomenalität begriffen werden könnte. Ob der Prozeß der Manifestation durch ein Kausalitätsprinzip oder durch ein Prinzip statistischer Wahrscheinlichkeit erklärt wird, macht wirklich keinen großen Unterschied. Welches Prinzip (»Gesetz«) man auch immer zu Hilfe nimmt, um den Mechanismus der Manifestation zu erklären, es läuft darauf hinaus, daß alle solche Gesetze nur schematische, konzeptuelle Strukturen sind. Ferner sind alle »Jemande« nur Erscheinungen innerhalb der Totalität der Manifestation und keine getrennten Wesenheiten. Keine Form der Objektivierung kann irgendeine Natur an sich besitzen. Sogar die Physiker akzeptieren jetzt, daß der »Beobachter« selbst ein »Faktor« im Experiment ist.

Wenn die Natur eines »Jemand« als Körper-Psyche ganz klar verstanden wird, werden auf einmal alle Probleme als die Probleme des »Kindes einer unfruchtbaren Frau« gesehen, wie Nisargadatta Maharaj zu sagen pflegte. Was immer glaubt, gebunden oder frei zu sein, was sich für determiniert hält oder glaubt, einen freien Willen auszuüben, wird gedanklich mit einem phänomenalen Objekt gleichgesetzt und *scheint* einem bestimmten Zustand ausgesetzt zu sein. Das heißt, der »Jemand«, der sich für frei hält – sei es, er glaubt, er sei erleuchtet oder er habe einen freien Willen – ist ebenso in »Bindung« wie »derjenige«, der sich für gebunden hält.

Das vermeintliche Problem einer vermeintlichen phänomenalen Wesenheit löst sich vollkommen auf, wenn erkannt wird, daß der noumenale Aspekt von irgend »je*man*dem« genau der gleiche ist, wie der einer beliebig anderen Erscheinung. Das heißt, »man« ist Noumenalität selbst. Es gibt nur Probleme, weil der nach der Lösung eines Problems Suchende – ob es sich nun um Bindung und Befreiung oder freien Willen bzw. Vorsehung handelt – immer noch eine anscheinende Identität ist, und keine Identität kann jemals ihre eigene Abwesenheit finden. Daher die von Nisargadatta so oft gestellte Frage: »Wer möchte wissen?«!

Ein sich selbst festlegendes Phänomen, das sich für gebunden oder frei, einem Schicksal unterworfen oder aus freiem Willen heraus handelnd, hält, wird gedanklich (durch Konzeptualisierung) mit einem phänomenalen Objekt gleichgesetzt. Es *scheint* dem Zustand unterworfen zu sein, mit dem sich ein solcher Gedanke verbunden hat. Ein durch sich selbst festgelegtes Phänomen kann das Noumenon (das es in Wirklichkeit ist) ebensowenig finden, wie ein Schatten seine Substanz finden kann. Es ist daher ganz wichtig zu verstehen, daß eine willentliche Beeinflussung durch irgendeine Form von Übung notwendigerweise sinnlos sein muß und ihre eigene Absicht vereitelt.

Niemand zweifelt an seiner Existenz

Wenn der Schüler einen Guru aufsucht, um seine wahre Natur zu erkennen, sagt ihm der Guru, das Einzige, was er wissen müsse, sei, daß er als Wesenheit nicht existiert. Sein Erstaunen wird zur Bestürzung, wenn er sieht, daß der Guru nicht scherzt, sondern es absolut ernst meint. Viel später verstünde er vielleicht, daß niemand je geglaubt hat, nicht zu existieren, eben weil es keine Wesenheit gibt, die glauben könnte, es gäbe sie nicht. Wenn es eine solche Wesenheit gäbe, würde sie, indem sie darauf besteht, nicht zu existieren, damit automatisch ihre Existenz beweisen.

Was präsent ist, kann nicht sagen, daß es abwesend sei. Natürlich ist dies eine Binsenwahrheit. Warum also überhaupt darüber reden? Der Grund – vielleicht der wichtigste – ist der, daß derjenige, der eine Antwort sucht, die Abwesenheit dessen ist, was er nicht ist. Das heißt, es kann nur solange ein »Du« geben, solange Denken durch ein phänomenales Objekt, eine objektive Erscheinung, ein »Du«, stattfindet, das sich für gebunden hält und Befreiung sucht. Sobald der Denkprozeß aufhört (im Tiefschlaf, Ohnmacht oder unter Narkose), gibt es kein »Du«, das sich für gebunden hält oder nach Befreiung sucht. Das macht klar, daß das »Du« nur eine sich für gebunden haltende Wesenheit ist, deren Existenz auf bloßer Schlußfolgerung beruht. Mit anderen Worten, das »Ich«-Konzept als solches hat keinen Bestand, und sein Fehlen ist so unvermeidlich wie sein Da-Sein, beides wiederholt sich periodisch. Während sein Da-Sein sich jedoch völlig in der Zeit vollzieht, ist seine Abwesenheit außerhalb der Zeit. Der Grund dafür ist: während die Gegenwart in zeitlicher Dauer die Abwesenheit von Zeitlosigkeit bedeutet, ist zeitliche Abwesenheit (d. h. Abwesenheit des Da-Seins) auch zeitlose Abwesenheit.

Um es anders, vielleicht genauer, auszudrücken: das Fehlen der Identifikation mit dem »Ich«-Konzept bedeutet das Fehlen einer zeitlich dauernden Präsenz und beinhaltet daher auch ihre zeitlose Abwesenheit. Es befindet sich daher vollkommen außerhalb der Sphäre des Raum-Zeit-Kontinuums und ist somit ewig.

Noch anders ausgedrückt: wenn das Subjekt nach außen blickt, sieht es Objekte. Wenn das Subjekt selbst gesehen wird, während es sein Objekt betrachtet, so wird es selbst zum Objekt und bleibt nicht länger Subjekt. Es ist wie der Kameramann, der – während er einen Schnappschuß von seinem Objekt macht – selbst photographiert wird. Wenn das Subjekt sich umdreht und nach innen auf sich selbst blickt, ist das, was es sieht, *nicht* das Subjekt (weil es sonst immer noch auf ein Objekt sehen würde), sondern überhaupt »nichts«, weil das Subjekt *als solches* nicht gesehen werden kann. Nur Objekte können gesehen werden. Das Subjekt als solches ist die Abwesenheit von irgendetwas Gesehenem oder Sichtbaren. Es ist die »Leere des Spiegels«, der alles zeigt, aber nichts festhält, die Abwesenheit der Identifikation mit einem »Ich«-Konzept, die Transzendenz der Subjekt-Objekt-Beziehung. Es ist die vollkommene Abwesenheit, die die Gegenwart von allem, was zu sein scheint, ist. Es ist die totale Abwesenheit, aus der die Konzepte der Präsenz des Da-Seins und der Präsenz des Nicht-Seins aufsteigen.

Die fundamentale Logik der Leere

Solange wir das Denken einsetzen, besteht Konzeptualisierung, und unser Verstand ist geteilt, denn jedes Konzept ist abhängig von sich einander bedingenden Gegensätzen oder Ergänzungen. Das Problem dualer Gegensätze und fortwährender Rückbeziehung (Gott schuf die Welt, aber wer erschuf Gott usw.) kann nur durch Einbeziehung des ungeteilten Geistes (whole-mind) gelöst werden. Sobald nämlich intuitiv erfaßt wird, daß die vollkommene phänomenale Abwesenheit vollkommene noumenale Gegenwart bedeutet, gibt es keine weitere Objektivierung durch duale Konzepte mehr. Sobald verstanden wurde, daß die völlige *Abwesenheit der Erscheinung identisch mit vollkommener noumenaler Gegenwart ist* (daß sie eins sind und nie zwei sein können), kann nichts mehr darüberhinaus führen. Intuitives Verstehen bedeutet, den Vorgang der Objektivierung zu transzendieren, die Rückführung aller Wirkungsweisen hin zur Quelle, indem der ungeteilte Geist (whole mind) unmittelbar tätig ist.

Das Phänomenale (Erscheinung oder Form) und sein von ihm abhängiges Gegenstück, das Nicht-Phänomenale (Nicht-Erscheinung oder Formlosigkeit), sind beide konzeptuell. Die Quelle alles Phänomenalen und Nichtphänomenalen ist das »Noumenon«, das kein abhängiges Gegenstück zur »Phänomenalität« darstellt. Noumenon ist ein Symbol, das auf eine zweifache phänomenale Abwesenheit hinweist, insofern als es das Nichtvorhandensein beider Gegensätze (phänomenal und nicht-phänomenal) ist. Dennoch ist all dies konzeptuell, und »Noumenon« wird dadurch zu einem objektiven Konzept, das eines »Erkennenden« von etwas Erkanntem bedarf.

Noumenon wird als Nicht-Sein verstanden, eine formlose Leere, die potentielle Leere, aus der Myriaden von Dingen hervorgebracht werden. Das Nicht-Sein oder die »Leere« mündet tatsächlich in dem Versuch, die Subjektivität zu objektivieren. Diese Tatsache muß ganz klar verstanden werden, da man sonst für immer versucht wäre, sie *objektiv* als »unvorstellbares« Nichts (Leere) oder als die mysteriöse Quelle aller Dinge zu begreifen. Allein die Tatsache des Versuchs, sie als ein Objekt zu verstehen – obwohl man sich vorstellt, daß sie »unbegreifbar« ist – bedeutet, an der Gewohnheit festzuhalten, jede Wahrnehmung objektivieren zu wollen. Und der springende Punkt dabei ist, solange diese Gewohnheit, alles Wahrgenommene in ein objektives Konzept zu verwandeln, nicht aufgegeben wird, kann sich das notwendige Verständnis niemals entwickeln.

Was immer unter »Leere« oder dem Nichts verstanden wird, kann niemals ein Objekt sein. Es ist das, was sein Wahrnehmender ist. Es kann weder als existent, noch als nicht existent angesehen werden, da es überhaupt nicht gesehen werden kann!

Was wirklich vor sich geht ist, daß der Wahrnehmende an diesem Punkt, wo er gleichsam bis zur äußersten Grenze gekommen ist, versucht herauszufinden, wo er steht. Was aber jetzt wirklich geschehen sollte, ist, daß der Wahrnehmende sich ganz umdreht und zu der Wahrheit erwacht, daß er seiner eigenen Natur von Angesicht zu Angesicht ins Auge schaut. Die Leere des sogenannten blinden Flecks ist genau das, was das Auge sieht, wenn es versucht, sich selbst zu sehen. Erleuchtung geschieht, wenn verstanden wird, daß die Begriffe »Nicht-Existenz«, »Leere« oder »Nichts« tatsächlich nutzlos und leer sind. Sie weisen nur darauf hin, daß das Ende des intellektuellen Weges erreicht wurde. Direkte Wahrnehmung findet in dem Moment statt, in dem der Suchende sich umwendet und feststellt, daß er bereits am Ziel ist. Er ist zu Hause. Der Suchende ist selbst das, wonach er suchte!

Der heilige Jnaneshvar sagt in seiner *Amritanubhava**, daß er durch die Gnade seines Gurus frei wurde vom konzeptuell Erkennenden, der einen Unterschied zwischen der Leere des Nichts und der Leere der potentiellen Fülle wahrnimmt. Es geschah durch die Hingabe seiner konzeptuellen Individualität zu Füßen seines Gurus und damit ihrer Vernichtung.

Das wirkliche ICH und das schattenhafte »Ich«

ICH (Bewußtsein) kann sich niemals einer Sache bewußt sein. Warum? Weil Bewußtsein alles ist, was Ich Bin. Eine getrennte Wesenheit, ein Individuum, persönliches Selbst, Ego oder »Ich«-Konzept ist ein Objekt. »Ich« werde zum Objekt, sobald ich mir meiner bewußt werde. Wann immer ICH als ein »Ich« handle,

---

* Übersetzung und Kommentar dieses Werkes durch Ramesh Balsekar, erschienen unter dem Titel *Experiencing Of Immortality* (Bombay: Chetana, 1984)

handelt ein Objekt. In den seltenen Momenten jedoch, wenn ICH direkt und spontan handele, handelt kein »Ich«. Warum? Weil ICH die Quelle aller Gedanken, allen Handelns bin und nicht der Denkende des Gedankens oder der Ausführende einer Tat.

Was heißt das? Ganz einfach, es gibt weder einen unabhängig Wahrnehmenden eines wahrgenommenen Objekts, noch ein Objekt, das unabhängig von demjenigen wahrgenommen wird, der es wahrnimmt. *Der »Wahrnehmende« und das »Wahrgenommene« sind nicht zwei, sondern nur gegenseitige Ergänzungen innerhalb des Vorgangs der Wahrnehmung.* Zusammen ermöglichen sie den Vorgang der Wahrnehmung, den funktionsfähigen Aspekt der Noumenalität oder reinen Potentialität, der als solcher keine phänomenale Existenz, außer seiner Manifestation als miteinander verbundene Objekte, als Wahrnehmender und Wahrgenommenes, haben kann. Der Beobachter kann den Beobachter nicht beobachten. Das Auge kann sich selbst nicht sehen.

Wohin führt uns das? Es führt uns dazu, die Absurdität zu erkennen, die darin liegt, daß phänomenale Objekte verzweifelt nach sich selbst als Subjekt suchen. Wie könnte ein Objekt jemals sein Subjekt suchen und finden? Alles, was ein Objekt zu tun glaubt, geschieht durch das Subjekt, alles, was es *ist*, ist Subjekt. Daher bedeutet das Suchen, daß das Subjekt verzweifelt nach sich selbst sucht! Der Schatten ist nicht getrennt von der Substanz. Wie könnte er sich selbst auslöschen? Es gibt in der Tat kein »etwas«, wonach zu streben, zu jagen oder zu suchen wäre. Wenn man aufhört zu suchen, ist man als *Gegenwart* präsent, als noumenale Präsenz oder phänomenales Nicht-Sein. Der positive Vorgang des Suchens ist unvermeidlich das, was sich selbst von dem, was es ist, abwendet, indem es sich nach außen verlagert.

Das, dessen man sich bewußt ist, ist ein Objekt, ein Etwas. Alles bin ICH, und ich bin kein Etwas. Was ICH objektiv bin, ist die *Gesamtheit* der phänomenalen Manifestation, die Objektivierung der Subjektivität. Was-ICH-Bin, subjektiv, ist das, was alle Phänomene sind. Beinhaltet dies auf welcher Stufe auch immer irgend etwas ausgesprochen Persönliches? Niemals! Tatsächlich ist die Einmischung eines persönlichen Elements das ganze Problem, sie ist tatsächlich die berüchtigte »Bindung«.

Nur wenn wir wissen, daß wir nicht das auf Schlußfolgerungen beruhende, phänomenale Objekt sind, für das wir uns halten, kann die immense Potentialität, die unser noumenales Nicht-Sein ist, erkannt werden.

Nicht-Sein? Natürlich, denn »Sein« ist »Werden«, insofern es in sich mit der Vorstellung einer Dauer erfüllt ist.

DRITTES BUCH

Das Individuum
und sein Problem

Das Individuum und die Natur (*Nisarga*)

Vom frühest möglichen Alter an gewöhnt man ein Kind daran, die Natur nicht als etwas zu sehen, zu dem es zutiefst hinzugehört (obwohl sein tiefster Instinkt es ihm sagt), sondern die Natur für etwas Getrenntes zu halten, für etwas, das bezwungen und seinen individuellen Bedürfnissen dienlich gemacht werden muß. Diese allgemeine Ansicht (und Absicht) wird entsprechend der wechselnden naturwissenschaftlichen Meinungen und dem intellektuellen Trend modifiziert, aber die Entfremdung hält unvermindert an. Die vorherrschende Ansicht ist, daß die menschlichen Bedürfnisse es vom Menschen fordern, selbst aktiv die Beherrschung der Welt, einschließlich ihrer Ökologie, zu übernehmen. Das gemächliche Tempo der Evolution des Lebens und der Natur in den vergangenen Millionen Jahren kann nicht länger geduldet werden. Wie schwierig diese Aufgabe auch sein mag, die Natur und das Leben müssen von dem einzelnen Menschen *kontrolliert* werden und dürfen sich nicht normal und natürlich entwickeln. Die wenigen vergleichsweise armseligen Errungenschaften der Wissenschaft haben den Menschen gegenüber der unausweichlichen Tatsache blind gemacht, daß die subtile Balance und Harmonie des Universums durch außerordentlich komplexe Vorgänge in der Natur aufrechterhalten werden. Von diesen Vorgängen hat der Mensch höchstens eine vage Vorstellung.

Diese Situation hat bestimmte, interessante Aspekte. Als Konrad Zuse einen der ersten funktionierenden Computer entwickelte, sah er in ihm eine Hilfe für den Menschen voraus, die tiefsten Geheimnisse der Natur zu entwirren. Und das geschah.

Die Eine Wahrheit

In der theoretischen Physik ist die Durchführung bedeutender Experimente ohne Hilfe des Computers kaum möglich. In der Telekommunikation und sogar in privaten Bereichen führt der Computer zu offensichtlich bedeutenden Veränderungen. Es ist ziemlich augenscheinlich, daß die technische Entwicklung allgemein in naher Zukunft eine große Beschleunigung erfahren wird. Computer werden kompakter und mit größerer Speicherfähigkeit ausgestattet. Der interessante Aspekt dieser Entwicklung ist der, daß es mehr als wahrscheinlich ist, daß im nächsten Jahrhundert bestimmte Fabriken von Computern entwickelt werden, die – erst teilweise und dann vollkommen – selbstständig arbeiten. Schon heute sind Computer in großem Ausmaß an der Entwicklung von Computer-Einzelteilen beteiligt und können den anschließenden Herstellungsprozeß fast ohne menschliches Zutun lenken. Dieser Fortschritt könnte möglicherweise das arbeitende Individuum völlig überflüssig machen. Es ist zu erwarten, daß Systeme entwickelt werden, die sich selbst reproduzieren. Könnte im Laufe der Zeit ein Punkt erreicht werden, an dem der Computer *denken* wird, daß die Natur – *einschließlich des Menschen* – eine Welt ist, die von der Technik erobert und kontrolliert werden muß, und nicht etwas, das einfach seinen natürlichen Lauf nehmen darf? Könnte der Computer im Laufe der Zeit die Rolle des menschlichen Intellekts übernehmen, der heute seine Verwurzelung in eben dem großen Organismus leugnet, den er sich jetzt anmaßt zu verbessern? Tatsache ist, daß das technisch rationale Bewußtsein dem durchschnittlichen Menschen ebenso fremd ist, wie es einst die übernatürliche Seele war. Sowohl die Natur als auch der Mensch werden als Objekte angesehen. Sie werden immer durch eine Technik untersucht, die sie zu etwas Außenstehendem, vom subjektiven Beobachter Getrenntem, macht. Mit anderen Worten, unsere Vorstellungen über die *innere* Beschaffenheit der Natur sind lediglich von außen kommende Konzepte, reine Vermutungen, die sich nach der jeweils aktuellen wissenschaftlichen Meinung richten. Das Wissen um die Natur kann von innen heraus nur durch natürliche, spontane Intuition *geschehen*. Die Schwierigkeit erklärt sich aus der Spaltung, der Trennung zwischen Körper und Verstand, Geist und Natur, Subjekt und Objekt, dem

Kontrollierenden und dem Kontrollierten, den polaren Gegensätzen.

Tieferes *naturwissenschaftliches* Wissen hat den einzelnen Menschen jedoch zu der Erkenntnis geführt, daß alle diese Trennungen in Wirklichkeit irreführende Denkkategorien sind. Sie beziehen sich auf eine Welt, in der alle Ereignisse ganz klar miteinander verbunden sind, »eine immense Komplexität fein ausgewogener Beziehungen wie ein endloser Knoten, ohne freies Ende, von dem aus er entwirrt und in eine sogenannte Ordnung gebracht werden könnte«. Das heißt, daß praktisch in unserer Welt voneinander abhängiger polarer Beziehungen (einer nahtlosen Einheit), *nichts eine sinnvolle Existenz haben kann, es sei denn in Hinblick auf irgend etwas anderes.* Daher ist es ziemlich lächerlich, wenn der Mensch diese Welt als etwas außerhalb seiner selbst ansieht, als etwas, was er von außen kontrollieren könnte, so, als seien die Wurzeln des Betrachters irgendwo außerhalb der Welt, die er betrachtet. Mensch und Natur sind *ein* Phänomen, nicht zwei voneinander getrennte. So wie tatsächlich Phänomenalität und Noumenalität (ob man sie nun als Nicht-Phänomenalität oder als das, was beiden vorausgeht, auffaßt) eins sind und nicht zwei. Es gibt nichts außer Bewußtsein, sei es im Ruhezustand als das Subjektive, Unmanifestierte, oder in Bewegung, als das Objektive, Manifestierte. Wie Nisargadatta Maharaj immer wieder sagte, das tiefe Verstehen, die direkte Wahrnehmung dieser Einheit ist die Wahrheit, Erleuchtung, Gott, oder wie man es auch immer nennen mag.

Tatsache ist, daß das menschliche Individuum, das sich dieser Einheit nicht bewußt ist, in eine Richtung strebt, dann aber feststellt, daß es wieder in die entgegengesetzte Richtung gezogen wird. Es kennt den Ursprung des Gedankens nicht, der ihn in eine bestimmte Richtung treibt. Es betrachtet sich als getrennt von seiner Umgebung. Es weiß in Wahrheit nicht, ob jede seiner Handlungen wirklich seinem eigenen Willen entspringt oder vorbestimmt ist. Es glaubt, sein Schicksal gestalten zu können, und ist trotzdem kläglich besorgt, seine Zukunft von einem Seher oder Astrologen zu erfahren. Es erkennt nicht, daß seine Verwirrung in ihm selbst und nicht außerhalb liegt. Sie liegt in der Verwirrung seines Konzeptualierens und nicht in den Windungen des endlosen Knotens.

Trotz der Erklärungen der modernen Wissenschaft, die die Verbundenheit aller Dinge und Ereignisse und die grundlegende Einheit aller Phänomene (einschließlich des menschlichen Individuums) bestätigt, wird dem totalen Einbezogensein des Menschen in die Natur immer noch mit beachtlichem Mißtrauen und Beunruhigung begegnet. Das ist darauf zurückzuführen, daß das menschliche Individuum einfach nicht akzeptieren kann, daß seine Individualität, und noch wichtiger, sein sogenannter individueller Wille, nichts als eine Illusion ist. Noch schlimmer ist die beängstigende Erkenntnis, daß die Einheit des Menschen mit der Natur in nahtlosem Zusammenhang unausweichlich bedeutet, daß seine individuellen Impulse, seine Antriebe und Ideale, seine ganzen Motivationen, tatsächlich nichts als »abstrakte, intellektuelle Gespenster« sind. Und daher kann das Leben des Individuums als integraler Teil des universellen Lebens der Geschehnisse keinen individuellen Zweck oder eine besondere Bedeutung haben. Dieser Gedanke erschreckt das Individuum, da es ohne seine Ideale und Motivationen ein »Nichts« in der Bedeutungslosigkeit einer sinnlosen Welt ist.

In Wirklichkeit ist der Sinn (Ideale) als Grundlage des individuellen Lebens nichts als Konditionierung. Der Verlust dieser scheinbaren Basis beängstigt nur deshalb, weil sich der Brennpunkt des Interesses fälschlicherweise vom Ereignis an sich zu seiner Wirkung auf das Ego, aus der Perspektive der illusionären Absichten und Ideale, verlagert hat. Sinn und Zweck hinter Geschehnissen und Taten sind nur für den Menschen von Bedeutung, nicht für andere empfindungsfähige Wesen. Nur das menschliche Individuum betrachtet Zeit oder Dauer als ein unabhängiges Phänomen, von dem es betroffen ist. In Betracht zu ziehen, daß die Welt ohne Sinn oder Absicht ist, ist gleichbedeutend mit der Behauptung, daß der Mensch nicht der Mittelpunkt der Welt ist, um den sich alles dreht. Wie das *Tao Te King* es ausdrückt: »Himmel und Erde haben kein menschliches Herz.« Was in der Natur nicht menschlich ist, scheint nur aus dem Blickwinkel eines getrennten Individuums, das es als einen getrennten Teil der Totalität betrachtet, unmenschlich zu sein. Nie wird die Frage gestellt: Wenn die Natur in bestimmten Aspekten unmenschlich ist und nicht einer vom Individuum vorgestellten Sinngebung entspricht, was hat sie dann anstelle des Sinns, den sie offenbar nicht hat? Die Natur ist nicht mit menschlichen Denkkategorien, Logik und Worten zu betrachten. Diese sind lediglich für den Menschen brauchbar, der sich in einem völlig anderen Zusammenhang befindet. Die *übrige* Natur ist nicht an der Sprache und Logik des Menschen interessiert. Wie ein Schriftsteller es ausdrückt: »Könnte es nicht sein, daß, wenn wir die Natur als blind, und Materie-Energie als unintelligent bezeichnen, wir einfach nur die Leere auf sie projizieren, die wir empfinden, wenn wir versuchen, unser eigenes Bewußtsein als Objekt zu begreifen, wenn wir versuchen, unsere Augen (ohne die Hilfe eines Spiegels) zu sehen, oder unsere eigene Zunge zu schmecken?«

Tatsächlich fühlt sich das menschliche Individuum den anderen Lebewesen überlegen, da es mit einem Intellekt begabt ist, der es zu rationalem Denken und bewußter Aufmerksamkeit befähigt. Es vergißt, daß der individuelle, menschliche Organismus sich nicht grundlegend von dem eines unbelebten Objekts unterscheidet. Es hat die gleiche Zusammensetzung zum Zeitpunkt seiner »Geburt« oder seinem »Erscheinen« wie jedes unbelebte Objekt. Seine Zellen lösen sich auf oder sterben, aber sie vereinigen sich ständig wieder in dem gleichen individuellen Muster konzentrierter Energie (Körper). Mit anderen Worten, während das unbelebte Objekt lediglich einmal geboren wird und stirbt, wird der lebende Organismus fortlaufend geboren, stirbt und wird wiedergeboren, bis er sich schließlich am Ende seiner »Lebenszeit« auflöst. Der menschliche Organismus ist *zusätzlich* zu den zwei Wesenszügen der unbelebten und belebten phänomenalen Objekte mit der dritten Essenz, dem »Intellekt« ausgestattet. Diese dritte Essenz – der Intellekt – läßt das menschliche Individuum glauben, eine getrennte Wesenheit zu sein, autonom und unabhängig in der Wahl und Ausführung seiner individuellen Ziele und Ideale. Mit anderen Worten, das menschliche Individuum »besteht« aus den gleichen der Natur zugrundeliegenden Elementen *plus* Empfindungsvermögen *plus* Intellekt und ist zutiefst ein Teil der gesamten

Natur. Wenn das menschliche Individuum daher (aufgrund seiner intellektuellen Abläufe) glaubt, seine eigenen Ziele, Absichten und Ideale in dem, was es als sein »Leben« ansieht, zu besitzen, so kümmert sich die Gesamtheit der Natur ziemlich wenig darum. Das Unbelebte, das Belebte und das Menschliche sind alles Manifestationen (auf drei verschiedenen Ebenen) des gleichen Bewußtseins, der gleichen kosmischen, geistigen Energie.

Nur weil wir den Sinn oder das Gefühl für die Gesamtheit des endlosen Knotens verloren haben, denken wir bei Handlungen in Kategorien der alternativen Freiheit und Schicksal, Willensfreiheit und Determinierung. Wir vergessen, daß diese Begriffe in Wahrheit miteinander verbunden und polar sind. Das wirkliche Problem liegt nicht darin, daß wir das Gefühl eines individuellen oder persönlichen Bewußtseins entwickelt haben, sondern darin, daß wir dieses für unvereinbar mit dem Gefühl eines erweiterten Bewußtseins halten, das uns befähigen würde, die Natur von innen heraus zu sehen und zu fühlen. Tatsächlich ist es so, daß beide nicht nur nicht unvereinbar sind, sondern daß unsere individuelle Wahrnehmung wirklich viel besser und viel schärfer vor dem Hintergrund der Totalität ist, da unsere Wahrnehmung perspektivisch ist. Das individuelle Blatt kann in seiner vollen Klarheit nicht getrennt, sondern nur in Beziehung zum Ast und zum Baum gesehen werden. Wir können eine individuelle Gestalt auf einem Bild nur in Beziehung zu und vor dem Hintergrund des gesamten Bildes wirklich würdigen.

Die Natur von innen heraus zu sehen und zu fühlen heißt *nicht* zu fragen, *was* die Welt ist. Das »Was« beinhaltet Klassifizierung und Messung. Klassifizierung ist eine rein menschliche Errungenschaft, die den Menschen von der Natur trennt, und Trennung bedeutet Unglück und Konflikt. Trennung heißt Grenzlinie, und Grenzlinie bedeutet Kampflinie. Die Frage, was etwas in seinem natürlichen Zustand ist, ist ein Mißverständnis. Zu fragen, was ist eine Rose, geht am Eigentlichen vorbei, da die Rose nichts anderes als unsere Erfahrung von ihr sein kann. Der einzige Weg herauszufinden, was etwas in seinem natürlichen Zustand ist, besteht darin, es mit einem stillem Geist wahrzunehmen, es zu *sein*. Die Wärme oder Kälte des Wassers können nur erfahren, aber nicht

beschrieben werden. Die stille Wahrnehmung oder Erkenntnis ist genau das, was mit »Fühlen« an sich gemeint ist, nicht das persönliche Gefühl.
Die übertriebene verbale Kommunikation ist so zwanghaft und verbreitet geworden, daß sie wie selbstverständlich als die einzige Art und Weise angesehen wird, etwas zu verstehen. Es gibt die Begebenheit, wo der japanische Künstler Hasagawa aufgrund der endlosen Fragerei seiner westlichen Studenten nach Erklärungen einen Wutanfall bekam und rief: »Was ist los mit euch? Könnt ihr nicht *fühlen*?« So kann man die vielen Mythen in fast jeder Religion verstehen. Der Mythos ist der einfachste Weg, um dem einfachen, ungelehrten Zuhörer ein »Gefühl« für das auf der metaphysischen Ebene Gesagte zu geben. Dies wird im allgemeinen ignoriert oder vollkommen vergessen, wenn der hochintellektuelle Gelehrte die Mythen in den organisierten Religionen analysiert, kritisiert und herabsetzt.
Der Naturalismus des *Tao,* des chinesischen Systems praktischer Philosophie, ist im wesentlichen eine Lebensweise, bei der das individuelle oder persönliche Bewußtsein tätig ist, während es gleichzeitig das ursprüngliche Gefühl der nahtlosen Einheit der Natur bewahrt. Sie beinhaltet eine völlig neue Art, zu denken und zu handeln, und bezieht sich sowohl auf den Vorgang der Bemühung, der Disziplin und der Willensausübung, als auch auf das Streben nach Vergnügen. Sie gründet auf dem Verständnis, daß jede Tätigkeit, die als Ergebnis persönlicher Bemühung verstanden wird, das Ego und den geteilten Geist nur verstärkt. Tatsächlich sind sogar bewußte »positive« Handlungen, die aus so einem vermeintlichen Verstehen hervorgehen, nicht natürlich. Sie sind selbst das Ergebnis eines *falschen Verstehens durch das Ego*. Aufgrund dieser Tatsache versicherte Nisargadatta Maharaj immer wieder, daß natürliches Tun nur in der Abwesenheit eines Egos geschieht. Natürliches Tun kann nur die spontan ausgehende Wirkung des richtigen Verständnisses selbst sein. Es beinhaltet keinerlei positives, persönliches Bemühen.
Das Wesentliche der direkten Wahrnehmung, die zu natürlichem Tun führt, ist jenes tiefe Verständnis, das alle psychosomatischen Organismen als Ausdrucksformen oder Instrumente akzep-

tiert, durch welche die Gesamtheit der Natur wirkt. Jede Handlung, jedes Ereignis wird zur Spontaneität, die das Wesen allen natürlichen Geschehens ist. Es ist der »kontrollierte Zufall«, fähig zu sein, genau das Richtige zur richtigen Zeit, am richtigen Ort zu tun, ohne selbst-bewußtes Wollen oder Beabsichtigen. Die Tiefe eines solchen Verstehens beinhaltet die Erkenntnis, daß alle Ereignisse, obwohl sie im augenblicklichen Zusammenhang vielleicht nicht gerade sehr akzeptabel sind, tatsächlich Teil der Totalität sind. Es gibt wirklich kein Individuum, das als Verursacher der Geschehnisse angesehen werden könnte, und deshalb kann es keinen »Feind« geben. Als Ergebnis nimmt man das Leben ganz einfach, wie es kommt. Ereignisse werden in ihrem Erscheinen bezeugt, ohne irgendein Individuum als Ursache oder irgendein Muster hineinzuinterpretieren, das einen persönlich betrifft. Der Brennpunkt des Interesses bezieht sich nicht länger auf Vergangenheit oder Zukunft, sondern auf den *gegenwärtigen Augenblick*, »den reglosen Punkt der sich drehenden Welt«, »das Zentrum der wechselnden Gezeiten«.

Es ist wichtig, sich darüber klarzuwerden, daß die wahre Rückkehr zur natürlichen Spontaneität weder einen Einschnitt in Das-Was-Ist verlangt, noch irgendeine Veränderung wie beispielsweise eine Zurück-zur-Natur-Romantik, und zwar deshalb, weil natürliche Spontaneität im wesentlichen das bewußte Akzeptieren Dessen-Was-Ist, in diesem Augenblick, bedeutet, ohne irgendein Verlangen, etwas verändern zu wollen. Jedes Wünschen und Handeln, Das-Was-Ist zu verändern, setzt den mißverstandenen freien Willen eines Individuums voraus. Es kann niemals natürliche Spontaneität sein. Die Frage, die an diesem Punkt immer kommt, ist: Soll ein Individuum dann wie eine Pflanze leben? Die Antwort ist: Natürliche und spontane Handlungen werden ganz normal weitergehen, entsprechend dem Temperament und den Fähigkeiten des jeweiligen Organismus, da jeder ein integraler Teil der Natur ist. Nur wenn dieser natürliche Vorgang durch die Tätigkeit des geteilten Geistes unterbrochen wird, wird der harmonische Fluß natürlicher Handlung unterbrochen, und das Ergebnis sind Konflikte. Der geteilte Geist denkt in Kategorien von Akzeptierbarem und Nichtakzeptierbarem als unvereinbare Gegensätze, ohne wirklich zu wissen, was in Wahrheit akzeptierbar ist und was nicht. Was heute unter bestimmten Umständen akzeptierbar ist, mag morgen unter anderen Umständen vollkommen anders aussehen. Was der geteilte Geist (split-mind) tut, ist vergleichbar mit einem Tänzer, der seinen Tanz unterbricht, indem er gleichzeitig versucht, die genaue Bedeutung jeder Bewegung zu verstehen und sie sich zu erklären. Ein solcher Versuch muß natürlich zu einem Disaster führen.

Was soll das Individuum dann also tun? Sehr einfach: sich daran erinnern, daß es ein Individuum ist, das versucht gegen den Strom zu schwimmen. Und sich darüber klarwerden, daß es wirklich für das getrennte, illusorische Individuum nichts zu tun gibt (es ist in jeder Beziehung ein integraler Teil der Gesamtheit der Natur). Es braucht nur mit dem großartigen Strom der Totalität dahinzugleiten, in Begeisterung (nicht in Frustration) über sein Einssein mit dem kosmischen Fluß. Was tut ein Träumender mit seinem Traum, außer diesen passiv, ohne Beurteilung zu bezeugen? Was kann ein Zuschauer tun, außer sich das Spiel, über das er keine Kontrolle hat, anzuschauen? Was kann irgend jemand in irgendeiner Situation, die er überhaupt nicht kontrollieren kann, tun? Einfach gehen-lassen! Denn die Situation ist wirklich nicht außerhalb seiner selbst. Er *ist* die Situation. Und der pikante Punkt ist der, daß es wirklich kein Individuum gibt, das vorsätzlich und bewußt etwas »gehen läßt«! Wenn das intuitive Erfassen stattfindet, wenn das Verstehen zur unerschütterlicher Überzeugung wird, geschieht das »Gehen-lassen« ganz von selbst. Dann gibt es kein Individuum, von dem erwartet wird, loszulassen. Mit anderen Worten, wahres Verstehen führt zu der Überzeugung, daß das »Individuum« ein mentales Bild ist, eine Illusion, die selbst ein Hindernis für das Loslassen darstellte.

Was ist die Basis dieses intuitiven Erfassens, die zum Verstehen und dem sich daraus ergebenden Loslassen führt? Es ist eine *Intensität* des Gefühls, der Glaube, daß alle Gefühle eine innere Ambivalenz besitzen. Es ist das *Wissen* darum, daß es eine unvermeidliche Polarität zwischen Hochstimmung und Depression, zwischen Liebe und Haß, Bescheidenheit und Stolz gibt. Daher muß die Natur selbst diese Ambivalenz enthalten, ohne die immerwährende Freude ebenso bedeutungslos wäre wie eine Mahlzeit, die sich nur auf Süßigkeiten beschränkt. »Gutes« wäre ohne das »Böse« bedeutungslos.

Zu viele Worte werden ein Hindernis für aufrichtige Gefühle. Zweifellos liegt deshalb im indischen *Advaita*, im japanischen *Zen* und im chinesischen *Tao* der Mittelpunkt nicht im schöpferischen Hervorbringen von Ideen, sondern in einer unaussprechlichen *Erfahrung*, die konkret und nicht-verbal ist. So werden Geist und phänomenale Natur, das *dharma* (Sosein) der vielfältigen Dinge, in den östlichen Traditionen nicht in einem so scharfen Kontrast gesehen. Geist wird *nicht* als eine Trennung von der Natur gesehen (so wie sich Abstraktes von Konkretem abhebt), sondern als die unmittelbare Erfahrung der Totalität der Natur in ihrem nicht-konzeptuellen Zustand.

Verbale Kommunikation, »die charakteristische Krankheit des Westens«, drückt sich unverhohlen in der Frage »Was ist das?« aus, die fast immer jeglicher Form der Manifestation vorausgeht. Es kann unmöglich eine Beschreibung geben, die erklärt, *was* die natürliche Welt ist. Die Frage selbst ist ein Hinweis auf das Ausmaß und die Tiefe der verbalen Konditionierung, die stattgefunden hat. Was die Frage ganz klar beinhaltet, ist: »Wie soll man es *klassifizieren?*« Jede Klassifizierung ist ein menschliches Unterfangen, und der natürliche Zustand entspringt keiner gegebenen Klassifizierung. Worte können das, was natürlich untrennbar erscheint, trennen, aber *Worte können das, was in sich unteilbar ist, nicht wirklich trennen.* Der einzige Weg, Trennung zu vermeiden, besteht darin, Worte, d.h. Gedanken, vom Gefühl fernzuhalten, *so daß das, was natürlich ist, im stillen Geist gefühlt werden kann.* Und, wenn das Denken sich gelegt hat, wenn jede Konzeptualisierung abwesend ist, ist das Individuum nicht länger eine getrennte Wesenheit. Es verschmilzt mit dem stillen Bewußtsein als seine innere Essenz. Diese stille Wahrnehmung ist das »Gefühl«, das zurückführt zu dem Bewußtsein, das das Kind einst besaß, das innere Gefühl der Zugehörigkeit zur natürlichen Welt.

Das Konzeptualisieren sieht die Natur – und das Leben – als etwas, das auf bestimmten Prinzipien und Gesetzen aufgebaut ist, wie ein Bauplan. Tatsächlich sieht das Konzeptualisieren »Gott«

als den Erschaffer einer Welt, die einen bestimmten Sinn und Zweck hat, den das Individuum als getrenntes Wesen selbst für sich herausfinden soll. Die östliche Mystik – *Advaita* in Indien, *Tao* in China und *Zen* in Japan – andererseits, sieht die phänomenale Natur nicht als eine geplante Erschaffung, sondern als eine spontane Emanation oder ein Auftauchen, eher organischer als mechanischer Natur. Die Natur auf diese Weise zu verstehen, wird nicht zu einer intellektuellen Übung, sondern zu einer unmittelbaren Erfahrung in mentaler Stille. Es ist äußerst wichtig, ganz klar zu verstehen, daß dieser Zustand der mentalen Stille nicht bedeutet, den Geist teilnahmslos oder leer zu halten. Das Denken selbst gehört sehr wohl zum natürlichen Ablauf der Totalität dazu und ist daher kein »outsider«. Entscheidend ist, daß *wortlose Kontemplation und Denken gleichzeitig geschehen können*, nämlich dann, wenn dieses Denken ohne Beurteilung, d.h. ohne persönliches Verwickeltsein, bezeugt wird. Was dann geschieht, ist die Abwesenheit des Verstands, der unaufhörlich versucht, sich dadurch aufzuspalten, daß er gleichzeitig handeln und beurteilen will, denken und über dieses Denken reflektieren will. Dann herrscht eine Abwesenheit der »mentalen Mitose«, die Abwesenheit des Teufelskreises des Denkens über das Denken von Gedanken – vergleichbar mit dem bewegungslosen Verweilen in einem Whirlpool. Das bedeutet in der Tat »nicht gegen« den Strom zu schwimmen, sondern ruhig und gelöst zu gleiten.

Der erste Eindruck bei der Entwicklung eines Photos – das Auftauchen des gesamten Bildes auf dem Papier oder dem Film – ist oft sehr verblüffend, da wir so konditioniert in der Vorstellung sind, etwas Stück für Stück entstehen zu sehen. Ähnlich ist es eine faszinierende Erfahrung, die Bildung eines Kristalls zu beobachten: er erscheint in der Lösung sofort als Ganzes und nicht Stück für Stück. Vielleicht ist die Faszination der Ausdruck eines intuitiven Gefühls, daß das phänomenale Universum ein spontanes, insgesamt gleichzeitiges Ereignis ist. Es scheint den Intellekt zu verblüffen, die Kraftwellen in einem Magnetfeld zu sehen, die sich ganz plötzlich in Eisenspänen ordnen und nicht nach und nach erscheinen. Man merkt es vielleicht gar nicht, weil es ein so gewohnter Anblick ist, aber ein Kind wächst nicht Stück für Stück, sondern in seiner »*gesamten Gestalt*«, die von innen heraus wächst, vergleichbar mit einem Baumstamm. Dieses »Von-Innen«, das sich spontan entfaltet, ist Natur, und hat nichts zu tun mit einem Gott, der die Welt von »außen« erschaffen haben soll. Sobald dieses »Einbezogensein« erkannt wird, ist jedes Gefühl eines Getrenntseins auf wunderbare Weise geheilt, und die Verwobenheit der Dinge und Ereignisse und die Einheit des Universums wird *gefühlt*, ohne ein Bedürfnis nach intellektueller Analyse.

Das wirkliche Innen kann kein Objekt sein, weil es vor der konzeptuellen Dreiteilung eines Beobacht*ers* – dem Beobacht*eten* – und dem Beobacht*en* existiert. Was wir wirklich sind, ist dieses Innensein oder diese innere Natur, die sich in der Entstehung und der Tätigkeit unseres komplexen Nervensystems ausdrückt. Das Individuum gibt sich damit zufrieden, seine Aufmerksamkeit auf den eingeschränkten, oberflächlichen Bereich des Bewußten und Gewollten zu richten (und sich damit zu identifizieren). Es vergißt oder ignoriert das wirklich Wichtige, das Unbewußte und Unwillkürliche. Die Vorstellung eines getrennten »Ich« ist so tief in unserer Psyche verwurzelt, daß sogar unser Atem und unser Herzschlag etwas anderem als dem »Ich« zuzugehören scheinen. Daher ist es bequem, sich Gott im Vergleich zu dem kümmerlichen »Ich« als eine übermenschliche Wesenheit vorzustellen, und an einen Gott zu glauben, der die Welt geschaffen hat, und der sich nun um alles Geschehen kümmert, alle unbewußt ablaufenden Vorgänge im Körper eingeschlossen. Gott wird somit einfach als »eine gewaltige Vergrößerung und Multiplikation der bewußten, analytischen Art des Wissens« verstanden. Es ist ein großartiges Konzept, dem als Wurzel die Ungeheuerlichkeit eines enthaupteten Bewußtseins, bar irgendeiner inneren Natur, zugrunde liegt, das alles kennt, sich selbst eingeschlossen und das Seinem eigenen *bewußten* Verstehen vollkommen transparent ist. *Seine Subjektivität wird auf diese Weise vollkommen objektiviert!*

Wenn wir dieses Konzept analysieren, entdecken wir, daß an seiner Wurzel das alte Problem liegt, Gegensätze unabhängig, anstatt als miteinander verbundene, polare Gegenstücke zu sehen, als die Gesamtheit der verketteten Fäden im Webmuster der phänomenalen Natur. Das Individuum, das Tod und Verfall mit dem

Bösen assoziiert, versteht Gott als »Sein« und »Leben«, im Gegensatz zu »Nicht-Sein« und »Tod«. Dieses Verstehen ignoriert vollkommen die grundlegende Tatsache, daß reines Sein und reines Nicht-Sein jeweils konzeptuelle Mythen sind. Sobald aber die innere Identität dieser untrennbaren Ergänzungen mit totaler Überzeugung gefühlt wird, erfaßt man auch die Identität des Individuums mit der Natur. Dann wird der Tod als Teil des Lebens akzeptiert, als eine Rückkehr zu jenem unbekannten Innensein, aus dem heraus das Individuum als ein wesentlicher Teil der Natur entstand.

Das Individuum und die Gegensätze des Lebens

Eines der größten Mysterien der Natur, und vielleicht die Ursache des menschlichen Unglücks, ist die Existenz der Gegensätze – nicht unwiderrufliche, unvereinbare Gegensätze, aber miteinander verbundene, polare Gegensätze von der Art, daß eins nicht ohne das andere existieren kann, und das eine in der Tat die eigentliche Ursache für das Vorhandensein des anderen ist. Polarität ist bedeutend mehr als nur Gegensatz oder Dualität. Sie bedeutet, daß die Gegensätze *untrennbar* miteinander verbunden sind, wie die beiden Enden eines Stocks, die zwei Seiten einer Münze oder die beiden Pole eines Magneten. Was man einen Magnet nennt und was die Eigenschaften eines Magneten hat, wäre ohne die beiden Pole eben kein Magnet.

Die polaren Gegensätze werden zur Grundlage des menschlichen Unglücks, da das menschliche Individuum, das ihnen im Leben begegnet, vergißt, daß diese Pole selbst nichts anderes als rein abstrakte »Denkkategorien« oder »Symbole« sind. Es vergißt, daß das wirklich Bedeutsame und Wichtige nicht Begriffe oder Symbole sind, sondern das, was zwischen den beiden Polen liegt. Da liegt das Problem des menschlichen Unglücks, weil ein Denken in Symbolen nichts anderes heißt, als Erfahrungen in verschiedene Klassen und begriffliche »intellektuelle Schubfächer« einzuteilen. Mit anderen Worten, das menschliche Individuum denkt in individuellen Kategorien und schafft es so, im Vorgang des Konzeptualisierens, das aufzuspalten, was in der Natur in Wirklichkeit ungeteilt ist. Ist es überraschend, daß diese unnatürliche Aufspaltung den Menschen von seinem natürlichen Hintergrund trennt und ihn in einen Zustand versetzt, den er »Unglücklichsein«, »Elend« oder »Bindung« nennt? Und ist es verwunderlich, daß es sich, wenn es sich in diesem Zustand findet, immer nach Befreiung sehnt?

Die Natur selbst scheint diese vom Menschen gemachten Gegensätze oder diese Welt der Gegensätze nicht zu kennen – oder sich nicht darum zu kümmern. Die Natur scheint vollkommen zufrieden und glücklich damit zu sein, eine Welt von unendlichen, hinreißenden Verschiedenheiten zu schaffen, die nichts von schön oder häßlich, ethisch oder unethisch weiß. Wie Thoreau sagte, die Natur entschuldigt sich nie, sieht niemals einen Anlaß dazu, offensichtlich weil sie nur wunderbare Verschiedenheiten sieht und keine »fehlerhaften Gegensätze«. Es ist interessant, daß sich die uralte Kultur Chinas aus der Einsicht in diese fundamentale Polarität der Natur selbst entwickelt hat.

So sagte Lao-Tse zu diesem höchst wichtigen Thema:

Wenn jemand Schönheit als Schönheit ansieht, ist das Häßliche bereits anwesend;
Wenn jemand das Gute als gut ansieht, ist das Böse bereits vorhanden.
»Sein« und »Nicht-Sein« gebären einander,
Schwierig und Leicht werden wechselseitig erkannt;
Lang und Kurz bestehen in wechselseitigem Kontrast;
Hoch und Tief stehen sich wechselseitig gegenüber;
Vorher und Nachher folgen einander.

Und Tschuang-Tse, der berühmte Nachfolger Lao-Tse's, sagte:

Daher haben die, die behaupten Recht zu haben,
ohne sein Gegenteil, das Unrecht, oder die sagen,
sie regierten gut, ohne das Gegenteil, schlecht zu regieren,
weder die großen Prinzipien des Universums,

DRITTES BUCH

noch die Natur aller Schöpfung verstanden.
Es ist, als spreche man von einer Existenz des Himmels
ohne die einer Erde, vom Negativen ohne das Positive,
und das ist unmöglich. Dennoch erörtern
es die Menschen unaufhörlich;
solche Menschen müssen entweder Narren oder Schurken sein.

Viele Menschen, vor allem aus dem Westen, würden Aristoteles klar als den vollkommenen Philosophen anerkennen, der behauptet, daß jede Tätigkeit auf freier Wahl beruht und daß sich der Wille nur im Sinne einer Wahl – klug oder unklug, Gutes dem Schlechten vorziehend – in Handlung umsetzt. Weniger akzeptierbar wäre für sie das, was Heraklit sagt: »Es ist ein und dasselbe, zu leben oder tot zu sein, wach oder schlafend, jung oder alt.« Im großen und ganzen ist die westliche Kultur, wie ein moderner Philosoph es formuliert, eine Verherrlichung der Illusion, daß das Gute ohne das Böse existieren kann, das Licht ohne die Dunkelheit und Freude ohne Leid. Die *moderne* östliche Kultur bleibt hinter dieser Ansicht nicht weit zurück. Ironischerweise jedoch entdeckt die moderne westliche Kultur – und die moderne Physik – eine starke Anziehung zur östlichen Weisheit.

Die moderne Physik läßt keinerlei Zweifel mehr an der essentiellen polaren Wechselbeziehung, die in der gesamten Natur herrscht, bestehen. Die Jahrhunderte während Auffassung absoluter Trennung von Masse und Energie ist der Einsteinschen Gleichung zum Opfer gefallen. Die Tatsache, daß die zwei alten Gegensätze von Masse und Energie nichts anderes als zwei Aspekte eines Phänomens sind, wurde in Hiroshima auf allzu erschreckende Weise demonstriert. Ruhe und Bewegung können nicht mehr genau unterschieden werden – »jedes ist beides« –, denn was der eine Beobachter als ruhend ansieht, sieht ein anderer *zur gleichen Zeit* in Bewegung. Die Quantenmechanik hat die zuvor anerkannten Gesetze der Natur auf den Kopf gestellt und ad absurdum geführt. Die Dichotomie von Teilchen und Welle existiert nicht mehr. Daraus sind »Wellenteilchen« geworden, und die Trennung zwischen Struktur und Funktion hat sich aufgelöst. Noch bedeutender, die neuen physikalischen Gesetze haben die Trennung zwischen Be-

DIE EINE WAHRHEIT

obachter und beobachtetem Objekt in einem Ausmaß beseitigt, daß nun der Beobachter ein aktiver »Teil« in dem Geschehen ist, das seine Sinne wahrnehmen. Es ist mehr als eine vage Vermutung, daß die treibende Kraft im Bewußtsein des Beobachters nicht von der dynamischen Kraft des Universums zu trennen ist. Das heißt mit anderen Worten, daß es in Wirklichkeit weder einen Beobachter, noch ein beobachtetes Objekt gibt, sondern ganz einfach und strenggenommen nur den Vorgang des Beobacht-*ens*.

Das heißt nicht, daß im Leben keine Gegensätze gesehen werden, sondern vielmehr, daß hinter diesen Gegensätzen (die notwendigerweise miteinander verküpft sind) eine zugrundeliegende Einheit besteht. Aus diesem Grund werden nun Zeit und Raum, Subjekt und Objekt, von der Wissenschaft für alle praktischen Zwecke als so ineinander verflochten und abhängig behandelt, daß sie ein einziges einheitliches, organisches Muster bilden. Was jetzt hervorgehoben wird, sind nicht mehr die einander entgegengesetzten Phänomene, sondern vielmehr das Geschehen, das beide zusammen hervorbringen.

Ein Objekt bedarf des Raums, um in der Dreidimensionalität zu erscheinen, aber es kann niemals wahrgenommen werden ohne Dauer oder Zeit, in der das Erkennen stattfindet. Daher können Raum und Zeit nicht wirklich getrennt verstanden werden, es sei denn begrifflich, zum Zweck einer bestimmten Untersuchung. Und sogar eine solche Analyse würde ihre eigentliche Bedeutung verlieren, wenn Raum-Zeit nicht als *ein* Konzept gesehen wird. Mit anderen Worten, aus dem Blickwinkel des »Zusammenfallens von Gegensätzen« (Nikolaus von Kues nannte es *coincidentia oppositorum*) wird das, was als vollkommen unvereinbare Gegensätze angesehen wurde, zu komplimentären Aspekten ein und desselben Phänomens.

Auf diesen Überlegungen gründet sich Alfred North Whiteheads Philosophie des »Organismus« und »vibrierender Existenz«. Sie setzt voraus. daß alle grundlegenden Elemente in ihrer Essenz »Vibration« sind. Dies erklärte Nisargadatta Maharaj wiederholt. Er ging so weit zu sagen, daß alle Dinge und Ereignisse, ob vom Menschen begrüßt oder gefürchtet, Ergebnisse dieser Vibrationen der Elemente sind , je nachdem ob sie miteinander in Übereinstimmung oder widerstreitend sind. Mit Whiteheads Worten werden die Elemente des Universums als »vibrierende Ebbe und Flut jeglicher zugrundeliegender Energie oder Aktivität« beschrieben. Das bedeutet, daß es kein Phänomen wie beispielsweise eine Welle gibt, ohne die entgegengesetzten Aspekte von oben und unten, Kamm und Tal, Höhe und Tiefe.

Ich erinnere mich, wie ich als kleiner Junge den Strahl der Staubteilchen in der Luft vermied, die durch den Sonneneinfall durch das Fenster erhellt wurden. Später war es ein ziemlicher Schock für mich, zu erfahren, daß nicht der Sonnenstrahl die Staubteilchen verursachte, sondern daß diese überall waren und nur durch den Sonnenstrahl sichtbar wurden. Wie die Gestalttheorie der Wahrnehmung sagt, sind wir eines Objekts, einer Figur oder eines Geschehnisses (jedes Phänomens) nicht gewahr, es sei denn in Beziehung zu einem kontrastierenden Hintergrund. Wie tief der Kontrast zwischen einem Stern und seinem Hintergrund, der Dunkelheit, auch sein mag, einer kann in der Abwesenheit des anderen nicht wahrgenommen werden. Anders gesagt, ein Bild, der Eindruck einer Berührung oder ein Klang, sind nur erfahrbar im Kontrast zur relativen Formlosigkeit oder relativen Stille und umgekehrt. Es ist interessant festzustellen, daß bei Experimenten, die mit »Entzug von Sinneseindrücken« arbeiten, wobei die Wahrnehmung des Individuums nichts anderem als dem Hintergrund ausgesetzt ist, das Individuum die Notwendigkeit empfindet, die fehlende Figuration durch seine Phantasie zu ergänzen. Eine solche »Vervollständigung des Musters« findet sowohl beim Hören als auch beim Sehen statt. Beim Ausfall ganz bestimmter Bereiche des Gesichtsfelds und bei wahrgenommenen visuellen Mustern, die einen blinden Fleck (Skotom) umgeben, werden diese vom wahrnehmenden Gehirn in den nicht-sehenden Bereich ausgedehnt. Ähnlich ist es bei Experimenten, in welchen ein kurzes Wort in einem aufgenommenen Satz aufgrund einer Geräuschverzerrung nicht hörbar ist, und die Teilnehmer dennoch den vollständigen Satz wiedergeben können.

Auf die Kinetik übertragen, sagt Alan Watts, führt all dies zu dem Verständnis, daß es kein Bewußtsein einer Bewegung geben kann außer in Beziehung zur Stille, kein Bewußtsein der Freiheit der Bewegung außer in Beziehung zu einem gewissen Maß an Widerstand. Es ist aufschlußreich, daß Nisargadatta Maharaj zu sagen pflegte, die Manifestation könne nicht ohne eine Wechselbeziehung von Stillstand und Bewegung erscheinen. Darüber hinaus wiederholte er immer, daß das Bewußtsein im wesentlichen eine Empfindung der Bemühung und Frustration sei, und daß die erste Bewegung des Bewußtseins – der Gedanke »Ich Bin« (der Urknall der Astronomie und der Physik) – ein gewaltiges Stöhnen hinein in den Zustand des Bewußtseins der Existenz, aus dem absolut stillen Zustand des Nicht-Bewußten heraus, war.

Der ganze Sinn dieser Ausführung ist der, daß das Elend und die Unzufriedenheit des einzelnen Menschen fast gänzlich daher rühren, daß er diese grundlegende Tatsache der Einheit im Universum ignoriert. Homer erklärte in einem Ausbruch des Mitleids für die menschliche Rasse: »Wenn doch dieser Hader zwischen Göttern und Menschen aufhören würde.« Aber, so sagt Heraklit, »Homer hatte unrecht... wenn das einträte, würden alle Dinge aufhören zu existieren.«

Ebenso haben all unsere Gefühle nur in Bezug zu ihren gegenteiligen Entsprechungen eine Bedeutung. Obwohl das menschliche Individuum Schmerz und Unangenehmes verabscheut, könnte es Freude und Wohlergehen für sich allein genommen nie verstehen, geschweige denn, sie wertschätzen. Und dennoch vergißt es in seiner abgrundtiefen Unwissenheit diese grundlegende Tatsache des Lebens und kämpft erbittert um Vergnügen ohne Schmerz und Leben ohne Tod. Alles, was über die gegenseitige Abhängigkeit und die Wechselbeziehungen von Freude und Leid (und allen anderen scheinbaren Gegensätzen) gesagt wurde, ist für den Intellekt wirklich nicht schwer zu verstehen und zu akzeptieren. Und trotzdem gibt es etwas, was das menschliche Individuum anscheinend davon abhält, sein Leben im Einklang mit diesem so offensichtlich einfachen Verständnis zu leben, und das ist die Tatsache, daß es so stolz darauf ist, denken zu können. Es hält sich jetzt sogar für fähig, irgendwann selbst Leben zu erschaffen. Und genau aufgrund dieser Grenzlinie, die es zwischen sich innen und der gesamten übrigen Welt außerhalb geschaffen hat, hat es seine wahre Natur vergessen. In seinen etwas »helleren« Momenten hat es sich immer wieder die Frage gestellt »Wer bin ich?« Und die größte Tragödie ist die, daß die Frage selbst bereits die erste Trennung darstellt! Kein Tier beschäftigt sich mit dieser Frage. Und der Witz ist der, daß der Mensch sich mit dieser Frage selbst in eine scheinbare Bindung versetzt hat. *Genau dieser Frage nachzugehen* – (nicht der Antwort, denn es gibt in Wirklichkeit keine) – wird ihn zu der Entdeckung führen, daß das menschliche Individuum vollkommen illusorisch ist, und daß das Individuum gar nicht als eine unabhängige, autonome Wesenheit existieren kann. Seine Existenz im Universum ist grundsätzlich nur die eines Teils dieses Universums, und dieses Universum ist der objektive Ausdruck des subjektiven Absoluten. Dieses Universum ist »nicht aus toter Materie zusammengesetzt, sondern im Gegenteil, es ist eine lebendige Gegenwart«, der das Absolute innewohnt.

Es sollte somit einleuchten, daß das wirkliche und grundlegende Problem des Menschen darin liegt, daß er das Problem selbst geschaffen hat. Zuerst trennt er sich selbst von der übrigen Manifestation, dann verlangt er, als getrennte und unabhängige Wesenheit, einen Teil des Lebens und nicht die Gesamtheit. Er verlangt nach dem Angenehmen und lehnt alles Unangenehme ab. Das Individuum erkennt nicht, daß es im Verlangen nach dem Höhepunkt des Vergnügens unter Ausschluß der Tiefe des Schmerzes nur nach Illusionen strebt, die lediglich zu Frustrationen und Unglück führen und in der schrecklichen Angst vor dem physischen Tod gipfeln. Das »Denken« des Durchschnittsmenschen schenkt einer Seite einer Beziehung Aufmerksamkeit (der positiven, erfreulichen oder der Gestalt) und ignoriert die andere Seite (die negative, unangenehme, den Hintergrund). Das Ergebnis ist, daß sich sein Blickwinkel *unmerklich* verzerrt. Das Denken und seine Prozesse entwickeln sich unter Ausschluß der Intuition, während der Säugling zum Kind heranwächst, und schon sehr bald hält sich die Person ganz selbstverständlich für eine individuelle Form, unabhängig von dem Hintergrund der Natur.

Es mag Weisheit in dem Ausspruch »gib auch dem Teufel seinen Anteil« liegen, weil diese Anerkennung der zwei Hände Gottes – des Guten und des Bösen – genau das ist, was den esoterischen Aspekt der Religion vom exoterischen unterscheidet. Der esoterische Aspekt existiert in fast jeder Religion, auf jeden Fall in allen organisierten Religionen, aber er ist für gewöhnlich verborgen und geheimgehalten, da dieser mystische Aspekt der Religion nicht leicht verständlich ist. Der Durchschnittsmensch wird von der allen Gegensätzen zugrundeliegenden Einheit leicht verwirrt. Jeder Versuch, diesen Aspekt der Religion jenen, die nicht intellektuell und spirituell »reif dafür« sind, zu erklären, könnte sie nicht nur intellektuell verwirren, sondern es ihnen praktisch unmöglich machen, ihr Leben normal zu leben. Es ist sogar so, daß selbst jene, die ganz natürlich von diesem esoterischen Aspekt angezogen werden – und seine Grundlage zu verstehen scheinen – immer noch verblüfft sind, wenn ein Weiser wie Nisargadatta Maharaj ihnen sagt: »Verstehen ist alles. Sobald das Verstehen da ist, *kannst du tun, was immer dir gefällt.*«

Diese Worte mögen dem Nichteingeweihten das Gefühl vermitteln, daß er, sobald das Verstehen »da« ist, frei ist, jede bösartige oder skandalöse Tat zu begehen. Dies wäre eine vollkommen falsche Interpretation. Aus diesem Grund verboten Jnaneshvar und andere Weise, dieses Wissen öffentlich allen und jedem zu vermitteln. Es gibt noch einen anderen Grund. Dieses Wissen soll jenen wenigen weitergegeben werden – einer spirituell entwickelten, ausgewählten Minderheit von Suchenden – denen vertraut werden kann, daß sie das Spiel weiterlaufen lassen und es nicht verderben. Die Aufführung muß weitergehen, die Totalität der Manifestation und ihr Ablauf, »das kosmische Versteckspiel, in dem Gott seine rechte Hand nicht wissen läßt, was seine linke tut«.

Wie wirkt sich das tiefe Verstehen der zwei Seiten des Einen auf den Suchenden aus? Die erste Stufe ist eine »Ausdehnung« des Bewußtseins (obwohl das Bewußtsein sich weder ausdehnt, noch zusammenzieht), was die Beseitigung der Verdunkelung der Unwissenheit (des Schleiers der *maya*) bedeutet, die das Erscheinen der Vielfalt und des »anderen« bewirkt hat. Das bedeutet, daß der Suchende sich selbst als ein getrenntes Individuum durch das neue Bewußtsein seiner wahren Natur transzendiert hat. Auf dieser Stufe durchschaut er das Spiel und ist fast bereit, daraus auszusteigen, weil es der Mühe nicht wert ist. Wer ist fast so weit, auszusteigen? Offensichtlich ist es das Überbleibsel des alten Ego-Subjekts, das von seiner neuen Entdeckung berauscht ist. Buddha rief auf dieser Stufe aus: »Oh, Baumeister, ich habe dich entdeckt! Nie sollst du dieses Bauwerk wieder erbauen! Jetzt sind alle Balken zerschmettert, und der Dachfirst liegt gebrochen am Boden!« Vielleicht mag dieser Augenblick *pralaya* (der endgültigen Auflösung des Universums) entsprechen, wenn das Konzeptualisieren mit der Entdeckung, daß das manifestierte Universum eine Illusion ist, ein Ende findet.

Aber die Advaita-Philosophie geht viel tiefer. Sie *akzeptiert* den illusorischen Charakter des manifestierten Universums (einschließlich des menschlichen Individuums) – den Aspekt der Transzendenz – aber hindert das illusorische Individuum zur gleichen Zeit nicht daran, mit dem Spiel fortzufahren. Der Suchende, der zum Weisen wurde, muß fortfahren, das Versteckspiel zu spielen, das Spiel des Guten gegen das Böse, des Erfolgs gegen Verlust. Er spielt im vollen Wissen darum, daß es ein Spiel ist. Er weiß, daß das scheinbar manifestierte Universum, obwohl es illusorisch wie ein Schatten ist, nur deshalb da sein kann, weil es vom innewohnenden Absoluten aufrechterhalten wird. Mit anderen Worten, der transzendente Aspekt der Manifestation (der Illusion) begleitet den innewohnenden Aspekt. Das Illusorische ist der objektive Aspekt des absoluten Subjekts. Das manifestierte Universum ist selbstverständlich eine Illusion. Aber diese Illusion hätte nie aus sich selbst heraus, ohne die Basis des unmanifestierten Absoluten, erscheinen können. Die Manifestation ist mit Sicherheit vorhanden, aber ihre Gegenwart ist ein Erscheinen im Bewußtsein. Gewiß erscheinen die sich bewegenden Bilder, aber ohne die Leinwand, auf der sie sich abspielen, hätten sie nicht erscheinen können. So ist der erleuchtete Weise frei von der Bindung der Gegensätze geworden.

Zufrieden mit dem, was von selbst kommt,
Jenseits der Gegensatzpaare gelangt, frei von Neid,
Unberührt von Erfolg und Verlust,
Ist er ungebunden, selbst wenn er handelt.
                                                            Bhagavad Gita

Die Eine Wahrheit

Es sollte jetzt klar sein, daß die Probleme, von denen sich der einzelne Mensch bedrängt fühlt, auf dem Glauben beruhen, daß die Gegensätze getrennt und für sich sein sollten und daß man das Gute und Schöne unter Ausschluß alles Häßlichen und Schlechten anstreben sollte. »Freiheit von den Paaren der Gegensätze« ist jedoch das, was Freiheit wirklich bedeutet. Unsere Bemühung, einen Pol des Magneten vom anderen zu trennen, kann nur zum Auseinanderbrechen des Magneten selbst führen. Der »befreite« Weise ist nicht länger daran interessiert, die Gegensätze dahingehend zu manipulieren, daß er eins dem anderen vorzieht. Er ist zufrieden, beide als die eigentliche Basis des Lebens zu akzeptieren. Er versteht ganz und gar, daß Das-Was-Ist nicht Gut gegen Schlecht, Leben gegen Tod ist. Er ruht im Zentrum der Aufmerksamkeit, einem Gewahrsein, das beides bezeugt und transzendiert.

Dieses Freisein von den Paaren der Gegensätze ist das Königreich des Himmels, von dem in der Bibel gesprochen wird, obwohl die meisten Auslegungen dies scheinbar vergessen haben. Der Himmel ist nicht der Inbegriff aller Tugenden und eine Belohnung unter Ausschluß alles Negativen, sondern der Zustand einer Transzendenz beider, sowohl des Positiven, als auch des Negativen.

Im Thomas-Evangelium heißt es:

Sie fragten ihn:
Werden wir, wenn wir werden wie die Kinder,
in das Himmelreich eingehen?
Jesus antwortete:
Wenn ihr aus zweien eins macht,
und wenn ihr das Innere zum Äußeren macht,
und das Äußere zum Inneren,
das Oben zum Unten,
und das Männliche und das Weibliche
zu einem Einzigen,
dann werdet ihr in das Königreich eingehen.

Es ist bekannt, daß diese Idee der »Nicht-Zwei-Heit« die Essenz der Advaita-Philosophie (Nicht-Dualität) und ebenso der Philosophie des Mahayana Buddhismus ist. Das *Lankavatara Sutra* sagt:

*Falsche Vorstellung lehrt, daß Dinge wie
Licht und Schatten, lang und kurz, schwarz
und weiß, verschieden und voneinander
getrennt anzusehen sind. Aber sie sind nicht unabhängig
voneinander; sie sind lediglich verschiedene Aspekte
derselben Sache. Sie sind Ausdrücke von Beziehung,
nicht von Realität. Die Bedingungen der Existenz
schließen sich nicht gegenseitig aus;
in ihrer Essenz sind sie eines und nicht zwei.*

Mit anderen Worten, die letztendliche Realität, das Unmanifestierte, ist Unicity. Um sich objektiv zu manifestieren, muß sich Unicity notwendigerweise der Instrumentation oder Mechanismen der Dualität (in Form der verschiedenen voneinander abhängigen Gegensätze) bedienen. Die eigentliche Wirklichkeit ist das Unmanifestierte, seiner selbst nicht bewußt. Die Manifestation geschieht als Erscheinung im Bewußtsein und geht gleichzeitig einher mit dem Auftauchen des bewußten Gedankens »Ich Bin«. Was daher als Manifestation erschienen ist, kann nicht anders als die unmanifestierte Realität sein. Das, was im Bewußtsein *erscheint*, ist etwas, das von den Sinnen gefühlt und als Form, Ton, Geruch, Geschmack und Berührung wahrgenommen und erkannt wird. Wenn wir einen Gegenstand von einem anderen abheben, so tun wir dies, weil jeder Gegenstand einen Namen erhalten hat, damit man ihn von einem anderen unterscheiden kann. So eine Unterscheidung ist nur notwendig, um die Kommunikation zwischen den Menschen zu ermöglichen. Sobald erkannt wird, daß die eigentliche Realität jeder Sache, aller Dinge, die gleiche bleibt, selbst wenn Name und Form plötzlich verändert würden, hört die Unterscheidung als solche auf. Was verbleibt, wird als die wahre Essenz *aller* Dinge erkannt, einschließlich alles Menschlichen – und das wird im Mahayana Buddhismus das *»Sosein« der Realität* genannt. Wie das *Lankavatara Sutra* sagt, ist dieses universale, ungeschiedene, unergründliche »Sosein« die einzige Realität. Es ist

DIE EINE WAHRHEIT

ebenso die »Leere«, da es bar allen Denkens und folglich aller Dinge ist.

Die Quantentheorie hat die Vorstellung grundsätzlich getrennter Objekte zunichte gemacht, und die östliche Weisheit hat immer von »Allem in Einem und Einem in Allem« gesprochen. Die Essenz dessen, was die östliche Weisheit immer sagte und was die Physiker jetzt bestätigen, ist kein großes Mysterium. In jedermanns augenblicklicher Aufmerksamkeit oder seinem Gewahrsein gibt es keine Grenzen, keine getrennten Punkte der Manifestation, es sei denn, man konzentriert sich auf ein bestimmtes Detail ganz besonders. Noch anders ausgedrückt, das Gesichtsfeld eines jeden ist ständig »ein kaleidoskopischer Wechsel von allen möglichen miteinander verflochtenen Mustern und Strukturen, eine Mischung von Bäumen plus Himmel plus Gras plus Erde und Wellen plus Sand plus Felsen und Wolken...« Man sieht kein bestimmtes Detail als ein einzelnes getrenntes Ding, bis das Denken eingreift und die Aufmerksamkeit auf eine besondere Sache lenkt, z. B. auf ein hübsches Mädchen oder eine auffällige Kombination einer Kleidung, ein ungewöhnliches Ereignis oder was auch immer. Mit anderen Worten, unser normales Blickfeld ist total. Es enthält keine Trennung, keine Bindung, keine Grenzen, bis sich Gedanken oder Konzeptualisierungen einmischen und eine Spaltung *schaffen*. Diese wiederum erzeugt eine ganze Kette anderer Gedanken und Reaktionen. Das heißt, es ist das Konzeptualisieren, das eine Trennung zwischen den Gegensatzpaaren und zwischen Objekten und Ereignissen schafft, was wiederum zu Konflikten und Unzufriedenheiten führt.

Die Feststellung, daß Grenzen ein Produkt des Denkens sind, ist gleichzeitig die Erkenntnis, daß die Trennung, die durch diese Grenzen verursacht wird, und die sich daraus ergebenden Konflikte *alle* illusorisch sind. Konflikte werden durch Gedanken verursacht, und der Versuch, sich dieser Konflikte durch weitere Gedanken zu entledigen, ist mit dem Versuch vergleichbar, »Blut mit Blut abzuwaschen«. Einfach zu sehen, daß weder Konflikte noch Unglücklichsein real, sondern rein illusorisch sind, ist der einzige Weg, *das Problem zu lösen*. Es durch weiteres Denken und positives Handeln beseitigen zu wollen, macht die Angelegenheit nur schlimmer. Es mag eine sehr gewichtige Beobachtung hierzu ergänzt werden: Die Basis fast allen Denkens (solange es nicht das Denken über technische Probleme ist) ist das Individuum – das »Ich« – und eine solche Wesenheit existiert ganz einfach nicht!

Diese Idee der Einheit, die jetzt sowohl von den Weisen als auch von den Physikern in gleicher Weise vertreten wird, ist für diejenigen höchst frustrierend, die seit Jahrhunderten mit dem Ideal aufwuchsen, »die Welt zu einem besseren Ort zu machen« – nämlich zu einer Welt der Freude ohne Leid, der Gesundheit ohne Krankheit, des Reichtums ohne Armut, des Erfolgs ohne Verlust, ja, eines Lebens ohne Tod! Diese Idee erschüttert die eigentliche Basis all dessen, wofür sie ihr Leben leben. Ihr Ideal basiert auf genau dem Konzept, das zu Unglück und Konflikt führt, sprich ihrer linearen (im Unterschied zur zyklischen) Sichtweise der Zeit und Geschichte. Der Begriff »Eines-ohne-ein-Zweites« bedeutet die Vernichtung des Ego-Subjekts oder des Verstands oder des Individuums (sie alle sind synonym). Das vermeintliche Individuum mag die Auffassung einer Einheit ohne Getrenntheit gerechtfertigterweise mit der Beseitigung eines anhaltenden Kopfschmerzes durch Enthauptung vergleichen. Es ist schwer zu akzeptieren, daß die Abhilfe angesichts des Unglücks und der Misere des Individuums einfach die Aufhebung des Individuums selbst ist. Die Aufhebung des Individuums bedeutet in Wirklichkeit die Disidentifikation von dem Objekt, mit dem eine Identifikation besteht. Es ist die Disidentifikation der Subjektivität (die jedes menschliche Wesen ist) davon, ein projiziertes phänomenales Selbst zu besitzen. Bewußtsein *als solches* ist alles, was »jemand« ist. Diese Überzeugung führt zu dem, was man »noumenales Leben« nennen kann, disidentifiziert vom phänomenalen Objekt. Noumenal zu leben heißt, sich in einer nicht-objektiven Beziehung mit allen Dingen zu befinden. In einer nicht-objektiven Beziehung zu allen Dingen zu sein, bedeutet, ohne Wollen zu leben. Ohne Wollen zu leben, bedeutet, man hört auf zu objektivieren. In dem reinen Gedanken »Ich bin« zu leben, bevor »Name und Form« gegeben werden, ist nur noch ein Bezeugen jeden Geschehens (ohne Reaktion), das in der Tat »nur durch Gottes Willen stattfindet«. Das ist Dis-Identifikation. Identifikation bedeutet Trennung und Konflikt.

DIE EINE WAHRHEIT

Die hier dargestellte Philosophie, und das muß klar gesagt werden, ist nicht nur eine Theorie, die sich gut »anhört«. Sie ist in der Tat eine praktische Philosophie in dem Sinn, daß ihre Stärke nicht in ihren Worten, sondern in ihrer aktiven Anwendung liegt. Der springende Punkt ist der, daß der Versuch, die Welt zu einem besseren Ort machen zu wollen als sie ist, sofort die Schlußfolgerung beinhaltet, daß die Kraft, die die Welt erschuf, jetzt in einer Situation äußerster Hilflosigkeit ist. Wo Gott versagt hat, muß der so mächtige Mensch jetzt eingreifen, da die Welt ohne seine individuellen und kollektiven Bemühungen zum Chaos wurde. Es wird dabei jedoch stillschweigend übergangen, daß der Mensch schon die vergangenen Jahrhunderte versucht hat, die Welt zu verbessern, und wenn seiner Meinung nach Chaos vorherrscht, so ist er selbst dafür verantwortlich. Es gibt zwei Seiten dieser Angelegenheit. Eine ist die, daß der Mensch selbst die entsetzlichen Probleme geschaffen hat, mit denen die Menschheit heute konfrontiert ist (einschließlich der eindeutigen Möglichkeit totaler Vernichtung durch nukleare Waffen), und daß er jetzt fieberhaft versucht, sie wieder in den Griff zu bekommen – indem er immer mehr schreckliche Waffen herstellt, um den »Feind« davon abzuschrecken, sie zu gebrauchen! Dies ist eine fast lächerliche, komödienhafte Situation. Der andere, subtilere Aspekt ist der, daß es sinnlos ist, irgend jemanden für die gegenwärtige Situation verantwortlich zu machen. Die Entdeckung der Relativitätstheorie durch Albert Einstein war keine Erfindung seines Gehirns. Er selbst hat nachgewiesenermaßen gesagt, daß die Gleichung »von außen« zu ihm kam. Damit die Gleichung von außen kommen konnte (wobei unter »außen« ganz klar der universale Geist oder Bewußtsein verstanden werden muß), mußte ein Gehirn entwickelt werden, das die *Fähigkeit* besaß, das Gegebene zu empfangen, d.h. ein Gehirn, das *von der Natur* über einen entsprechenden Zeitraum hinweg so entwickelt wurde. Daß der Prozeß der Evolution in einem bestimmten psychosomatischen Organismus namens Einstein seinen Höhepunkt erreichte, ist fast irrelevant. Scheint es nicht so, daß, wenn man die Sache aus diesem Blickwinkel betrachtet, der einzelne Mensch mit seinem armseligen Verstand (der ihm freundlicherweise von der Natur verliehen wurde) eine Überheblichkeit sondergleichen zum Ausdruck bringt, wenn er sich Verdienst oder Schuld am gegenwärtigen Zustand der Welt zuschreibt?

Ist dies klar verstanden, so wird auch deutlich, warum sich die Welt um so schneller unserem Griff entzieht, je mehr wir versuchen, sie zu kontrollieren. Tatsache ist, daß wir uns vom Universum mit seinem unvorstellbar komplexen System von Beziehungen abgespalten haben. Je mehr seiner Einzelheiten wir zu verstehen und zu sammeln suchen, umsomehr entzieht es sich uns – indem es hinterlistig noch mehr Einzelheiten offenbart, die noch zu erforschen sind. Es handelt sich in der Tat um ein Versteckspiel – das *lila* des universalen Bewußtseins im Ablauf seiner gesamten Manifestation!

Nur wenn der Mensch das Universum als nicht von ihm getrennt betrachtet, kann er alles aus der richtigen Perspektive sehen. Dann kann er wie Lao-Tse sagen: »Ich kenne das gesamte Universum, ohne mein Haus zu verlassen.« Wichtig ist, daß, wenn diese Sicht des Universums einmal tief im eigenen Innern verwurzelt ist, man in der Tat »die Winde, die Gezeiten, die Strömungen, die Jahreszeiten und die Prinzipien des Werdens und Vergehens« versteht. Dann fließen die eigenen Tätigkeiten mit ihnen und nicht gegen sie, da das ganze Prinzip dieser praktischen Philosophie in »fließender Übereinstimmung« liegt. Das Geheimnis eines wirklichen Verstehens dieser Philosophie liegt in der Erkenntnis, daß die Technologie nur dann destruktiv wird, wenn die Einheit des Universums nicht verstanden wird. Und – noch wichtiger – das Nichtverstehen dieser Einheit des Universums ist ebenso Teil Dessen-Was-Ist! Der letztere Aspekt des wahren Verstehens ist wichtig. Es sollte nicht nur erkannt werden, daß Probleme entstehen, weil bewußte Aufmerksamkeit und lineares Denken die grundlegenden Prinzipien des universalen Ablaufs (und den Rhythmus und Pulsschlag des natürlichen Geschehens) durcheinander gebracht haben, sondern auch, daß diese Situation gleichzeitig selbst Teil des Ablaufs der Totalität ist. Das Verstehen des Problems bedeutet die Auflösung des Problems und der Sorgen, die damit einhergehen: »Das-Was-Ist« ist genau das, was Gott in diesem Moment will.

Die Eine Wahrheit

Der Schlüssel zu der Beziehung zwischen Gegensätzen ist in der taoistischen Philosophie als »wechselseitiges Auftauchen« bekannt. Wie zwei Seiten einer Münze anders und doch untrennbar sind oder wie Impuls und Intervall einer Schwingung, so ist die Existenz des Einen vom Anderen abhängig. Es kann gar keine Frage eines Konflikts zwischen beiden geben, da die beiden Gegensätze eher wie Liebende in leidenschaftlicher Umarmung sind, als Feinde in tödlichem Kampf. Tatsächlich sind die eigentlichen, miteinander verbundenen Gegensätze Sein und Nicht-Sein. Für die meisten Menschen ist jedoch das Konzept des Nicht-Seins furchterregend, da sie es für das unwiderrufliche Ende von allem halten, einschließlich »ihrer selbst«. Es fehlt ihnen die Erkenntnis, daß die vorgestellte Leere kein Nichts, sondern die Fülle allen Potentials ist, aus der das Seiende entspringt. »Sein« kann nur aus »Nicht-Sein« entstehen, ebenso wie Klang nur aus der Stille und Licht aus Dunkelheit erscheinen kann. Könnte es sein, daß der Schrecken vor der Leere daher rührt, daß sie nicht im Hinblick auf materielle Körper erfaßbar ist? Tatsache ist, daß es »fast unmöglich ist, verständliche Beschreibungen von Elementen oder Dimensionen zu geben, die in allen Erfahrungen konstant sind wie Bewußtsein, Zeit, Bewegung oder Elektrizität«. Z. B. ist es interessant festzustellen, was die *Encyclopedia Britannica* über Elektrizität zu sagen hat:

*Wir stellen heutzutage jedoch fest, daß das
Phänomen der Elektrizität nicht so erklärt
werden kann, und die Tendenz geht dahin, daß
alle anderen Phänomene als Elektrizität erklärt werden,
die als etwas Fundamentales angesehen wird.
Die Frage »Was ist Elektrizität?« ist im Grunde
unbeantwortbar, wenn damit nach einer Erklärung
der Natur der Elektrizität im Sinne von
materiellen Körpern gesucht wird.*

Die Ordnung des »wechselseitigen Entstehens« der natürlichen Kräfte zeigt sich in der Weise, wie die chinesische Philosophie die fünf Energien auffaßt, symbolisiert durch *Holz*, das als Brennstoff für das *Feuer* dient, welches Asche erzeugt und *Erde* bildet, die in ihren Minen *Mineralien* enthält, die (wie die Oberfläche eines Metallspiegels) Feuchtigkeit anziehen und *Wasser* entstehen lassen, das wiederum das *Holz* ernährt.

Diese zyklische Betrachtungsweise des Kräftewirkens spiegelt sich in der *yin-yang*-Sicht der Dualität der Welt und führt zu einer klaren, gelassenen »Haltung achtsamen Vertrauens gegenüber der gesamten Natur und der Natur des Menschen«. Das drückt sich in der alten Geschichte vom Bauern aus, dem das Pferd davon gelaufen war:

*Als die Nachbarn kamen, um ihm ihr Mitgefühl
zu zeigen, sagte er: »Unglück? Mag sein.«
Am nächsten Tag kam das Pferd mit sechs
wilden Pferden zurück. Die Nachbarn gratulierten
ihm sofort zu seinem Glück. Er antwortete:
»Glück? Mag sein.« Am folgenden Tag versuchte
sein Sohn, eines der wilden Pferde zu satteln
und zu reiten. Dabei fiel er herunter und brach sich
ein Bein. Als die Nachbarn kamen und sein Pech
bedauerten, war die Antwort des Bauern wieder:
»Mag sein.« Einen Tag danach kamen die
Einberufungsoffiziere ins Dorf und nahmen
alle jungen Männer mit zum Militär, nur der
Bauernsohn wurde aufgrund seines gebrochenen
Beins zurückgestellt. Zu den Nachbarn, die sich
wieder versammelt hatten und sagten: »Jetzt hat
sich doch alles zum Guten gewendet«, meinte der
Bauer: »Mag sein.«*

Das ist die gelassene Haltung, die sich meistens aus dem tiefen Verstehen der Polarität der Gegensätze und der fundamentalen Nicht-Dualität ergibt. Es handelt sich nicht um eine Haltung von Pessimismus und Hoffnungslosigkeit, sondern vielmehr um das heitere Akzeptieren des Kommens und Gehens von Glück und Unglück, Gesundheit und Krankheit. Ständige Veränderung *ist* Leben, und Leben ist Veränderung. Die Natur ist nicht fehlerhaft, sondern der Fehler liegt in der Haltung, die verlangt, daß der Lauf der Natur bei einem bestimmten Augenblick des Wohlbefindens stehen bleiben soll. Tatsache ist, daß du der ewige, unveränderliche Augenblick *bist* und lediglich das *lila* der wechselnden Beziehungen, das wir Leben nennen, *bezeugst*. Es ist eine Sache des Erkennens, daß das Individuum zutiefst ein Teil der Manifestation und ihrer Wirkensweise ist. Als Individuum kann es sich unmöglich diesem Prozeß entziehen. Es geht um das intuitive Erkennen, daß das Universum ein »multidimensionales Netzwerk von Juwelen ist, und jedes Juwel die Reflektionen aller anderen *ad infinitum* beinhaltet. Jedes Juwel steht für ein »Ding/Ereignis«, und es gibt keine Abtrennung zwischen einem »Ding/Ereignis« und einem anderen. »Dinge/Ereignisse« finden entsprechend dem ihnen bestimmten Zweck statt. Der vermeintlich freie Wille des vermeintlichen Individuums ist völlig irrelevant. Der gesamte Kosmos ist implizite Unicity, obwohl er sich in expliziter Dualität ausdrückt. Daher muß notwendigerweise jeder Punkt im Kosmos als dessen Zentrum angesehen werden. Es ist fast unmöglich, das Gefühl der Erhabenheit zu beschreiben, wenn die Natur des Individuums in Beziehung zur Manifestation tief verstanden wurde. *Der Verlust der Individualität wird durch den Gewinn der Totalität des Kosmos ersetzt.*

Was bedeutet das wirkliche Verstehen der Polarität der Gegensätze letztendlich? Es bedeutet, sich dessen was gerade *Ist*, gewahr zu sein, ohne sich in eine Bemühung zu verstricken, zu messen, zu beurteilen oder ihm einen bestimmten Namen oder ein Etikett zu geben. Es bedeutet, zutiefst ein Teil der Realität dessen, »Was-Ist« zu *sein*, anstatt lediglich ein Konzept darüber zu haben. Oft taucht der Einwand auf, daß es unmöglich sei, den Fluß der Gedanken und Vorstellungen und den Lärm der Worte, die fast gleichzeitig mit einer Wahrnehmung auftauchen, zu unterdrücken. Das ist wahr, aber ist dies in dem Moment nicht ebenso ein Teil dessen, »Was-Ist« und daher einfach ein Teil von dem »Was-Ist«, dessen man sich gewahr sein kann? Es geht nicht darum, auftauchende Gedanken und Vorstellungen zu ignorieren oder zu unterdrücken, sondern sich ihrer einfach als Teil dessen, »Was-Ist« gewahr zu sein. Man mag fragen: »Was geschieht dann?« Was dann geschieht ist, daß, anstatt einer horizontalen Vermehrung der Gedanken und Worte, der die Reaktion von Sinnlosigkeit und Frustration (und ein anschließender mentaler Dialog) folgt, das ruhige Gewahrsein oder das Bezeugen dessen, »Was-Ist« eine solche horizontale Fortsetzung abschneidet. Tatsächlich wiederholt sich das Eintreten horizontaler Verwicklung in Gedanken und das vertikale Abschneiden dieser Verwicklung anfangs in häufigen Abständen. Aber allmählich wird das Bezeugen – das Gewahrsein ohne Beurteilung – überhand nehmen. Die Abstände zwischen den Verwicklungen werden größer und größer, bis plötzlich Klarheit darüber besteht, daß das Gewahrsein ein beständiges Phänomen geworden ist, vergleichbar mit dem kontinuierlichen Fluß strömenden Öls.

Das Individuum und sein Verstand

Das Individuum und *sein* Verstand! Jede Art des Denkens, das auf der Voraussetzung beruht, das Individuum sei eine Wesenheit und habe einen eigenen Verstand, führt zwangsläufig zu großen intellektuellen Problemen und in Sackgassen.

Was ist der einzelne Mensch als ein Objekt? Was unterscheidet ihn grundsätzlich und wirklich von einem unbelebten Objekt wie einem Auto oder von einem Schimpansen (seinem engsten Verwandten)? Wenn wir, mit anderen Worten, das menschliche Individuum als eine Maschine oder einen Affen ansehen, wo suchen wir dann nach dem fundamentalen Unterschied? Ganz sicher müssen wir den Unterschied im Bereich des »Verstands« finden. Früher glaubte das Individuum daran, daß Geister und Temperamente seinen Körper bewohnten – es liebte mit seinem »Herzen« und konnte gewisse Dinge nicht »verdauen« – aber die Wissenschaft enthüllte bald, daß das Herz nur eine Pumpe und der Magen eine chemische Fabrik ist. Das Ergebnis war, daß die ausgetriebenen Geister »direkt in unsere Köpfe drängten, wie Fledermäuse in einen Glockenturm«. Und jetzt unternimmt der einzelne Mensch verzweifelte Anstrengungen, sich selbst zu entdecken, seine wahre Natur »in der riesigen Maschinerie unseres Gehirns oder in den einmaligen Fähigkeiten und Vorlieben, die wir unseren Verstand nennen« herauszufinden.

Es ist fast unmöglich, sich den Verstand ohne seine physische Entsprechung, das »Gehirn« vorzustellen. Tatsächlich werden beide Worte fast immer synonym benutzt. Steve Levy beschreibt seine Reaktion auf den Befund des Gehirns von Einstein wie folgt: »Ich war aufgestanden, um in das Gefäß zu schauen und fiel sprachlos in meinen Stuhl zurück. Meine Augen hingen an jenem Gefäß, während ich versuchte zu verstehen, daß diese Teilchen klebriger Masse, die auf und ab wallten, eine Revolution in der Physik verursacht und möglicherweise die Entwicklung der Zivilisation entscheidend verändert hatten. Da war es.«

Tatsächlich, da ist es – das tragische Mißverständnis, das Gehirn, die physische Materie, könne den wesentlichen Gedanken hervorbringen, der eine Revolution in der Wissenschaft auslöste. Einstein hat ganz eindeutig gesagt, daß die Formel der Gleichung »von außen kam«. Er meinte offensichtlich, daß nicht sein »individuelles« Denken ihn zu dieser Gleichung geführt hatte, sondern daß sein Gehirn in der Lage gewesen war, diese Gleichung, die »von außen kam«, zu *empfangen*. Die Totalität allen Wirkens – die die Buddhisten GEIST und die Advaita-Vertreter Bewußtsein nennen – benötigte ein Gehirn, das fähig war, das Geschenk der Gleichung anzunehmen, und zufällig war es das Gehirn Einsteins, das innerhalb eines entsprechenden Zeitraums entwickelt worden war. Die Auffassung von einem einzelnen, höher entwickelten Menschen namens Albert Einstein, der diese Formel mit seinem Gehirn schuf, geht an der Sache völlig vorbei.

Das menschliche Gehirn ist nichts anderes als etwa drei Pfund lebenden Gewebes, bestehend aus »Blutgefäßen, einigen Bindegeweben, einigen mit Flüssigkeit gefüllten Hohlräumen und vielen Billionen spezialisierter Zellen, von denen die wichtigsten ungefähr zehn Billionen Neuronen sind«. Zusammen bilden sie ein Netzwerk der Kommunikation von unglaublicher Komplexität. Das Gehirn ist das ausführende Zentrum (operating center) des Körpers und verantwortlich für die Kontrolle aller Lebensabläufe im psychosomatischen System. Es sollte klar sein, daß dieses ausführende Zentrum ohne die notwendige »Lebensenergie«, *den animierenden Geist*, der aus dem Bewußtsein (dem Wissen »Ich Bin«) entspringt, nicht wirken kann. Das ausführende Zentrum im Gehirn verleiht den verschiedenen Teilen des Körpers insgesamt ein Gefühl der Identität, und was noch wichtiger ist, das Gefühl eines getrennten Selbst. Die Erkenntnis, daß unsere wahre Natur nicht das ausführende Zentrum, sondern das steuernde Zentrum (functional center) ist (das belebende Bewußtsein, das in allen individuellen Körpern gleich ist), wird allgemein als Selbsterkenntnis oder Erleuchtung verstanden. Tatsächlich läuft diese Selbstverwirklichung auf die direkte Wahrnehmung hinaus, daß alles, was es gibt, Bewußtsein ist (das *allen* empfindenden Objekten Empfindungsvermögen – und das Leben selbst – verleiht), und daß die Menschen nur Objekte ohne eine getrennte, autonome Existenz sind. Wenn die Elektrizität an ihrer Quelle ausgeschaltet wird, hören alle Objekte, die von ihr gespeist werden, auf zu funktionieren. Vergleichbar würden alle Menschen oder anderen Objekte aufhören zu existieren, wenn das Empfindungsvermögen von der höchsten Quelle, aus der diese Manifestation ausgestrahlt wurde (die Gott benannt wird oder mit irgendeinem anderen Namen wie das Absolute oder Bewußtsein), ausgeschaltet würde.

In bezug auf die Natur des Verstands erklärte Ramana Maharshi, der Weise vom Berg Arunachala, daß der Verstand nichts anderes als der »Ich«-Gedanke ist. Das »Du« und das »Er« – das zweite und das dritte Personalpronomen – tauchen erst nach der ersten Person, dem »Ich« auf. Der Verstand und das Ego sind ein und dasselbe, und der Intellekt und die Erinnerungen (die Ansammlung mentaler Neigungen) gehören alle dem Verstand an. Die verschiedenen Namen sind mit den verschiedenen Bezeichnungen vergleichbar, die ein und derselben Person aufgrund ihrer Tätigkeiten gegeben werden. Das individuelle menschliche Wesen ist nichts anderes als dieses Ego, d.h., es ist irrig und falsch zu glauben, es gäbe ein individuelles Selbst, das durch den Körper und den Verstand wirkt. Das »Ich« als ein individuelles Selbst ist eine mentale Modifikation. Getrennt vom Denken gibt es tatsächlich nicht so etwas wie den Verstand. Weil Gedanken auftauchen, stellt man sich eine Quelle der Gedanken vor und bezeichnet sie als »Verstand«. Wenn man *ständig* nach der Quelle der Gedanken forscht, *sobald diese auftauchen*, wird klar erkannt, daß es so etwas wie einen Verstand nicht gibt.

Wird dies nicht klar verstanden, sucht man eine Verbindung zwischen Gehirn und Verstand und gerät in völlige Verwirrung und nutzlose Kontroversen. Zu einem gewissen Grad beruht das Konzept des Verstands als Quelle der Gedanken – als etwas Greifbares und nicht als eine Aktivität in Verbindung mit dem Gehirn – auf der Konditionierung, daß jedes Substantiv ein Ding mit einer gewissen Beständigkeit und einer eigenen Dauer ist. Aber bei diesem Gedankengang wird vergessen oder ignoriert, daß das »Ich« von heute nicht wirklich das »Ich« ist, das vor einiger Zeit da war, weil ständig absterbende Zellen durch neue ersetzt werden und die Substanz, aus der sich die Zelle bildet, aufgebraucht und erneuert wird. Aber dann ist die fast unvermeidliche Schlußfolgerung, der Verstand sei ein Aspekt oder eine Funktion des physischen Gehirns, wirklich nicht zu akzeptieren. Selbst wenn wir den gesamten Mechanismus des Gehirns kennen würden (was heute nicht der Fall ist), von dem wir annehmen, daß er den Verstand entstehen läßt, können wir uns keinen *Mechanismus*, aus dem der Verstand entsteht, vorstellen. Dies ist das Problem, das Schopenhauer den »Weltknoten« nennt. Selbst wenn wir genau wüßten, wie Informationen durch die Sinne eindringen und verarbeitet werden, wie Erinnerungen gespeichert, Geschicklichkeiten erlernt und Entscheidungen gefällt werden, wie unsere Muskeln, Drüsen und alle lebenswichtigen Abläufe gesteuert werden, würden wir wahrscheinlich immer noch nicht viel über Gedanken, Empfindungen und ihre Verbindung mit dem Bewußtsein wissen.

Wo werden Gedanken entwickelt? Das ist die Frage, die die Neurophysiologen beschäftigt – und beschämt. Forschungen und Ergebnisse hinsichtlich des Aufbaus und der Tätigkeit des Gehirns können die Wissenschaftler leicht in die Irre führen. Sie mögen glauben, daß das Individuum – der Wissende – nur ein Ergebnis der Aktivität von Billionen Neuronen des Gehirns ist, die miteinander kommunizieren, und daß das Bewußtsein verschwindet, sobald das Gehirn seine Tätigkeit einstellt. Ein Gedanke ist eine Wahrnehmung, die wichtige Bestandteile der Erinnerung an die Vergangenheit, Projektionen in die Zukunft und sensorische Reize beinhaltet.

Drittes Buch

Das bedeutet, daß eine verbale Struktur um bestimmte Phänomene herum geschaffen und anschließend ein bestimmtes physisches Wesen mit ihnen verküpft wird. Viele verschiedene Fragen tauchen auf, sobald man damit beginnt, Gedanken in die Dynamik des Körpers miteinzubeziehen. Können Gedanken dann auf vergangene und gegenwärtige Reize reduziert werden, die durch unsere inneren hormonellen und neurologischen Computer verarbeitet werden? Obwohl die Metapher der Maschine für das Studium der Funktionen verschiedener Körperteile einschließlich des Gehirns bis zu einem bestimmten Grad nützlich ist, so bleibt doch die Tatsache, daß beim Computer durchaus *alle* gespeicherten Informationen vollständig abgerufen werden können, zwischen menschlichen Individuen jedoch eine solche Übertragung nicht möglich ist.

Die Angst des Menschen vor der Leere des Todes bezieht sich eher auf sein persönliches Wissen, als auf irgend etwas anderes, weil dieses seiner Meinung nach seine Individualität ausmacht. Das hat in den letzten fünfzehn Jahren zu einem beispiellosen Sturm auf das, was den »Verstand« ausmacht, geführt, und man stritt sich darum, ob es so etwas wie ein »Selbst« gibt, das unabhängig vom Gehirn ist. Das intellektuelle Drama, das diese Untersuchung beinhaltet, spitzt sich noch weiter zu durch die Annahme der modernen Wissenschaftler, daß auch »irrational« erworbenes Wissen von Bedeutung ist, und daß physische Ereignisse, die gegen physikalische Gesetze verstoßen, Gültigkeit besitzen. Die gesamte Diskussion basiert auf der Annahme, daß das menschliche Individuum ein autonomes und unabhängiges Wesen mit einem freien Willen ist, und eine solche Diskussion muß so lange weitergehen, bis klar wird, daß die Annahme einer Unabhängigkeit des menschlichen Individuums als solche gänzlich illusorisch ist! Der springende Punkt bei dem Problem liegt in der Frage: »Wer (oder was) möchte wissen« – und – »Ist es dem Verstand möglich, seine eigene Quelle zu kennen?«

Es ist interessant festzustellen, was die Individualität oder das persönliche Selbst des menschlichen Objekts auf der physischen Ebene ausmacht. Die charakteristischen strukturellen Merkmale jedes Menschen werden durch die Erbinformationen bestimmt, die in den Molekülen der DNS (Desoxyribonukleinsäure) enthalten sind, in der sowohl die aktuellen, als auch die latenten Züge beider Eltern miteinander vereint sind. Die Merkmale, von denen man annimmt, daß sie auf diese Weise bestimmt werden, beinhalten nicht nur die physischen Züge, den Wuchs, körperlichen Typus oder die Farbe der Haare und Augen, sondern vielleicht auch solche geistigen und emotionalen Eigenarten wie die Neigung zu künstlerischem Ausdruck, Ehrgeiz oder mangelnder Ehrgeiz, Kühnheit oder Schüchternheit und anderes. Sie stellen eine Seite all der Strukturen dar, aus denen sich unsere Körper zusammensetzen. Auf der anderen Seite finden wir, wie präzise Strukturen großer Moleküle von den bestimmenden Faktoren der Eltern festgelegt werden. Es sind die Nukleinsäuren (einschließlich der DNS), die die Träger genetischer Informationen sind, und die Proteine wie z. B. Gewebeverträglichkeits-Antigene, die für jeden Menschen eine einmalige Individualität bestimmen (die vom Immunsystem, das das Individuum gegen Eindringen fremder Körper schützt, als eigene erkannt wird). Die Individualität der Proteine ist vollkommen genetisch festgelegt, während die Individualität der persönlichen Erfahrungen zum Nervensystem gehört.

Während man die meisten Merkmale den zwei Seiten der strukturellen Skala zuordnet, scheint die Natur die Ausfüllung der Details im mittleren Bereich dem zu überlassen, was man »Zufall« nennt. Ein lebensfähiger Organismus würde in seinem Funktionieren nicht behindert werden, selbst wenn die dazwischenliegenden Details im Modell der DNS nicht bestimmt wären. So scheint es, daß die Natur im Modell der DNS ihre Hand im Spiel hat, aber vor sich selbst bestimmte Geheimnisse für den »Zufall« aufgehoben hat.

Die frühen bildlichen Darstellungen des Gehirns zeigen einige Hohlräume, die der Speicherung vergangener Ereignisse (Erinnerung) vorbehalten sind. In diesen Darstellungen gibt es eine »Vordergrund«- Erinnerung (sowohl bei Menschen, als auch bei Computern), die ihrem Fassungsvermögen nach begrenzt, aber schnell verfügbar ist, im Gegensatz zur peripheren Erinnerung, die vergleichsweise nur viel langsamer abgerufen werden kann. Seit Aristoteles herrschte die Idee, daß Ereignisse, die eine Erfahrung ausmachen, ihren Eindruck im Gehirn quasi wie auf einem unbeschriebenen Blatt beginnend hinterlassen. Heute glauben wir nicht mehr an eine solche *tabula rasa* im Hinblick auf das Gehirn, und wir akzeptieren, daß unsere geborenen Persönlichkeiten eine Mischung von Naturgegebenem und Erfahrungen enthalten, obwohl der entsprechende Anteil eine Streitfrage zwischen den Experten sein mag.

Wenn man davon ausgeht, daß das Gedächtnis physischer Natur ist, so muß es zwangsläufig auch lokalisierbar sein. Ein junger Physiologe und Psychologe namens Karl S. Lashley war es, der sich 1926 auf die Suche nach dem Sitz der Erinnerung begab. Diese Suche, die fast fünfundzwanzig Jahre währte, gipfelte in seiner mittlerweile berühmten Veröffentlichung »Auf der Suche nach dem Engramm« aus dem Jahr 1950. Er fand den Sitz des Engramms (die physische Einprägung) nicht, und auch nicht den Sitz des Lernmechanismus im Gehirn, aber er fand heraus, daß für hochkomplexe Aufgaben, die vielleicht mehrere verschiedene Sinne beanspruchen, alle Teile des Neo-Cortex ihren individuellen und fast einander gleichwertigen Beitrag leisten. Daraus schloß er, daß jedes einzelne Ereignis notwendigerweise die Tätigkeit von vielleicht Millionen Neuronen beinhaltet, die über den gesamten Neo-Cortex verteilt sind. Seitdem ist die Vorstellung eines »verteilten Gedächtnisses« (distributed memory) zur weitverbreiteten Ansicht geworden. Es ist eine Ansicht, die (nachdrückliche) Bestätigung erfuhr, nachdem Anfang der sechziger Jahre die Laserholographie erfunden wurde – ein auf einem Film festgehaltenes Bild erscheint nach entsprechender Entwicklung dreidimensional, so als stünde das ursprüngliche Objekt im Raum.

Zwei weitere interessante Aspekte des Hologramms sind:

1. daß selbst der kleinste Teil des Films dazu benutzt werden kann, um das gesamte Bild wiederzugeben, was bedeutet, daß das gesamte Bild in jedem Teil des Films enthalten ist, oder daß – solange jedes Teil etwas von jedem anderen enthält – kein Teil wesentlich ist; und

2. daß man beliebig viele Hologramme auf dem gleichen Teil des Films übereinanderlegen und sie dann getrennt und einzeln reproduzieren kann.

Die Eine Wahrheit

Natürlich waren die Gehirnforscher höchst fasziniert von dieser Tatsache des verteilten Gedächtnisses, und es wurde sogar vermutet, daß die gesamte Welt ein Hologramm sei. Selbstverständlich gibt es auch andere Wissenschaftler, die dieser holographischen Theorie des Gedächtnisses keine so große Bedeutung beimessen. Eine solche Theorie jedoch würde außerordentlich zur Erklärung der vielen Geheimnisse beitragen, die Erinnerungen an »vergangene Leben« betreffen, und, noch wichtiger, die Entwicklungsvorgänge des Gehirns bei ungewöhnlich und genial begabten Menschen in jedem Bereich erklären, sei es bei einem Einstein, einem Mozart oder einem Jnaneshvar.

Das präzise Funktionieren des Gehirns wird durch die Stärke und Verteilung der Synapsen bestimmt, d.h. durch die Trillionen Verbindungen, die Trillionen von Neuronen im menschlichen Neo-Cortex miteinander eingehen. Angesichts der Unermeßlichkeit und Präzision dieser strukturellen Masse scheint es so, daß nichts davon dem Zufall überlassen bleibt. Und doch finden wir Unterschiede sogar bei genetisch identischen Nervenstrukturen (bei Zwillingen), was darauf hinweisen würde, daß frühe Schicksalseinflüsse, die sozusagen im kindlichen Gehirn »eingefroren« wurden, viel mit den Erinnerungen zu tun haben, die im Laufe der Zeit gebildet werden. Mit anderen Worten, *das Schicksal wurde zur inneren Natur umgewandelt*, und diese Verbindung gestaltet die einmalige Individualität jedes Menschen. Es ist eine Individualität, die nicht nur auf der DNS beruht, sondern auch ein Gedächtnis, das auf möglicherweise Millionen früherer Hologramme zurückzuführen ist. Das wäre ein klarer Hinweis darauf, daß *die Natur die erforderlichen Gedankenmuster entsprechend den Bedürfnissen des Evolutionsprozesses in jedem Lebensbereich hervorbringt*, während sie gleichzeitig eine enge Wechselbeziehung und Einheit innerhalb der schwindelerregenden Vielfalt aufrechterhält.

Die Frage taucht auf: Welche Rolle spielt der Neo-Cortex im Hinblick auf den Vorgang des Denkens – gibt es sozusagen eine eigenständige »Denk-Kappe« im Gehirn? Der Neo-Cortex ist trotz aller Komplexität seiner Struktur und seiner vorrangigen Lage im Gehirn nicht fähig zu denken. Es ist die als RES (Retikulo-Endotheliales System) bekannte Struktur im Stammhirn, die gedankliche Aktivität ermöglicht. Ohne sie kann es kein Bewußtsein geben, und ihre anhaltende Beschädigung bedeutet augenblickliches, unwiderrufliches Koma. Selbst eine erhebliche Beschädigung des Cortex wird das Bewußtsein nicht beeinträchtigen, weil kein einzelner Teil davon für die Aktivität des Bewußtseins maßgebend ist. Das spräche dagegen, die Auffassung eines unabhängigen Denkzentrums im Cortex zu akzeptieren. Außerdem gibt es zwei interessante Phänomene, die die *entscheidende* Wichtigkeit des Cortex mindern. Das eine Phänomen wird von den Psychologen als »Projektion« bezeichnet und bezieht sich auf die Tatsache, daß ein äußeres Geschehen, das unsere Sinne aufzeichnen, nicht beim Empfänger, sondern an der Quelle gefühlt wird. Zum Beispiel geschieht das Läuten der Glocke im Glockenturm und nicht in unserem Gehirn. Zweitens gibt es eine ähnliche Projektion nicht im Raum, aber in der Zeit. Experimente haben deutlich gezeigt, daß *immerhin eine halbe Sekunde verstreicht, bevor wir uns eines Geschehens, das unsere Sinne aufgenommen haben, bewußt werden.* Mit anderen Worten, wir leben ständig in der Vergangenheit!

Die räumlichen und zeitlichen Projektionen dokumentieren die Tatsache, daß wir nicht das vorgestellte bewußte Selbst innerhalb einer Schädeldecke sind, sondern *daß sich unser wahrnehmendes Selbst außerhalb des Körpers befindet.* Das bedeutet mit anderen Worten, daß sowohl Wahrnehmung als auch Erkenntnis weit über das physische Gehirn hinausgehen. Das Gehirn ist tatsächlich nur ein Instrument der Aufzeichnung. Niels Bohr stellt die Vermutung an, daß wir nicht einmal wirklich wissen, wo die Grenze unseres beobachtenden Selbst ist: »Wir können nicht einmal sagen, welche bestimmten Moleküle zu einem lebenden Organsimus gehören.« Würde dies nicht klar darauf hindeuten, daß Bewußtsein kein individueller »Besitz« ist, sondern etwas Universelles »dort draußen«, innerhalb dessen die Welt selbst als ein Hologramm erscheint?

Ein interessanter Nebenaspekt dieser Frage der Lokalisierung des Bewußtseins in einem bestimmten Teil des Körpers ist das, was ein Weiser der modernen Zeit, Ramana Maharshi, im Hinblick auf dieses Thema gesagt hat. Er behauptete immer, daß das

Herz das Zentrum des Selbst sei, das höchste Zentrum, was hinter dem *jiva* oder dem individuellen Ego-Selbst steht. Dieses Herz ist nicht das physische Herz auf der linken Seite, sondern etwas auf der rechten Seite, das nicht vom Verstand erfaßt oder gedanklich erkannt werden kann. Der einzige direkte Weg es wahrzunehmen, ist, alle Vorstellungen aufzugeben und man selbst zu sein. Wenn Verwirklichung stattfindet, *fühlt* man intuitiv, daß dort das Zentrum ist. Ramana Maharshi sagte weiter, daß er auf einen Vers in der Malayalam (eine der südindischen Sprachen)-Übersetzung des *Ashtangahridayam*, des Standardwerks der Hindu-Medizin namens *Ayur Veda* gestoßen sei, worin erwähnt wird, daß sich das *ojassthana* (die Quelle der physischen Energie oder der »Ort des Lichtes«) auf der rechten Seite der Brust befindet und Sitz des Bewußtseins (*samvit*) genannt wird. Es schien seltsam, daß der Maharshi scheinbar einen Platz für das HERZ festlegte und damit dem Bewußtsein, das metaphysisch gesehen jenseits von Zeit und Raum ist, physiologische Begrenzungen setzte. Aber er ließ erkennen, daß sich seine Antwort auf die Frage einer Person bezog, die sich mit ihrem Körper identifizierte. Er fragte den Fragesteller: »Während Sie jetzt die Frage stellen, würden Sie behaupten, daß lediglich Ihr Körper anwesend ist, aber Sie die Frage von irgendwo anders her stellen?«

Aus der metaphysischen Sicht muß ganz klar verstanden werden, daß reines Bewußtsein absolut unteilbar, ohne Gestalt und Form, ohne irgendein »Inneres« oder »Äußeres« ist. Von diesem absoluten Standpunkt aus kann das HERZ als »Sitz« des Bewußtseins im physischen Körper keinen bestimmten zugewiesenen Platz haben. Aus der wahren Perspektive ist Bewußtsein alles, was es gibt – jedes empfindungsfähige Wesen *fühlt* »Ich bin« – und die physischen Körper empfindungsfähiger Wesen sind die Instrumente, durch die sich das Bewußtsein objektiv ausdrückt, vergleichbar mit der Art und Weise, wie Elektrizität (als ein Aspekt jener Energie, die Bewußtsein ist) durch verschiedene Objekte und Geräte zum Ausdruck kommt.

Alfred North Whitehead sagt: »... aber der Verstand erfährt bei der Wahrnehmung auch Empfindungen, die, strenggenommen, lediglich Eigenschaften des Denkens und Fühlens sind. Diese Empfindungen werden vom Verstand projiziert, um gewissermaßen entsprechende Körper in der äußeren Natur damit auszustatten. Auf diese Weise werden die Körper mit Eigenschaften wahrgenommen, die in Wahrheit gar nicht zu ihnen gehören, Eigenschaften, die tatsächlich einzig und allein dem eigenen Denken und Fühlen entspringen. So erfährt die Natur Anerkennung, die in Wahrheit uns selbst gebühren sollte: die Rose für ihren Duft, die Nachtigall für ihren Gesang und die Sonne für ihre Leuchtkraft... Die Natur ist eine leblose Angelegenheit, tonlos, geruchlos, farblos; nur das hastige Treiben der Materie, ohne Ende und ohne Sinn.« Was Whitehead meint ist, daß ein Verstand, der ein Objekt wahrnehmen könnte, *wie es wirklich ist* (ohne Modifikation oder Irrtum), absolut gar nichts wissen würde. Das ist der ungeteilte Geist (whole-mind) eines *jnani* oder Weisen.

Es gibt Vorgänge, die weit über das Konzept des Sensorisch-Motorischen hinausgehen. Sie beinhalten sowohl Sinneseindrücke, die von einem manipulierenden Verstand modifiziert wurden, ohne notwendigerweise zu Bewegungen zu führen, sowie motorische Handlungen, die spontan oder als Ergebnis zerebraler Aktivität (Gedanken) erfolgen. Es gibt einen klaren Unterschied zwischen bloßem »Sehen« und »Wahrnehmen«. Was tatsächlich geschieht ist, daß anstelle bloßen »Sehens« – das ein Vorgang des Informationsflusses von den Rezeptoren zum Gehirn ist – die Nervenzellgruppe, die als primäres Sehzentrum fungiert (Nucleus corporis geniculati lateralis), von einer einfachen Schaltstelle zu einer Filterstelle transformiert wird, an der sich die Nachricht der Augen mit dem Echo des Cortex vermischt. »Sehen« wird »Wahrnehmen« durch den Vorgang, bei dem sich der Cortex zur Peripherie hin weitet, um die ankommenden Nachrichten zu empfangen. *Dann filtert er die Informationen und verändert sie entsprechend dem eigenen Input.* Tatsache und Phantasie werden auf dieser »inneren Netzhaut« verwoben. Das Ausmaß, in dem diese Verwebung von Fakten und Phantasie geschieht, ist erstaunlich. Es gibt ein Phänomen, das als »Muster-Ergänzung« bekannt ist, in dem fehlende oder defekte visuelle Muster oder aufgezeichnete Sätze ziemlich unbemerkt bleiben und die Teilnehmer fortfahren, als ob sie das gesamte visuelle Muster gesehen oder den vollständigen Satz gehört hätten. Was hierbei geschah ist, daß *der Verstand die Realität interpretiert hat, indem er sie modifizierte*: der gespaltene Verstand des normalen Individuums war am Werk.

Dies bedeutet, daß es eine Wechselbeziehung zwischen dem phantasierenden Verstand und sensorischer Kontrolle gibt. Es besteht eine offensichtliche Notwendigkeit dieser Balance im Leben, da das Übermaß des einen den Menschen Träumen und Halluzinationen preisgeben würde, während das Übermaß des anderen langweilige und phantasielose Wahrnehmungen bedeuten könnte. Ein leicht verschwommenes Bild kann zu verschiedenartigsten Interpretationen Anlaß geben, während ein zu scharf gezeichnetes Bild jede Sensibilität töten kann. Ein Bild, das alle Objekte scharf wiedergibt, unabhängig von ihrer Entfernung voneinander, vermittelt den Eindruck der Unwirklichkeit im Vergleich zu einem perspektivischen Bild.

In einer anderen Theorie zum Thema Wahrnehmung wird angenommen, daß die Wahrnehmung ein direkter Vorgang ist, der nur ein Minimum zerebraler Aktivität beinhaltet. So spricht James J. Gibson von der Cornell Universität in seiner »Theory of Affordances« von Aufforderungen als etwas, das einem Reiz zutiefst innewohnt, z.B. ein starres Objekt mit einem scharfen Flächenwinkel, einer Kante, fordert zum Schneiden und Schaben auf – es ist ein Messer.« Ebenso geht man in der Gestaltpsychologie davon aus, daß die Eigenschaften jedes wahrgenommenen Objekts in dem direkten Stimulus enthalten sind, den das Objekt aussendet: So sagt die Frucht »esse mich«, Donner und Blitz sagen »fürchte mich«, und eine Frau sagt »liebe mich«.

Es scheint, als ob beide Ansichten zur einen oder anderen Zeit eine gewisse Bedeutung haben. Es verbleibt jedoch die Tatsache, daß die Wahrnehmung, wenn ein Objekt eine ungewöhnlich starke Reaktion des Konflikts oder der Emotion hervorruft, keine direkte Wahrnehmung bleibt, da die augenblickliche, direkte Wahrnehmung durchaus in so einem Ausmaß manipuliert werden kann, daß sie völlig verzerrt wird. Dies läßt den Philosophen sagen, daß sich alles im Denken abspielt.

Oft wird nicht erkannt, daß Wahrnehmung nicht unbedingt nur durch einen der Sinne geschieht, viel häufiger sind mehrere Sinne gleichzeitig daran beteiligt. Ein Windhauch auf dem Gesicht wird mit Hilfe verschiedener Sensoren der Haut gespürt; gleichzeitig hört und sieht man ihn ebenso als raschelnde Bewegung in den Blättern eines Baumes oder auf der Oberfläche des Wassers. So werden die meisten Geschehnisse im täglichen Leben als Zusammensetzungen verschiedener Empfindungen in sogenannten sensorischen Mustern wahrgenommen. Wenn eine Empfindung davon abwesend ist, unternimmt der Verstand jede erdenkliche Bemühung, ihr Fehlen zu kompensieren, da die Wahrnehmung sonst unreal und verwirrend erscheinen würde, vergleichbar mit einem heulenden Sturm, der von einem klimatisierten, schalldichten Raum aus beobachtet wird.

Ein Blick auf den Bereich des Gehirns, von dem Impulse nach außen gehen, zeigt, daß Sensoren in jedem Teil des Bewegungssystems enthalten sind (in den Muskeln, Sehnen, Gelenken) und umgekehrt der somatisch-sensorische Bereich des Cortex (der Sitz unserer körperlichen Empfindungen) an den motorischen Bereich der Großhirnrinde grenzt und wahrscheinlich hinüber zum motorischen Bereich »kommuniziert«. Mit anderen Worten, Tätigkeiten erzeugen Empfindungen, ebenso sicher wie Empfindungen Tätigkeiten verursachen. Tatsächlich folgen bereits jedem Gedanken an eine Handlung damit assoziierte Gefühle: »Eine Gedankenfolge enthält im allgemeinen beide dieser Anteile... in ständiger Rückkopplung einander verstärkend.«

Aus diesem Grund wird der spirituelle Sucher aufgefordert, sich des allerersten Gedankens (nach einer Lücke, in der keine Gedanken da waren) *bewußt zu sein oder ihn zu bezeugen*. Das Ziel besteht darin, die Gedankenfolge, die sich unvermeidlich ergibt und dadurch zum sogenannten Konzeptualisieren oder Objektivieren führt, anzuhalten. Ein solches Bezeugen geht nicht vom Verstand aus, sondern von außerhalb seiner selbst. Die Abfolge von Gedanken ist eine horizontale Sequenz, die zu Empfindungen oder Handlungen führt, die wiederum weiteres Denken verursachen. Bezeugen ist ein vertikaler Vorgang, der diese horizontalen Abläufe abschneidet. Wenn der horizontale Ablauf nicht angehalten wird, könnte dies zu einem Durchbrennen führen, wie im Fall von Geistesgestörtheit. Normalerweise jedoch wird jede

Gedankenfolge abgeschnitten, wenn andere, neue Sinneseindrücke auftauchen, die die Aufmerksamkeit des zentralen Nervensystems fordern.

Vielleicht ist der bedeutendste Faktor beim Aufbau eines Selbstbildes (des »Ichs«) der Faktor des Willens (der Willensfreiheit). Die Basis der meisten östlichen Religionen ist der Glaube, das Vertrauen, daß nur Gott (oder mit welchem Wort das absolute Prinzip auch immer bezeichnet wird) das Schicksal jedes Menschen in der Welt bestimmt. Sogar die westlichen Religionen haben das fundamentale Prinzip »nicht ich, sondern Du, o Herr« als Basis. Und dieser tiefe Glaube an eine Vorherbestimmung verleitet so viele Menschen, die sonst für ihr selbstständiges Denken bekannt sind, zu einem Wahrsager zu gehen, um zu erfahren, was die Zukunft für sie bereithält. Wenn sie ernsthaft daran glauben würden, die Zukunft selbst gestalten zu können, würden sie sich niemals dazu herablassen, zu einem Wahrsager zu gehen. Andererseits glaubt der östliche Mensch, daß sein Schicksal bereits bei seiner Geburt festgelegt war, und glaubt trotzdem an *karma*, dessen Basis freier Wille ist! Dieser Widerspruch macht das Konzept des freien Willens zu dem enormen Problem, das es schon so lange gewesen ist.

Der materialistische Wissenschaftler des neunzehnten Jahrhunderts sah das menschliche Wesen als eine Maschine an, die völlig den absoluten, deterministischen physischen Gesetzen unterworfen war: »Das Ergebnis menschlicher Tätigkeiten muß vom Zustand der Maschine und den Reizen, die auf sie einwirken, bestimmt sein; ein freier Wille muß daher ein Irrtum sein.« Abgesehen von einer eigensinnigen Minderheit würden wenige Wissenschaftler von heute diese Einstellung akzeptieren, obwohl einige Biologen glauben, daß die Wissenschaft letztendlich fähig sein wird, »physische Abläufe auf voraussagbare Phänomene zu reduzieren«. Auf der anderen Seite existiert die dualistische Tradition, die das Konzept einer Art »innerer Psychokinese« einführt, um zu erklären, daß Willensfreiheit vom »Verstand« als einer »bewußten, nicht-physischen Wesenheit« erreicht wird, die *unabhängig vom Gehirn* fähig ist, das Gehirn zu beeinflussen und so ihren Willen auszudrücken. Sir John Eccles versucht, einigen ernsthaften

Schwierigkeiten mit bekannten physischen Gesetzen so zu begegnen, indem er die Kreisläufe der Neuronen im Gehirn in einem so fein abgestimmten Gleichgewicht beläßt, daß es nur einer winzigen Beeinflussung bedarf, um die gewünschte Wirkung zu erzielen. Trotzdem würde der Einfluß nicht physischer Natur sein.

In der traditionellen Auffassung von Freiheit selbst liegt natürlich ein innewohnendes Paradox. Man hält es für Freiheit, wenn Handlungen von Antrieben und Motivationen bestimmt werden, und empfindet jene Freiheit als eingeschränkt, wenn eine äußere Störung dazwischentritt. Nach dualistischer Auffassung kann das ungestörte Funktionieren des Gehirns nicht als frei angesehen werden, da es von seiner eigenen inneren Dynamik bestimmt wird. Dieses Problem wird noch verworrener, wenn der Dualist dem Gehirn einen anderen Willen auferlegt, was in der Tat bedeutet, daß die Freiheit des Körpers eine Freiheit von ihm selbst ist. Die einzige Möglichkeit, dieses Dilemma zu lösen, liegt in der Frage: Für wen existiert dieses Problem? Und damit betreten wir das Gebiet der Metaphysik.

Wie es der Weise Ramana Maharshi ausdrückt, ist Schicksal das Ergebnis vergangener Taten. Ursache wird zur Wirkung, welche wiederum neue Wirkungen hervorbringt. Der Maharshi fügte hinzu: »Lassen Sie den Körper tun, was ihm beliebt. Warum kümmern Sie sich darum? Warum schenken Sie ihm Aufmerksamkeit?« Was immer geschieht, ist das Ergebnis vergangener Handlungen, des göttlichen Willens und anderer Faktoren. Hinsichtlich eines freien Willens sagt er, daß es das Bewußtsein von Vergnügen und individuellem Willen nur solange gibt, solange man sich für den Handelnden hält. Wenn sich das Gefühl, der Handelnde zu sein, verliert, wird man den göttlichen Willen als dasjenige sehen, was den Lauf der Dinge bestimmt. Einmal stellte ein Besucher die spezifische Frage: »Ist es möglich, daß bereits entschieden war, daß ich an einem bestimmten Tag zu einer bestimmten Zeit diesen Fächer auf diese Weise bewege und ihn dann hier niederlege?« Die Antwort des Maharshi war: »Gewiß. Was immer dieser Körper zu tun hat und welche Erfahrungen er zu durchlaufen hat, war bereits entschieden, als er geboren wurde.« Dies war mit Sicherheit eine klare Aussage, präzise und eindeutig.

Die Eine Wahrheit

Vielleicht wird die Angelegenheit noch klarer, wenn wir die folgende schwierige Frage betrachten, die Ramana Maharshi gestellt wurde: »Wenn das, was geschehen soll, geschehen wird, haben dann Gebete oder Anstrengungen irgendeinen Sinn oder sollten wir einfach passiv sein?«
Die Antwort war:

»Es gibt nur zwei Wege, das Schicksal zu bezwingen oder frei von ihm zu sein. Der eine ist: herauszufinden, wen dieses Schicksal betrifft und zu entdecken, daß nur das Ego durch das Schicksal gebunden ist und nicht das Selbst, und daß das Ego nicht existiert. Der andere Weg besteht darin, das Ego durch die völlige Hingabe an den Herrn auszulöschen, indem man seine eigene Hilflosigkeit erkennt und immer denkt »nicht ich, sondern DU, oh Herr«, indem jedes Gefühl eines Ichs aufgegeben und dem Herrn überlassen wird, mit einem zu tun, was Ihm beliebt.«

Es ist eine ziemlich merkwürdige Tatsache, daß das menschliche Wesen die vermeintliche Handlungsfreiheit so hoch bewertet, wobei der Wille durch Motive bestimmt wird und auf Erinnerungen, Assoziationen, Gefühlen, ethischen Erwägungen und Zukunftsprojektionen beruht. Und der Mensch ist doch niemals frei von einem gewissen Unbehagen, von einer gewissen geistigen Unruhe hinsichtlich dessen, was geschehen wäre, hätte er sich anders entschieden. Tatsächlich reichen seine Zweifel bis hin zu der Frage, ob er unter den gleichen Umständen nochmals die gleiche Entscheidung treffen und ebenso handeln würde. In der Tat ist es fast unmöglich, daß die Umstände in allen Details wieder so erschaffen werden könnten und die gleichen Möglichkeiten der Wahl zur Verfügung ständen. Das Wiedererschaffen einer vergangenen Reihe von Möglichkeiten wurde als ein »den Tatsachen widersprechender Irrtum« bezeichnet, d.h. den herrschenden Tatbeständen zuwiderlaufend. Daher ist ein solches Denken eine rein nutzlose Übung, das »nie endende Laster von Narren«, wie Alexander Pope es ausdrückte. Vielleicht wäre es weise, im Hinblick auf die Frage der Willensfreiheit oder Wahl, unsere Rolle bei Entscheidungen einfach auf das Bezeugen zu beschränken!

Drittes Buch

Eine interessante Tatsache ist die, daß die Handlungen des Menschen zu jedem Zeitpunkt nicht durch seine *bewußte* Beteiligung *in jenem Moment* verursacht zu sein scheinen, sondern vielmehr von seiner Erinnerung an das, was er in der Vergangenheit gedacht und gefühlt hat. Benjamin Libet, ein bekannter Arzt und Neurologe, fand durch eine Reihe von Experimenten heraus, daß der Augenblick, in dem ein Mensch fähig ist, mittels eigener Handlung auf einen Reiz zu reagieren, nicht notwendigerweise dem Zeitpunkt entspricht, wann er sich des Geschehens bewußt wird. Er entdeckte, daß ein Reiz ungefähr eine halbe Sekunde benötigt, um eine Reaktion hervorzurufen (während der eine Art neuraler Nachhall andauert). Daher *sind aktuelle Empfindungen »wiederholte Aufführungen von lang vergangenen Geschehnissen*, doch sie ermöglichen es, uns die Täuschung einer bewußten Unmittelbarkeit und Beteiligung vorzugaukeln«. Die Bedeutung dieser Tatsache ist bestürzend: Wir leben nicht, wie wir glauben, in der Gegenwart, sondern in der Vergangenheit. Daraus folgt, daß eine Gegenwart gar nicht existiert, sondern nur ein Schatten dessen, was bereits vergangen ist. Und weiter wird das, was wir als Zukunft ansehen, bereits Vergangenheit geworden sein, bevor wir es bemerken. Das Leben wäre so gesehen »ein grandioser Schabernack«, es sei denn, wir akzeptieren die metaphysische Sicht von Zeit und Raum einfach nur als ein Konzept und nicht als ein *Etwas*, an das wir sklavisch gebunden sind.

Merkwürdigerweise hat uns gerade die Physik, die sich traditionell klar zu den objektiven Eigenschaften des Universums bekannt hat (die aufgrund von Messungen jedem Beobachter die gleichen Werte liefern), in der jüngsten Vergangenheit »in Schwierigkeiten gebracht, in denen es fast unmöglich ist, eine klare Trennung zwischen dem Beobachter und dem Beobachteten beizubehalten«. Das bedeutet, daß der Mensch, der als Beobachter einen Teil der Natur beobachtet, zu einem Teil desselben *Ablaufs* wird, den er beobachtet. Diese klare Verschiebung von Eddingtons Sicht des Lebens als »einem bedeutungslosen und sehr begrenzten Zufall im Universum« zu John Wheeler, der vom »Universum des Geistes und des Menschen« spricht, ist größtenteils durch die Stellung bedingt, welche die Quantenmechanik in der Physik von heute einnimmt, die uns etwas ziemlich Überraschendes über den menschlichen Verstand zu sagen hat. Was tatsächlich geschehen ist, ist, daß die Streitfrage der Abstufung der Dinge und das Problem der Unvorhersagbarkeit, die viele makroskopische Geschehnisse im »klassischen System« belasteten, nun durch die Rolle der Selbsteinbeziehung und der Quantenmechanik noch komplizierter geworden sind. *Die reine Tatsache der Beobachtung beeinflußt das Beobachtete!*

Die Mikrowelt ist *in sich* chaotisch, d.h. unkalkulierbar. Ein winziges Teilchen Materie, unter dem Mikroskop kaum erkennbar und in Gas schwebend, geht durch ruckartige, vollkommen unvorherbestimmbare Bewegungen, die sich aus den ziellosen Bewegungen der Gasmoleküle ergeben. Dies stimmt vollkommen mit dem vedantischen Postulat überein, das sagt, daß sich die kleinsten Partikel im Universum in ständiger Bewegung wie in einem Tanz befinden (daher der mythische Tanz Shivas). Wenn die makroskopische Welt relativ stabil, geordnet und einigermaßen voraussagbar erscheint, so aufgrund der immensen Unterschiede innerhalb der Größenordnung. Die Unbestimmbarkeit des Mikrokosmos grenzt ans Unbedeutende angesichts der ungeheuren Größe des Makrokosmos. Nichtsdestoweniger »kann es ein Zwiegespräch zwischen den beiden Bereichen geben, und dadurch kann die mikroskopische Unsicherheit Eingang in die makroskopische Welt finden.«

Die Menschen sind dahin gelangt, die gleiche Stabilität, die in der fast kreisförmigen Umlaufbahn der Erde um die Sonne herum erkennbar ist, auch von anderen physikalischen Systemen zu erwarten. Vielleicht deshalb, weil die Physiker ihre Bemühungen bis jetzt weitgehendst auf Systeme konzentriert haben, die eine sinnvoll geordnete Dynamik aufweisen. Aber was man nicht in den Griff bekam, wie z.B. die Fallkurven fallender Würfel, wurde unter den wissenschaftlichen Teppich gekehrt, und über die sogenannten »chaotischen Systeme« wurde nicht viel geredet. Es wird jedoch zunehmend offensichtlich, daß chaotische Systeme in der Natur die Regel sind und nicht die Ausnahme. Sie sind insgesamt im klassischen Sinn gewöhnliche und mechanische Systeme, aber »ihre Dynamik hängt ständig von Entscheidungen auf Messers Schneide ab, deren Ausgang nicht vorhersagbar ist«. Die Mikrowelt unaufhörlich sich bewegender Moleküle scheint Fluktuationen zu ermöglichen, die ausreichen, um umfangreiche Phänomene zu beeinflussen, wie in den sehr fein abgestimmten chaotischen Systemen; und so scheint es, daß sich unsere Unwissenheit bezüglich der Mikrowelt auch die Makrowelt betreffen muß.

Wenn man über sich selbst spricht oder denkt (Ich-Bezogenheit), erkennt man nicht, daß dieses »Ich«, das Selbst, »ständig ein Bild seiner selbst schafft, und sich, auf das Bild reagierend, wieder verändert«. Und in dem Maße, in dem es sich nie selbst einholen kann, muß es notwendigerweise unbestimmt bleiben. Der interessante Teil dieses Vorstellungsprozesses ist der, daß die Schaffung des Bildes sehr oft nicht nur vom eigenen Standpunkt aus geschieht, sondern auch vom Standpunkt eines anderen aus, vor allem wenn jener ein Gegner ist. Und es wird dadurch noch interessanter, weil sich beide Personen im gleichen Vorstellungsablauf befinden, so wie Gegner beim Pokerspiel. Diese Art der »reflexiven Dynamik« erzeugt in vielen Fällen eine gewisse Art von Unbestimmtheit, da – »während wir uns um die Schleifen bewegen« (die strukturellen Schleifen im menschlichen Gehirn) – das Licht der Logik rapide verblaßt und immer weniger zwingend wird. Wo wir in unserer Kette der Schlußfolgerungen anhalten und wo der Gegner innehält, ist deshalb absolut unvorhersagbar.

Folgendes ist ein Auszug eines Leitartikels aus der New York Times über die nukleare »Balance des Terrors« zwischen den Supermächten:

Wenn wir glauben, sie würden einen ersten Anschlag auf militärische Ziele starten, warum sollten sie nicht glauben, wir könnten es tun, besonders wenn wir unsere Fähigkeit zu gezielten Angriffen »betonen«? Und wenn beide Seiten dies vom anderen vermuten, ist es dann nicht wahrscheinlich, daß einer es irgendwann versucht, bevor der andere dazu in der Lage ist?

Worauf es wirklich hinausläuft, ist die Frage: Was ist die Natur der Individualität, die Natur des »Ichs«, das über sich selbst nachdenkt, sich sucht oder sich aus dem Weg geht? Ist das Ganze nur ein Konzept? Ist es ein Produkt seiner eigenen Selbstbetrachtung,

Die Eine Wahrheit

das Werk eines »bootstrap«-Prozesses, der Etwas aus dem Nichts kreiert? Der indische Mystiker hat bereits seit mehreren tausend Jahren seiner intuitiven Erfahrung Ausdruck gegeben: Das manifestierte Universum ist eine Erscheinung, die spontan im Bewußtsein aus dem Unmanifestierten entstanden ist, weil dies seine Natur ist. Das Unmanifestierte ist ein Zustand des Seins, in dem das statische Bewußtsein sich seiner selbst nicht bewußt ist, und das manifestierte Universum entsteht spontan gleichzeitig mit der Bewegung im Bewußtsein, wenn sich das Unmanifestierte plötzlich seiner selbst gewahr wird mit dem Gedanken »Ich Bin«. Jetzt scheint die moderne Wissenschaft aus ihren eigenen mühseligen Prozessen heraus zu der gleichen Überzeugung gekommen zu sein. In dem, was John Wheeler »selbstbezogene Kosmogonie« nennt, wird der Ursprung des Universums als Auswirkung eines einmaligen Ereignisses gesehen, »des großen Urknalls« (des Entstehens des »Ich Bin«), dem Nabelpunkt all dessen, was existiert. Aber im Unterschied zu anderen Urknalltheorien ist Wheelers Universum ein »durch sich selbst angeregtes System«. Darin sind Vergangenheit, Gegenwart und Zukunft »miteinander so verdrahtet«, daß das Universum so lange nicht entstehen kann, »bis der blinde Zufall der Evolution mit Sicherheit für eine Zeitspanne, die nicht Null in seiner vorbestimmten Geschichte sein wird, das Bewußtsein und Bewußtsein des Bewußtseins und kommunizierende Gemeinsamkeit erzeugt, die diesem Universum vom Anbeginn bis zum Ende seinen Sinn verleiht«. Das Ende des Universums wird von Wheeler als ein dramatischer Kollaps vorausgesehen, der sich nicht in einem Kräftewirken fortsetzt, das das Leben verhindert, sondern ganz einfach ein plötzliches Ende ist, bildlich gesprochen wie Rauch, der im kritischen Moment aus einer Maschine entweicht. Es braucht nicht erwähnt zu werden, daß in Wheelers Kosmologie – wie in der einiger anderer Wissenschaftler – dem Bewußtsein eine entscheidende Rolle im Plan der Dinge zugeteilt wird. Wenn die Bewegung zum Stillstand kommt, »fällt« das manifestierte Universum in dem Bewußtsein, in dem es erscheint, zusammen.

Die bedeutsame Entwicklung der Quantenmechanik in den vergangenen Jahren trägt entscheidend zu den herkömmlichen

DRITTES BUCH

Quellen der Verwirrung, des Chaos und der Ungewißheit bei. Die Quantenmechanik ist nicht nur ein launischer Flug der Phantasie, sondern eine unvermeidliche Entwicklung, basierend auf festen Grundlagen und beinahe erzwungen von unstrittigen, nicht abzuleugnenden Fakten. Die Theorie entwickelte sich aus der Erkenntnis, daß Wellen wie z. B. Lichtwellen, Röntgenstrahlen usw. zwar alle Merkmale von Wellen besitzen, sich jedoch unter bestimmten Umständen wie Teilchen verhalten. 1925 regte der französische Physiker de Broglie zu der Betrachtungsweise an, daß Partikel wie beispielsweise Elektronen ebenso die Eigenschaften von Wellen haben könnten. Und schon bald wurden diese »Materie-Wellen« tatsächlich in den Laboratorien entdeckt. Schließlich legte Schrödinger eine neue Art der Mechanik dar, die diesen Gebilden, welche die Eigenschaften von Teilchen und Welle zusammen besitzen, entsprach. Sie wurde als »Quantenmechanik« bekannt.

Eine der bekanntesten Auffassungen, die aus dieser revolutionären Theorie hervorgingen, ist die Heisenberger »Unschärferelation«. Sie besagt, daß sich Teilchen mit einer ihnen eigenen Ungenauigkeit bewegen, die uns nur erlaubt, ihren wahrscheinlichen Standort zu bestimmen, nicht jedoch, wo sie sich *wirklich* befinden«. Noch erstaunlicher ist die nachdrückliche Behauptung von Niels Bohr und anderen (die Kopenhagener Schule), daß die Unschärfe nicht einfach ein unzulängliches Wissen oder Verstehen bedeutet, sondern daß sie vielmehr die Natur selbst betrifft. Was diese Theorie uns sagt, ist, kurz zusammengefaßt, wenn ein Gegenstand z. B. zu 40 % an einem Ort sein kann und zu 60 % an einem anderen, ist der entscheidende Faktor der Beobachtende selbst. Mit anderen Worten, die Beobachtung »hat nicht nur die Realität erfaßt, *sie hat die Realität verändert.*« Eugene Wignes zufolge vollzog sich diese seltsame Reaktion zwischen dem Beobachter und dem beobachteten Objekt »aufgrund der Einprägung von Eindrücken in das Bewußtsein«.

Die »klassischen« Beobachtungen wurden mit dem Blick durch eine Unterwasserluke aus schwerem Glas auf das Meeresleben verglichen. Die Theorie der Quantenmechanik sagt, daß der Beobachter nicht wirklich zurückhaltend durch ein Glas späht, sondern in Wirklichkeit an allem, was er beschreibt »teilnimmt und es

Die Eine Wahrheit

manipuliert«, und durch die eigentümliche Wechselwirkung zwischen dem Bewußtsein des Beobachtenden und der materiellen Realität, die er beobachtet, *unvermeidliche* und im allgemeinen unvorhersagbare Veränderungen erzeugt. Mit anderen Worten, das Ergebnis wird nur auf die eine oder andere Weise entschieden, wenn der Beobachter das Ganze angesehen hat, und es ist ziemlich sinnlos zu sagen, daß die Situation die gleiche wäre, wenn sie unbeobachtet geblieben wäre. All dies widerspricht völlig dem, was uns der gesunde Menschenverstand sagt. Er sagt uns, daß etwas so oder so sein muß, es kann nicht sowohl als auch sein! Eine große Anzahl von Experimenten jedoch weist ganz klar darauf, daß wir uns auf den gesunden Menschenverstand nicht verlassen können, und daß die Natur anscheinend unbekannter ist als erwartet. Doch ist die Schlußfolgerung der Quantenmechanik wirklich so merkwürdig? Ist es merkwürdig, von einer Verbindung zwischen Dingen und Geschehnissen auszugehen? Ist es so schwer vorstellbar, daß das gesamte Universum in inniger Einheit miteinander verknüpft ist, in einer Einheit, die die materielle Manifestation, Bewußtsein sowie Denken und Fühlen (den Inhalt des Bewußtseins) umfaßt? Ist das nicht genau das, was die indischen Mystiker schon jahrelang gesagt haben? Entspricht es nicht genau der alten chinesischen Aussage: »Reiße einen Grashalm aus, und du erschütterst das Universum«? Ist es daher nicht logisch, wenn die moderne Physik »den Beobachter zu einem aktiven Teilnehmer auf der Bühne des Schauspiels, das seine Sinne wahrnehmen, werden läßt«? Bedarf es weiteren Experimentierens, um zu erkennen, daß die Dynamik des Bewußtseins des Betrachters nicht von der Dynamik des Bewußtseins im beobachtenden Objekt zu trennen ist?«

Niels Bohr spricht in seiner bekannten Abhandlung »Biology and Atomic Physics« von der »Unmöglichkeit, in der physischen Erfahrung zwischen den Phänomenen als solchen und ihrer bewußten Wahrnehmung zu unterscheiden, die eindeutig einen Verzicht auf die einfache kausale Beschreibung nach dem Modell der klassischen Physik fordert«. Kann diese Behauptung noch sehr fern vom Standpunkt des Mystikers sein, für den Subjekt und Objekt nicht länger unterschieden werden können, da das eine das andere im Kreislauf ständiger Rückbeziehung spiegelt? Der Mystiker *wußte* immer – und brauchte dafür niemals Bestätigung von irgend jemandem – daß jedes Objekt ein Spiegel ist, und daß man immer, wenn man ein Objekt sieht, in Wirklichkeit das Subjekt jenes Objekts in seiner objektiven Manifestation wahrnimmt. Die übliche, normale phänomenale Wahrnehmung kann nur eine konzeptuelle *Interpretation* durch eine illusorische Wesenheit sein, die man eine »psychische Zusammensetzung« nennen könnte.

Die individuelle Persönlichkeit

Vielleicht finden wir den direktesten Hinweis auf die wahre Natur des Menschen in der oft wiederholten Geschichte der Schweine von Tschuang-Tse: Die Muttersau starb, während sie ihre Schweinchen säugte, und augenblicklich verließen die kleinen Ferkel den toten Körper, weil ihre Mutter offensichtlich nicht mehr da war. Diese Vorstellung (die den meisten religiösen Anschauungen zugrunde liegt) herrscht in der ganzen Welt, obwohl ihre eigentliche Bedeutung nicht immer verstanden wurde. So wurde in Europa das Wort »Seele« für das gebraucht, was den psychosomatischen Aspekt eines empfindungsfähigen Wesens »belebt«. Worauf sich jedoch das Wort »Seele« bezog, war in Ost und West jeweils unterschiedlich. Im Westen verstand man sie als etwas, was jedem individuellen phänomenalen Objekt persönlich zu eigen war. Im Osten hatte das Wort den umfassenderen Charakter von »Bewußtsein« oder »Herz« oder »Geist«, in einem unpersönlichen, universellen Sinn.

Dieses unpersönliche oder universale Bewußtsein objektiviert sich selbst als Subjekt und Objekt, sobald es sich als phänomenales Universum manifestiert. In diesem Prozeß identifiziert es sich mit jedem empfindungsfähigen Wesen. Als Ergebnis entsteht die Auffassung eines getrennten, unabhängigen »Ichs« in den menschlichen Wesen, für die das phänomenale Universum nicht nur eine Erscheinung, sondern eine substantielle, »ding-liche« Realität ist. Diese Objektivierung der reinen Subjektivität (»rein« im Gegensatz zur Pseudo-Subjektivität des »Ich-Konzeptes«), die man als

»Ich«, als getrennte, autonome Wesenheit bezeichnet, ist genau die vermeintliche Bindung, von der »Befreiung« gesucht wird.

Es ist interessant und aufschlußreich, den Ablauf nachzuverfolgen, wie das »Ich« eine Bindung in bezug auf das Absolute kreiert, und wie es Unzufriedenheit und Konflikte in seiner Beziehung zur äußeren Welt schafft, von der es sich selbst abgespalten und entfremdet hat.

Es muß ein Fluidum der Kontinuität zwischen einer Erscheinung und ihrer Quelle bestehen, so wie sie zwischen der Erscheinung des Mondes als Spiegelung im Wasser und dem Mond selbst am Himmel besteht. Und deshalb war der Mensch seit undenklichen Zeiten intuitiv unglücklich über diese Trennung, die durch die Identifikation des unpersönlichen, universalen Bewußtseins mit jedem empfindungsfähigen Objekt entstanden ist. Natürlich war eine solche Trennung für die Schaffung der Dualität grundsätzlich notwendig, denn Dualität ist die eigentliche Basis der phänomenalen Manifestation, des Beobacht*ers* und des beobacht*eten* Objekts, des Subjekts und des Objekts, der Freude und des Leids usw. Der Mensch hat sich jedoch immer gefragt: »Wer bin ich wirklich?« Er hat sich in seinem tiefsten Innern nie ganz mit dem Körper-Verstand-Gebilde identifiziert. Die Frage selbst ist sowohl ein Hinweis auf seine intuitive Identifikation mit seiner Quelle, als auch ein Bemühen, jene Quelle zu finden. Im Tiefschlaf gibt es keine Trennung irgendeiner Art. Der Zustand des Tiefschlafs ist der gleiche für jedes empfindungsfähige Wesen. Er ist ein Zustand, den jedes empfindungsfähige Wesen braucht und nach dem es in regelmäßigen Abständen verlangt. Der Zustand des Tiefschlafs ist eine verschwommene Reflektion unseres wahren Zustands.

Die allererste Trennung findet statt, wenn in dem ursprünglichen Zustand des Absoluten (Bewußtsein-in-Ruhe) der spontane Gedanke »Ich Bin« zusammen mit dem gleichzeitigen Erscheinen des phänomenalen Universums als die Totalität der Manifestation aufsteigt. Dies geschieht, weil es seine Natur als Potential der Totalität (der Fülle des Ganzen) ist. Die zweite Trennung entsteht, wenn sich Bewußtsein innerhalb seiner Bewegungen als ursprüngliche Energie – Ich Bin – mit jedem empfindungsfähigen Objekt identifiziert und das »Ich«-Konzept entsteht, wodurch sich jedes menschliche Wesen als getrennte, autonome Wesenheit ansieht. Diese Trennung besteht zwischen dem »Ich« und der übrigen Welt. Die übrige Welt wird dann als Feind angesehen, der es darauf angelegt hat, das »Ich« zu zerstören. Das »Ich« macht sich dann selbst stark, indem es das erwirbt, was es als »mein« ansieht (Beziehungen und Freunde), und so erweitert es seine eigene Sphäre. Natürlich ist dieser Kreis des »Meinigen« ziemlich elastisch, er dehnt sich aus und zieht sich zusammen, um die zu vertreiben, die sich als Feinde erwiesen haben, und die einzuschließen, die im Augenblick als Freunde angesehen werden.

Das Problem für das »Ich« besteht tatsächlich darin, daß es weiß, daß die Trennung eine falsche Erscheinung ist und daß Vollkommenheit ohne Begrenzungen seine wahre Natur ist. Was nicht tief genug verstanden wird, ist, daß in dieser Vollkommenheit, die es sucht, das »Ich« selbst verschwinden muß. Das »Ich« ist selbst die Trennung, die man beheben möchte. Die Nichterkenntnis dieser Tatsache veranlaßt das »Ich«, sich noch mehr zu verbessern. Das unglückliche Ergebnis dieses Bemühens um eine »Ich«-Stärkung ist, daß es eine weitere und tiefere Kluft *innerhalb* seiner selbst schafft. Je tiefer diese Trennung geht, um so mehr Verwirrung entsteht. Die Trennung zwischen dem »Ich« und der phänomenalen Welt – dem individuellen Organismus und dem unpersönlichen, universalen Bewußtsein – findet auf einer transpersonalen und daher metaphysischen Ebene statt. Die weitere Trennung jedoch, verursacht durch die Bemühung der eigenen Verbesserung, führt im besten Fall zu mentaler Frustration, im schlimmsten Fall zum Wahnsinn.

Das endgültige »Geschehen«, das allgemein als Erleuchtung, Erwachen oder Befreiung bekannt ist, kann nur stattfinden, wenn ein intuitives Erfassen der Realität vorhanden ist, dessen, Was-Hier-Und-Jetzt-Ist. Das Echtheitsmerkmal dieser Wahrnehmung oder des absoluten Verstehens liegt darin, daß es nur geschehen kann, wenn das »Ich« aufgehoben ist. Das heißt, es kann nur dann geschehen, wenn das Verstehen rein ist oder ohne Anwesenheit eines Verstehenden, der das Verstehen auf eine intellektuelle Ebene verlagern würde. Daher geschieht das Lesen oder Hören auf der transpersonalen Ebene, nicht mit den Augen oder den Ohren, sondern mit dem Herzen. Dies stellt das »Ich« weiter und weiter in den Hintergrund, bis es vollkommen verschwindet. Im anderen Fall jedoch bemüht sich das »Ich«, sich selbst zu verbessern, und je mehr Energie in diese Anstrengungen investiert wird, um so stärker wird das »Ich«. Durch diese Bemühungen der eigenen Verbesserung werden immer mehr Begrenzungen *innerhalb* des »Ich«-Konzeptes geschaffen, bis das »Ich« nicht nur jeden Kontakt mit der metaphysischen Realität, sondern sogar mit der Realität der Umgebung verliert – eine geistige Verwirrung, die zur Verrücktheit führt.

Auf diese Weise geht die Schaffung von Begrenzungen *innerhalb* des Organismus vor sich. Die anfängliche Grenzlinie zwischen dem »Ich« und »Nicht-Ich« ist das, was den Organismus als solchen von der übrigen Welt trennt, d.h. die Grenzlinie ist die Haut, in der der Organismus eingeschlossen ist. Alles innerhalb der Haut ist das »Ich«. Alles außerhalb ist das »Nicht-Ich« oder die »Anderen« und stellt die äußere Welt dar. Innerhalb der Außenwelt existiert natürlich auch das, was als »mein« angesehen wird (dessen Grenze elastisch ist und sich fortwährend entsprechend der Beziehungen des »Ichs« zur Außenwelt verändert). Wie nah das »Meinige« auch sein mag, es bleibt außerhalb der Hautgrenze des »Ich«.

Die erste Spaltung *innerhalb* des Organismus vollzieht sich mit der Erkenntnis, daß das »Ich«, das Ego, obwohl es unauflöslich mit dem Körpermechanismus verbunden ist, nicht der Körper selbst ist. Dies geschieht, weil das instinktive Gefühl da ist, daß man einen Körper hat, daß er eine Art Besitz darstellt, und daß der Körper mehr zu »mein« als zum »Ich« gehört. Die fundamentale Ursache dieser Spaltung ist die Unwissenheit darüber, daß der Körper tatsächlich eine Art von Besitz ist, aber daß der Eigentümer nicht das illusorische, konzeptuelle »Ich«, sondern das unpersönliche Bewußtsein ist, das durch seine Identifikation mit dem individuellen Organismus seine Universalität verloren und eine persönlichen Aspekt angenommen hat. Tatsächlich ist das, was sich zuerst als gebunden betrachtet und dann Befreiung von dieser Bindung anstrebt, nicht das illusorische, konzeptuelle »Ich«, sondern das Bewußtsein selbst, das versucht seinen persönlichen Aspekt abzuwerfen und zu seiner unpersönlichen Universalität zurückzukehren.

Der Organismus ist in Wirklichkeit ein psychosomatisches System, das seine Lebendigkeit, sein Ich-Bin-Sein, nur erhält, weil es vom Bewußtsein mit seinem Aspekt der Empfindungsfähigkeit ausgestattet ist. Mit anderen Worten, Psyche und Soma, Geist und Körper, bilden einen ganzheitlichen Mechanismus. Die Spaltung ist nicht nur unangebracht, sondern tatsächlich der Beweis dafür, wie der Körper ignoriert und mißbraucht und der Intellekt in einem Maß hochgezüchtet wurde, daß die intuitiven Fähigkeiten des zivilisierten Menschen verkümmerten. Das Ergebnis ist eine einseitige Entwicklung des zivilisierten Menschen, die zu Spannungen, Konflikten und Unzufriedenheit führt. Diese Voreingenommenheit zugunsten des Verstandes und die Spaltung zwischen Verstand und Körper wirkt auf ein Kind und prägt es fortwährend. Wenn das Kind zum Erwachsenen herangereift ist, ist diese Spaltung so vollständig geworden, daß das Individuum sich vorrangig als Verstand ansieht. Der Körper wird als ein bloßes Anhängsel gesehen oder als »armer Bruder Esel«, wie der heilige Franziskus seinen Körper bezeichnete, als etwas, das benutzt wird, um sich Stellungen in der Welt zu verschaffen. Aufgrund dieser Zweiteilung ist ein unausweichliches Gefühl da, daß unsere Entscheidungen und Handlungen von einem kleinen Mann im Kopf bestimmt werden. Sobald klar ist, daß Was-Wir-Sind universales Bewußtsein ist (das alle psychosomatischen Mechanismen wie Marionetten im Spiel von *maya* dirigiert) werden alle Spaltungen und Trennungen geheilt, und es herrscht universale Harmonie.

Das unmittelbare Ergebnis der Körper-Geist-Trennung bedeutet für das Individuum, sich selbst nicht als ganzen Organismus, sondern nur als einen Aspekt des Ganzen, d.h. als Verstand oder als Ego zu sehen. Wenn es nach seiner Identität gefragt wird oder selbst darüber nachdenkt, würde es sich mit einem »mehr oder weniger genauen mentalen Selbstbild identifizieren, sowie mit den intellektuellen und emotionalen Prozessen, die mit diesem Selbstbild verknüpft sind«.

Die Eine Wahrheit

Der nächste Schritt im Vorgang der Fragmentierung und Ausgrenzung innerhalb des Organismus entsteht mit der Einschränkung des Egos auf bestimmte Eigenschaften, die von einem bestimmten Ideal gefordert werden: Das Ego oder das Selbstbild beschränkt sich lediglich auf ein von der Gesellschaft erwünschtes oder von der Religion befohlenes Ideal. Alle anderen Eigenschaften werden als Teil des »Nicht-Ich« aus dem Selbstbild entfernt. Dieses verstümmelte Selbstbild entspricht dem, wofür sich das Individuum hält – *der Person*.

So engt sich das konzeptuelle Individuum soweit ein, bis es vollkommen von *der Person* gebunden und dominiert wird. Dualität ist die eigentliche Basis der phänomenalen Manifestation im Gefüge von Raum und Zeit: Raum, in dem Objekte dreidimensional gestaltet werden konnten und Zeit oder Dauer, in der die gestalteten Objekte beobachtet werden konnten. Sie alle sind Objekte in der Manifestation, die im Bewußtsein auftaucht, und werden im Bewußtsein vom Bewußtsein wahrgenommen und erkannt. Nur in der Dualität des Beobacht*er*-Objekts und des beobacht*eten* Objekts kann der Ablauf der Manifestation stattfinden. Sobald jedoch das universale, unpersönliche Bewußtsein als Empfindungsfähigkeit erscheint, identifiziert es sich selbst mit dem jeweiligen Objekt in einer Subjekt-Objekt-Beziehung und verliert dabei *scheinbar* seine Universalität und Unpersönlichkeit. Das persönliche oder individuelle Bewußtsein identifiziert sich zuerst mit dem individuellen Organismus. Anschließend identifiziert es sich aufgrund der intellektuellen Konditionierung nicht mehr mit dem gesamten psychosomatischen Organismus, sondern vorwiegend nur mit der Psyche. Der Körper wird in die Rolle des »armen Bruder Esels« verbannt. Daraufhin wird von dem Psyche-Ego eine weitere Einengung vorgenommen. Alle »unliebsamen« Aspekte oder Eigenschaften des Egos werden eliminiert, und das vollständige Selbstbild des Egos wird zum beschnittenen Selbstbild der Person. Dies ist das Spiel von *maya*, das den Abstieg des Bewußtseins von seiner Universalität zum Ego und dann zur Person zeigt. Man kann es mit einem König vergleichen, der träumt, daß er ein hilfloser, verarmter Bettler sei.

Der springende Punkt bei dieser Analyse ist der, daß das Individuum sich selbst mit jeder Einengung der Identität, von der Universalität hinab zur Person, immer größere Probleme, Konflikte und Unzufriedenheit schafft. und die Tragödie dabei ist, daß es nicht erkennt, daß *die Ursache seines Unglücks nicht (wie es glaubt) in der Außenwelt liegt, sondern innerhalb seiner selbst.* Je mehr es versucht, sich und das, was es als seine Sicherheit betrachtet, zu schützen, desto enger werden die Fesseln, in denen es sich selbst gefangen hat. Je mehr Bemühungen es mit Hilfe von Psychologen, Psychiatern und Gurus unternimmt, um so mehr verstrickt es sich, bis vielleicht der Punkt erreicht ist, an dem es entweder Selbstmord begeht oder sich dem überläßt, was es als unvermeidbares Schicksal ansieht.

Tatsache ist, daß alle Bemühungen zwangsläufig dem illusorischen Ego entspringen – sei es aus dem vollen oder dem beschnittenen Ego – was in Wirklichkeit bedeutet, aus dem selben Verstand (Denken-Intellekt), der diese mißliche Lage bewirkte. Und die Erleichterung, die Befreiung, ist nur dann möglich, wenn der Verstand aufhört, sich in Bereichen zu betätigen, die jenseits der ihm bestimmten Routine, jenseits seines eigenen Rahmens liegen. Befreiung ereignet sich nur, wenn das Konzeptualisieren aufhört. Dann gehen die Wünsche, Ängste, Hoffnungen und Bestrebungen zurück zu ihrer Quelle. Dies ist nur möglich, wenn eine völlige Veränderung der Sichtweise (Metanoia) stattfindet, wenn der Verstand sich selbst vollkommen hingibt und mit seiner Quelle, dem Bewußtsein »Ich Bin«, verschmilzt. Es kann keine Technik oder ein System dafür geben, aus dem einfachen Grund, da sich alle Techniken und Systeme auf das illusorische Ego oder Individuum beziehen, und damit die Transformation geschehen kann, muß das Ego gehen. Wenn sich der Verstand hingibt, verwirklicht das persönliche Bewußtsein seine Universalität – das ist das, was Erleuchtung in Wirklichkeit bedeutet. Mit anderen Worten, die wirkliche Hingabe des Verstands beinhaltet das Verstehen, daß das Individuum (zusammen mit seinen beschnittenen Aspekten) niemals existiert hat, außer als rein mentales Gebilde im Bewußtsein. Es besaß niemals eine Unabhängigkeit oder Autonomie. Und der Organismus als solcher ist ein Objekt wie jedes andere in der phänomenalen Manifestation.

Die Frage, die an diesem Punkt natürlich auftaucht, ist folgende: Wenn es kein Individuum gibt, das positive Bemühungen

Die Eine Wahrheit

unternehmen kann, wie kann es dann zu einer Transformation kommen? Der Beginn der Transformation ist das *tiefe* Gefühl einer äußersten Unzufriedenheit mit dem Leben – das, was im Vedanta »Loslösung« genannt wird. Dieses Gefühl würde von Fachleuten wahrscheinlich als mangelnde soziale Anpassung diagnostiziert oder interpretiert und mit irgendeinem Fachausdruck klassifiziert werden. Es ist genau das, was einem kanadischen Freund von mir geschah. Er suchte einen Spezialisten nach dem anderen auf und verschlang buchstäblich Dutzende von Medikamenten, bis ihm plötzlich klar wurde, daß er in dem Tempo, in dem er auf den Abgrund zuschlitterte, unmöglich weitere sechs Monate überleben würde. Er tat, was nur sehr wenige Menschen getan hätten. Er zog sich aus seiner Spitzenposition in der Verwaltung zurück, verkaufte sein Haus, übergab alle Schlüssel seinem Neffen und (nachdem er die notwendigen Vorkehrungen für regelmäßige Überweisungen getroffen hatte) nahm das nächstmögliche Flugzeug nach Indien. So geschah es, daß er sich schließlich zu Füßen von Nisargadatta Maharaj in Bombay wiederfand. In den wenigen Tagen, bevor er Kanada verließ, um nach Indien zu fliegen, gratulierten ihm Freunde zu seinem kühnen Entschluß. »Ich lächelte«, erzählte er mir, »und gab die passenden Laute von mir, tatsächlich aber fürchtete ich mich zu Tode, und trotzdem hätte ich mich nicht anders entscheiden können.«

Dieses tiefe Gefühl der Loslösung und eine ernsthafte Unzufriedenheit mit dem Leben ist der Punkt, an dem sich das persönliche Bewußtsein nach innen wendet. Dieser Punkt bei der Suche nach der Quelle ist der Punkt, von dem aus keine Rückkehr mehr möglich ist. Ramana Maharshi sagte, sobald dies geschieht, ist es, als stecke man »seinen Kopf in den Rachen des Tigers« – das »Du«, (»das Ich«), hat keine Überlebenschance mehr. Und mit der Aufhebung des »Ichs« entsteht spontan, natürlich und plötzlich das höchste Verstehen. Loslösung, entsprungen dem Leid, das durch die Persönlichkeit verursacht wurde, führt zur Hingabe an das Was-Hier-Und-Jetzt-Ist. Vergangenheit und Zukunft werden bedeutungslos, da die Hingabe dem gegenwärtigen Augenblick gilt.

Diese Teilnahmslosigkeit gegenüber dem Leben, dieses Leiden, sollte nicht als Leiden an sich gesehen werden, sondern als Symptom eines Geschehens als solchem. Wenn dieses Leiden so aufgefaßt wird, daß es »jemandem« (einem Individuum) widerfährt, dann entsteht Panik, nicht aber wirkliche Hingabe. Beide stehen sich diametral gegenüber. Das eine führt zur Sprengung der selbst auferlegten Fesseln oder Begrenzungen, die in der Persönlichkeit ihren Höhepunkt erreicht hatten, während das andere zu einem noch tieferen Sich-Einschließen in die verengte Persönlichkeit führt, was in einer Tragödie enden kann. Wahre Hingabe setzt das Erkennen der Hilflosigkeit des Individuums *aufgrund seines illusorischen Charakters* voraus (wobei gleichzeitig auch die Begrenzungen als illusorisch erkannt werden). Daher führt es zur Befreiung von allen Begrenzungen.

Damit dies geschehen kann, sollte ein gewisses Fundament für die Hingabe (das Loslassen) vorbereitet werden. Es muß jedoch klar verstanden werden, daß diese Vorbereitung *keine* positive Handlung ist – tatsächlich ist eine positive Handlung, wie der Versuch, sich selbst durch verschiedene Methoden zu verbessern, genau das, was die Persönlickeit entstehen ließ. Das Vorbereiten des Bodens besteht nur in dem Verstehen, wie es zur Eingrenzung durch die Persönlichkeit (und aller anderen Eingrenzungen) kam, und wie das Ziehen einer Grenzlinie (und aller Grenzen) durch die Persönlichkeit tatsächlich das Ziehen einer potentiellen Kampflinie bedeutet.

Es muß verstanden werden, daß jede Eingrenzung eine ebensolche Einschränkung der eigenen Identität bedeutet, aus der uneingeschränkten Universalität zu dem verfälschten, ausgezehrten Selbstbild der Persönlichkeit hin. Die Grenzlinie durch die Persönlichkeit wird gezogen, wenn man nicht erkennt, daß die eigene phänomenale Identität, das Ego, zwangsläufig ein Gemisch ist. Sie enthält zu wechselnden Anteilen Eigenschaften und Neigungen, die für gut oder schlecht, wünschens- oder nicht wünschenswert gehalten werden. In der Absicht, sich bewußt zu verbessern, verneint das Individuum jene Neigungen, die es als nicht wünschenswert ansieht und weist diese zurück. Aber solche zurückgewiesenen Tendenzen verschwinden nicht wirklich; sie bleiben und sammeln sich unterschwellig an. Eine solche Verdrängung ist die Ursache vieler Geistesstörungen. Das Erkennen der Tatsache, daß die unerwünschten Aspekte des eigenen Egos ein integraler Teil dessen sind, was das vermeintliche Individuum ausmacht, ist der erste Schritt in Richtung Erleichterung durch Hingabe.

Sobald ein grundlegendes Erkennen – und Akzeptieren – da ist, daß Gutes und Böses im individuellen Ego eine Einheit bilden, bedarf es nur noch des Loslassens und der Bezeugung des Wirkens dieser Erkenntnis. Es ist von höchster Wichtigkeit zu begreifen, daß das, was hier wirkt, ein *unpersönliches Verstehen ist, in dem es in Wahrheit keinen Verstehenden gibt.* Sobald sich der Verstehende einmischt, handelt es sich nicht mehr um Hingabe. Wahre Hingabe beinhaltet ein Verstehen und vollkommenes Akzeptieren *aller* Eigenschaften und Neigungen, die dem psychosomatischen Organismus *innewohnen* – seien sie positiv oder negativ, liebenswert oder abscheulich – als Teil der Gesamtheit dessen Was-Ist. Wenn dieses Verstehen immer stärker und intensiver wird, entwickelt es sich mit zunehmender Geschwindigkeit zu immer höheren Ebenen. Das illusorische Individuum tritt immer weiter in den Hintergrund, und das erlaubt der Harmonie der Universalität, in den Vordergrund zu rücken. Anders ausgedrückt, Hingabe und Erkenntnis wirken wechselseitig aufeinander, um noch intensiver am Fluß der kosmischen Energie teilzuhaben, damit zum gegebenen Zeitpunkt das eintreten kann, was als plötzliche Erleuchtung verstanden wird. Erleuchtung bedeutet die Heilung der scheinbaren Spaltung zwischen dem universellen, unpersönlichen Bewußtsein und dem individuellen, persönlichen Bewußtsein.

Das Individuum ist das Problem

Kein Tier betrachtet das »Leben« als Problem. Der Mensch ist genauso ein Teil der manifestierten Welt wie das Tier, und wenn er das Leben als Problem ansieht, so leuchtet ein, daß jenes Problem von ihm selbst geschaffen wurde. Die Frage, ob der Mensch sich deshalb wie ein Tier verhalten sollte, geht vollkommen am Wesentlichen vorbei und verdreht den ganzen Sachverhalt.

Was das Problem aufzeigt (und dieses Problem hat die Menschheit seit ewigen Zeiten verwickelt und gequält) ist, daß eine vergleichsweise große Anzahl von Propheten und Heiligen seit langer Zeit Regeln und Vorschriften festgelegt haben (tue dies, tue jenes nicht), die alle nichts genützt haben. Das Problem wurde nur größer, sowohl im Hinblick auf die Spannung, als auch in seiner Dringlichkeit, und das in einem Ausmaß, daß die Menschheit sich selbst in der Gefahr der Vernichtung findet. Wenn jemand behaupten würde, daß es der Gesamtheit der Manifestation ziemlich gleichgültig sein würde, wenn die Menschheit sich *tatsächlich* selbst vernichtete, würde er als gefühlloser Verrückter angesehen. Und doch trifft dies genau den Punkt. Der Mensch erschafft das »Problem« durch seine unvollkommene Wahrnehmung der manifestierten Welt, und der einzige Weg, das Problem zu lösen, liegt nicht in dem Versuch, seine Lösung zu finden, sondern vielmehr im Herausfinden, warum und inwieweit diese Wahrnehmung unrichtig ist. Wenn ein Spiegel ein verzerrtes Bild zurückwirft, liegt das Problem nicht in der Verzerrung des Bildes, sondern in der fehlerhaften Konstruktion des Spiegels. Wenn die Wahrnehmung korrigiert wird, bedürfte man keiner Lösung für das Problem des Lebens – das Problem würde einfach verschwinden. Kurz gesagt, der Fehler ist in der mangelnden Einsicht begründet, daß das Individuum, das ein Objekt wahrnimmt, und das Objekt selbst ihrem Wesen nach nicht verschieden voneinander sind.

Der Mensch hat sich immer als ein von der übrigen Welt vollkommen getrenntes Individuum betrachtet. Er glaubt, daß die übrige Welt nur existiert, damit er alles aus ihr schöpfen kann, was er für »sich selbst« verlangt. Er streckt seine Hand nicht in der Absicht einer Zusammenarbeit zu gegenseitigem Nutzen aus, sondern um alles an sich zu reißen, dessen er habhaft werden kann. Geben und Nehmen bedeutet für ihn ganz einfach, ich nehme und du gibst. Aber es ist eine Tatsache, daß kein Objekt (und der Mensch ist sehr wohl ein Objekt, wenngleich er freilich mit Empfindungsfähigkeit und Intellekt ausgestattet ist), als autonome Wesenheit existieren kann. Das Individuum glaubt, eine getrennte Wesenheit zu sein, aber wie Schopenhauer sagte, physische Kausalität ist nur eines der in der Welt wirkenden Prinzipien. Das andere ist ein metaphysisches Element, universales Bewußtsein, zu dem sich das persönliche oder individuelle Bewußtsein vergleichsweise wie der »Traum zur Wirklichkeit« verhält. Mit anderen Worten, der offensichtlichen Vielfalt liegt eine Einheit zugrunde. Dies ist das Grundprinzip aller nicht-dualistischen Lehren. Es ist interessant, daß sogar im Westen die Idee einer Einheit-in-der-Verschiedenheit zurückverfolgt werden kann bis zu Pythagoras' »Harmonie der Sphären« und Hippokrates' »Sympathie aller Dinge«: »Es gibt einen einheitlichen Fluß, ein gemeinsames Atmen, alle Dinge sind in Sympathie verbunden.« Daß alles im Universum »zusammenhängt« – teilweise aufgrund scheinbar mechanischer Ursachen, aber im Grunde durch verborgene Affinität, die sich in scheinbar zufälligen Zusammentreffen ausdrückt – wurde von vielen Denkern behauptet. Der Ansicht moderner Physiker zufolge »ist es unmöglich, irgendeinen Teil des Universums von allem übrigen zu trennen«, und es ist interessant festzustellen, daß bereits 1557 Pico della Mirandola dies prägnant zusammenfaßte: »Zuerst existiert eine Einheit der Dinge, durch welches jedes Ding in sich selbst geeint ist, aus sich heraus besteht und stimmig in sich ist. Zweitens gibt es die Einheit, wodurch ein Geschöpf mit den anderen verbunden ist, und alle Teile der Welt *eine* Welt bilden.«

Das Leben wird für den Menschen zum Problem, weil er diese fundamentale Tatsache der Einheit-in-der-Verschiedenheit ignoriert. Das Ignorieren dieser Tatsache muß zu Konflikten und Verwirrung führen, nicht nur innerhalb der Beziehungen des Individuums zur Umwelt, sondern ebenso in ihm selbst. »Im Herzen von uns allen, so unvollkommen wir auch sein mögen, gibt es einen stillen Pulsschlag im harmonischen Rhythmus, eine Gesamtheit von Wellenformen und Resonanzen, die absolut einmalig und individuell sind, und uns trotzdem mit allem im Universum verbinden.«

Diese Einheit-in-der-Verschiedenheit kann in verschiedenen Erscheinungen wahrgenommen werden. Von frühesten Zeiten an gab es niemals eine Gemeinschaft von Menschen ohne Musik und Tanz. Musik und Rhythmus – »das Spiel der Frequenzmuster gegen die Matrix der Zeit« liegt anscheinend an der Basis aller Existenz. Sicherlich sagte Pythagoras aus dem intuitiven Wissen über diese Tatsache, daß ein Stein gefrorene Musik sei. Die moderne Wissenschaft bestätigt nun, daß jedes Teilchen im manifestierten

Universum seine natürlichen Eigenschaften aus der Tonhöhe, dem Muster und den Zwischentönen seiner speziellen Frequenzen bezieht; und dies scheint für alle Formen und Aspekte der Energie zu gelten. Wie ein Schriftsteller es ausdrückte: »Es ist das Pulsieren, eine musikalische Qualität, genannt Vibrato, das *innerhalb* der klingenden Melodie aufsteigt und uns zum Spontansten und Kreativsten im menschlichen Leben führen kann, und vielleicht sogar zu tieferen Geheimnissen – zu Energien des Wissens und Handelns, die wir im zivilisierten Zeitalter verloren oder abgegeben haben, und die wir vielleicht jetzt zurückgewinnen können.«

Es ist interessant, daß die Schwingungsanzahl des Vibratos (ungefähr sieben Schläge pro Sekunde) genau mit der *Theta*-Welle des Gehirns übereinstimmt. Die *Theta*-Welle wird mit dem Dämmerzustand zwischen Wachen und Schlaf verbunden, wenn der geteilte Verstand (split-mind) – der normalerweise mittels Vernunft und Logik aktiv ist – ganz in den Hintergrund tritt und dem erweiterten Bewußtsein freie Herrschaft läßt. Dieses erweiterte Bewußtsein hat Zugang zu den tiefsten Quellen der Schöpfung und daher zu außergewöhnlichen psychischen Erfahrungen.

Tatsächlich könnte ein kraftvolles musikalisches Vibrato, das den Rhythmus in den Köpfen der Zuhörer einfängt, sehr leicht die außergewöhnlichen Wirkungen von Lord Krishnas *bansuri* (Holzflöte) auf die Gemüter der *Gopis* erklären, bei denen sich jedes Gefühl der Getrenntheit auflösen konnte. Es könnte ebenso den erstaunlichen Effekt hingebungsvoller religiöser Musik erklären, insbesondere bei bestimmten Menschen, deren Verstehen ihre Empfänglichkeit für das Vibrato in hohem Maß entwickelt hat. Tatsächlich ist das Ertönen eines einzigen Klangs auf nur einem musikalischen Instrument bekanntlich eine Sache von unglaublicher Komplexität: »Sowohl Lautstärke als auch Tonhöhe stehen in Wechselbeziehung mit der Klangfarbe oder Tonqualität, die eine Art Endsumme aller Details ist, durch welche sich vibrierende Energie ausbreitet...«

Melodie und Kontrapunkt entstehen, wenn sich der einzige Ton einer Geige mit den Tönen anderer Geigen und weiterer Instrumente verbindet, vielleicht noch zusätzlich zu Stimmen, und all diese Klänge beginnen sich allmählich zu verändern. Ja, wenn sich ein »Problem« hinsichtlich eines einzigen Teils stellt, ist die Lösung nicht in direkter Beziehung zu dem Problem zu suchen, sondern innerhalb »der verschlungenen, verwobenen Komplexität von Rhythmen«, die das Problem insgesamt auflösen müssen. Mit anderen Worten, was da ist, ist eine einzige, einheitliche, offenkundige Gefühlsbewegung, eine »Gesamtheit«, in der *die Vielschichtigkeiten nicht als unabhängige Teile existieren können.* Wenn man den Ton »A« nah bei einer Geige erklingen läßt, wird die dem »A« entsprechende Geigensaite durch Resonanz von selbst zu schwingen beginnen.

Es ist nicht so, daß dieses Phänomen ausschließlich auf die Musik beschränkt oder ihr vorbehalten ist. Was für die Musik gilt, unterscheidet sich nicht von dem, was für die Welt der Objekte und Geschehnisse gilt, aus dem einfachen Grund, weil alles in Wirklichkeit *Schwingung* oder Emanation ist. Selbst ein kurzer Blick auf den gelben Flügel eines Schmetterlings läßt die Farbmoleküle in der Netzhaut des Auges nach wissenschaftlicher Berechnung annähernd 500 trillionenmal vibrieren. Wäre der Schmetterling zufällig blau oder purpurfarben, würde sich die Anzahl der Vibrationen oder Wellen erhöhen, da diese Farben schneller vibrieren. Die Frequenz von Röntgenstrahlen würde sich verglichen mit der des Lichts tausendfach beschleunigen, bei Gammastrahlen sogar millionenfach. Die Frequenzen subatomarer Teilchen, aus denen normale Materie besteht, sind angeblich unvorstellbar höher, während die Wellen am Zentrum des Atomkerns in einem Ausmaß vibrieren, das jede Vorstellung übersteigt.

Möglicherweise betonten die spirituellen Meister das Hören vor dem Sehen oder Lesen aus dem einfachen Grund, weil das geschriebene Wort nicht leicht zugänglich war, bevor das Drucken erfunden wurde – es ist eine vergleichsweise junge Errungenschaft. Nichtsdestoweniger ist es eine Tatsache, daß das Hören die Menschen tiefer als das Sehen mit der Grundsubstanz des Daseins verbindet, vielleicht weil Klang in unserem Leben scheinbar die besonders bedeutsame Eigenschaft von »rundum Hier-und-Jetzt« besitzt. Aus diesem Blickwinkel sind drei Phänomene von Interesse:

1) Würden die Frequenzen aller ausgestrahlten Energie – Wärme, Licht, Radiowellen, Röntgenstrahlen usw. – geordnet zusammengefaßt, würde das daraus resultierende elektromagnetische Spektrum mehr als 70 Oktaven hervorbringen, von denen das sichtbare Licht nur eine wäre. Alle »Töne« in diesem Spektrum hätten ihre eigenen harmonischen Obertöne mit bestimmter Ähnlichkeit, die auf den Oktav-Ebenen in Erscheinung treten.

2) Es scheint eine Ursache dafür zu geben, daß viele Wissenschaftler und Mathematiker entweder selbst Musiker sind oder ein aktives Interesse an der Musik haben: Die musikalische Natur der Welt wurde durch viele grundlegende wissenschaftliche Entdeckungen bestätigt. So gliedert sich das Periodensystem der chemischen Elemente – die Aufzählung aller chemischen Stoffe entsprechend ihrem Grad an atomarem Gewicht – in sieben Oktaven »mit Eigenschaften, die dazu neigen, sich so zu wiederholen, wie dies in musikalischen Oktaven der Fall ist«.

3) W. Ruff, ein Assistenzprofessor der Musik und John Rodgers, Professor der Geologie, wandten in einem erstaunlichen Experiment die Gesetze und musikalischen Niederschriften von Johannes Kepler an, dem Astronom aus dem 17. Jahrhundert (der die Gesetze der planetarischen Bewegungsabläufe ausarbeitete), und entdeckten überraschende Ergebnisse. Kepler glaubte, daß jeder Planet keineswegs tote Materie, sondern im Gegenteil sehr »lebendig« ist, und daß jeder seine eigene Musik besitzt. Er begann sogar, den »Gesang« jedes Planeten im Hinblick auf seine Umlaufbahn um die Sonne auszuarbeiten. Ruff und Rodgers wandten Keplers Gesetze und musikalische Formeln auf die projizierten Bewegungen der Planeten in den nächsten hundert Jahren an, beginnend am 31.12.1976. Diese Information wurde in einen Computer, verbunden mit einem Synthesizer, eingegeben. Was herauskam, war die Musik von 100 Jahren planetarischer Bewegung, Sphärenmusik, festgehalten auf einem dreißigminütigen Tonband, »ein spektakuläres, wenn nicht schwindelerregendes Musikstück, mit Merkur, dem schnellsten Planeten, der das schrille Auf und Ab einer Piccolo-

flöte singt, und Jupiter, dem langsamsten, mit einem tiefen, kraftvollen Dröhnen.« Mit den Worten von Professor Rodgers: »Die Venus wechselt von einem A-Dur zu einem A-Moll, und die Erde singt ein großartiges D-Moll. Es scheint in der Tat so, als ob selbst die Himmel durch Rhythmus, Resonanz, vor allem aber Harmonie, geordnet sind.«

Normalerweise sind wir daran gewöhnt, in bezug auf menschliches Verhalten in Kategorien von Aktion und Reaktion (Reiz/Antwort) zu denken. Während dies auf einer oberflächlichen Ebene berechtigt sein mag, ist es auf der fundamentalsten Ebene jedoch so, daß der Zuhörer nicht wirklich auf den Redner reagiert oder antwortet, sondern in einem gewissen Sinn *mit ihm eins ist*. Das Prinzip hinter dieser scheinbar erstaunlichen Tatsache ist als Phasengleichheit bekannt: »Wann immer zwei oder mehrere Oszillatoren im gleichen Feld in fast gleicher Frequenz pulsieren, neigen sie dazu, sich auf die gleiche Frequenz einzustimmen – die Natur sucht immer den effizientesten Energielevel – es bedarf weniger Energie, gemeinsam zu pulsieren, als entgegengesetzt.« Wir mögen es nicht bemerken, aber Phasengleichheit existiert auf allen Gebieten der Aktivität, sie ist ein Aspekt der zwanghaften Neigung zu einem perfekten Rhythmus hin, der tief in unserer Existenz begründet ist.

Lebendes beinhaltet Oszillation. In der Tat, obwohl dies im allgemeinen nicht erkannt wird, pulsieren oder verändern sich lebende Dinge rhythmisch und *sind* daher Oszillatoren. Im komplexen Organismus des Menschen sind die Frequenzen der Oszillation sehr häufig, ebenso verhält es sich mit ihren Wechselwirkungen. Sogar der einfachste, einzellige Organismus oszilliert in verschiedenen Frequenzen auf verschiedenen Ebenen, und mikroskopische Untersuchungen dieser Organismen sind verblüffende Offenbarungen endloser rhythmischer Pulsierungen. Und darüber hinaus bringen sich unsere inneren Rhythmen nicht nur miteinander in Übereinstimmung, sondern mit der gesamten Manifestation. Unsere physischen und mentalen Zustände verändern sich deutlich entsprechend dem jahreszeitlichen Rhythmus von Erde und Sonne, entsprechend den Gezeiten, den Tag- und Nachtzyklen und vielleicht sogar entsprechend kosmischen Rhythmen, die die Wissenschaft noch herauszufinden und genau zu bestimmen hat. Wenn diese Rhythmen aus irgendeinem Grund durcheinandergebracht werden, ist Krankheit nicht ausgeschlossen und Un-Behagen ziemlich unvermeidlich.

Weil diese natürlichen Rhythmen tatsächlich aus dem Gleichgewicht gebracht wurden, sieht sich der Mensch heute mit physischen Krankheiten und mentalen Störungen konfrontiert. Eine tröstende Tatsache ist jedoch, daß das Phänomen des Sich-In-Übereinstimmung-Bringens keine längere Manipulation zuläßt. Da es die eigentliche Natur des Lebens ist, muß es nicht immer nur die grundlegende Verwobenheit allen Lebens und aller Existenz ausdrücken, sondern auch die unaufhörliche Veränderung – wenngleich in völliger letztlicher Ausgewogenheit – die die Basis der phänomenalen Manifestation ist.

Die Metaphysik hat die Einheit und Verwobenheit aller Dinge im Universum seit undenklichen Zeiten verkündet, doch die Wissenschaft hat diese Tatsache erst in jüngerer Zeit akzeptiert. Und man würde als Ignorant gelten, wenn man es nicht akzeptierte, und sei es nur intellektuell. Nun erhebt sich für das Individuum die praktische Frage: Wenn dies so ist, warum hat das Individuum dann Probleme? Die Antwort ist, daß seine Wahrnehmung der Welt und ihrer Objekte unvollkommen ist. Der entscheidende Punkt dieser mangelhaften Wahrnehmung besteht darin, daß ein Mensch bei der bewußten Wahrnehmung eines Objekts diesem eben nur als Objekt seine Aufmerksamkeit schenkt. Er nimmt das Objekt nicht wirklich in seiner Gesamtheit als Manifestation des Absoluten wahr, als Ausdruck der Totalität. Was er wahrnimmt, ist nur eine Erscheinung in seinem Denken, basierend auf der Antwort seiner Sinnesorgane auf den Kontakt mit diesem äußeren Objekt und bezogen auf die Erinerungen an seine früheren Erfahrungen. Es ist jedoch eine wichtige Tatsache, daß das mentale Bild des wahrgenommenen Objekts und das wirkliche Objekt nicht ohne Verbindung miteinander sind. Die Beziehung zwischen beiden ist vergleichbar mit dem Entwurf eines Buchs und dem Buch selbst. Mit anderen Worten, die Wahrnehmung ist nicht falsch, sondern eben ungenügend.

Die Eine Wahrheit

Alle goldenen Schmuckstücke, wie sehr sie sich auch in Form und Größe voneinander unterscheiden mögen, enthalten (als Grundsubstanz) Gold, wenn sie einer Prüfung unterzogen werden. Ähnlich verdankt alles in der phänomenalen Manifestation seine relative Existenz der primären Energie, alle Objekte besitzen eine innere Aura, Vibration oder Ausstrahlung, die eine Reflektion der Urenergie ist. Mit anderen Worten, es existiert eine Gleichheit der Struktur zwischen allen Objekten (trotz beachtlicher Unterschiede ihrer Formen). Und wenn ein Objekt von einem anderen, mit Empfindungsfähigkeit versehen, Objekt wahrgenommen wird, wirkt die Ausstrahlung des *wahrgenommenen* Objekts auf die Sinne des *wahrnehmenden* Objekts, was eine entsprechende komplexe, mentale Schwingung hervorruft. Das mentale Bild, das auf diese Weise im Wahrnehmenden ausgelöst wird, wird nicht vom wahrgenommenen Objekt erzeugt, sondern nur von diesem aktualisiert oder erweckt.

Wenn das wahrnehmende Objekt *vollkommen* offen für die Ausstrahlung des wahrgenommenen Objekts wäre, fände die Übertragung der Resonanz zwischen beiden in ihrem Zentrum statt, d. h. auf der Ebene der miteinander verbundenen Identität, auf der Ebene der Realität. Anders ausgedrückt, die Wahrnehmung wäre vollkommen, da sie die Wahrnehmung der Identität von Wahr-*nehmendem* und Wahr-*genommenem* mit beinhaltet. Die normale Wahrnehmung ist unvollkommen, da sie nicht das zugrundeliegende Wesen oder die Substanz der phänomenalen Manifestation einschließt. Die »Identität-in-der-Verschiedenheit« wird in Identität *und* Verschiedenheit gespalten. Identität wird ersetzt durch Identifikation. Als getrennte Wesenheit vergißt der Wahrnehmende seine Identität mit dem wahr-*genommenen* Objekt und, noch schlimmer, er vergißt die beiden zugrundeliegende Realität.

Wie kommt es zur Identifikation? Die äußere Welt als wahr-*genommenes* Objekt erlaubt völlige Resonanz durch ihr Zentrum. Aber das wahr-*nehmende* Objekt erlaubt diesem Strom der Resonanz (der kosmischen Energie), in die Peripherie abzuleiten, anstatt ihn in ihrem Zentrum aufzunehmen (in diesem Fall wäre die Wahrnehmung perfekt). So wird das steuernde Zentrum umgangen, und der Fluß bewegt sich weiter zum pseudohaften ausführenden Zentrum. Der Empfang des Resonanzstroms im noumenalen steuernden Zentrum ist vollkommene Wahrnehmung oder Erleuchtung. Wenn der Fluß zum pseudohaften ausführenden Zentrum weitergeht, handelt es sich um mangelhafte Wahrnehmung. Warum geschieht dies? Weil ohne diese mangelhafte Wahrnehmung – die eine Interpretation des Wahrgenommenen bedeutet – »*maya*« nicht funktionieren könnte, und es würde nicht das Traum-Spiel der phänomenalen Manifestation, das dieses Leben darstellt, geben.

Das Ergebnis der mangelhaften Wahrnehmung (Identifikation mit einem mentalen Bild) ist die Schaffung eines Pseudo-»Ichs« – des vermeintlichen »Individuums«, das das Leben als ein Problem ansieht. Es kommt zustande, weil der kosmische Energiefluß aus dem Zentrum der Außenwelt (in Form des wahrgenommenen Objekts) zur Peripherie weiterfließt, anstatt sich selbst im Zentrum des wahr-*nehmenden* Objekts zu konzentrieren. An der Peripherie befindet sich das ausführende Zentrum des Gehirn-Verstands, der Sitz des trennenden Gefühls von Annahme oder Ablehnung sowie einer scheinbaren Möglichkeit der Wahl zwischen beiden. Die wirkliche Bedeutung dieser Analyse besteht darin aufzuzeigen, daß – obschon das vermeintliche Individuum das wahr-*genommene* Objekt als den trennenden Faktor betrachtet, der den dualistischen Konflikt verursacht – es in Wahrheit so ist, daß der Konflikt durch eine Spaltung zwischen dem wirklich steuernden Zentrum und dem pseudohaften ausführenden Zentrum innerhalb des wahr-*nehmenden* Objekts (dem Individuum) ausgelöst wird.

Es ist wichtig, sich daran zu erinnern, daß der Konflikt nicht durch die Stillegung des eigentlichen Zentrums entsteht (was unmöglich ist, denn es ist das Was-Wir-Sind), sondern durch die Überlagerung jenes offenen, empfänglichen Zentrums mit einem Filtermechanismus. Alles, was wirklich notwendig ist, ist ein Abschalten dieses nutzlosen, überflüssigen Anhängsels des peripheren dualistischen Verstands. Wenn der Filtermechanismus abgeschaltet würde, würde das immer offene steuernde Zentrum vollkommener Wahrnehmung natürlich und spontan funktionieren.

Das Ergebnis dieses Dualismus zwischen Subjekt (dem wahr-*nehmenden* Objekt) und dem wahr-*genommenen* Objekt, zwischen dem Akzeptieren einiger Dinge, die die Außenwelt bietet, und der Ablehnung anderer, ist ein Konflikt, der nicht von der Außenwelt erzeugt wird, sondern *innerhalb* des wahr-*nehmenden* Objekts stattfindet, das sich selbst als »Ich« einen Willen anmaßt. Das bedeutet praktisch, daß das »Ich« ungerührt im Hinblick auf unliebsame Dinge sein, aber empfindsam gegenüber angenehmen Dingen bleiben möchte. Dieser offensichtliche Konflikt kann nur durch wirkliche Einsicht in die illusorische Natur des »Ichs« und damit die illusorische Natur des Konflikts gelöst werden. Das Dilemma liegt darin, daß Erfahrung aus dem Erfahren von Freude und Leid gleichermaßen besteht, während Nicht-Erfahrung die Freude auf Kosten des Leids herausschält. Dieses Dilemma ist insofern unwirklich, als die Außenwelt an ihm nicht im geringsten interessiert ist. Alles spielt sich innerhalb des »Ichs« ab. Die Erkenntnis dieser Tatsache ist wahres Verstehen, ist Erleuchtung.

Verstehen beinhaltet grundsätzlich, daß das Leben sowohl Freude als auch Leid einschließt, daß alles Geschehen ohne Rücksicht darauf abläuft, was irgendein »Ich« wünscht oder nicht, und daß vollkommene Teilnahme – ohne Verdrängung der negativen Lebensaspekte – die einzige Antwort ist, eben weil der Mensch ein integraler Teil der Gesamtheit der Manifestation ist. Die Welt wird ihren Weg weitergehen, ohne Rücksicht auf die Wünsche und Sehnsüchte der individuellen, menschlichen Lebewesen.

Dies führt uns zu der naheliegenden Frage: Was muß getan werden, um zu diesem Verstehen zu gelangen? Jede Antwort würde das »Individuum« veranlassen, etwas zu *tun* – (Meditation oder irgendeine andere »Methode«) – was das gleiche wäre wie das Bemühen eines Hundes, seinen eigenen Schwanz zu fangen. Wenn wir nämlich zu der Frage kommen »was ist zu tun«, vergessen wir die grundlegende Tatsache, daß derjenige, der etwas tun will, das illusorische »Ich« ist, und es dieses Geschöpf einfach nicht gibt. Die ganzen Probleme oder Konflikte, Unglück und Gebundenheit, von denen man befreit werden möchte, wurden durch das Tun eines »Ichs« kreiert. Das »Ich« erschafft fortlaufend Schauspiele, aber es gibt keinen Zuschauer. Wenn das »Ich« in Meditation sitzt und nichts erfährt (oder tut), ist es ein Zuschauer ohne Schauspiel. Nur wenn als Ergebnis tiefen Verstehens das »Ich« vollkommen im Hintergrund bleibt, bezeugt das ICH (die wahre Natur des Menschen) das Schauspiel der Natur, die Totalität aller Abläufe, und dann ist sowohl das Schauspiel als auch der Zuschauer vorhanden.

Die Vorstellung, still zu sitzen und dabei weder etwas zu tun, noch untätig zu sein, mag wie eine Aufforderung zur Faulheit für jene aussehen, denen man beigebracht hat, ununterbrochen aktiv zu sein, immer zu versuchen, den »anderen« zu übertrumpfen, sich anzustrengen, zu urteilen und sich gegen alle, die kommen, zu behaupten. Aber dem ist nicht so. Niemand kann die ihm innewohnende Natur unterdrücken – ein rastloser Mensch wird fortfahren »Positives« zu tun, während der mehr intellektuell veranlagte Mensch sich zurücklehnen und nachdenken wird. Der Punkt jedoch ist: Wenn das Verstehen da ist, wird keiner mehr der Ansicht sein, das, was geschieht, sei sein Handeln. Das Wunderbare an diesem endgültigen Verstehen ist, daß es nicht »erworben« wird – es kann nicht erworben werden. Es kann aus dem einfachen Grund nicht erworben werden, weil wir alle dieses Verstehen *sind*. Wir sind nicht die »Individuen«, für die wir uns halten.

Gänzlich bedingt durch völlig falsche Konditionierung, fast von Geburt an, hat der Mensch einen Punkt erreicht, an dem er glaubt, das Individuum mit seinem Intellekt halte die Welt in Gang. Dabei vergißt er jedoch einige offensichtliche Tatsachen. Was läßt Brieftauben zu ihren Taubenschlägen zurückkehren, nachdem sie lange Entfernungen zurückgelegt haben? Was veranlaßt Lachse, genau zum Ort ihrer Geburt zurückzuschwimmen, um zu laichen? Ja, wie funktioniert das Atmungs-, Kreislauf- und Verdauungssystem im menschlichen Körper ohne bewußte Steuerung durch das Gehirn?

Die menschliche Konditionierung über Jahrtausende hat dazu geführt, unsere Gehirne auf ein Podest zu heben und unsere Körper zu vernachlässigen oder sogar geringzuschätzen. Dadurch hat sich eine Art Spaltung zwischen dem Cortex im Gehirn und dem übrigen Körper ergeben. Und diesem abgetrennten Gehirn schreibt man für gewöhnlich den Willen des Menschen zu, der auf der Fähigkeit des Gedächtnisses aufbaut. Wie es ein Schriftsteller ausdrückt: »Wir haben dem Denken in einem Ausmaß erlaubt unser Leben zu gestalten und zu beherrschen, das in keinem Verhältnis zu unserer instinktiven Weisheit steht, der wir gestatteten zu verkümmern.« Aufgrunddessen liegen wir mit uns selbst im Kampf. Das Gehirn verlangt nach Dingen, die unser Körper nicht braucht. Der Körper fordert Dinge, die das Gehirn nicht zuläßt. Das Gehirn gibt Befehle, denen der Körper nicht Folge leisten kann und der Körper erzeugt Impulse, die das Gehirn nicht verstehen kann.

Tatsächlich ist das moderne Leben in fast jeder Hinsicht ein Teufelskreis. Das Gehirn greift auf Erinnerungen zurück, um Wünsche entstehen zu lassen, die in der Zukunft zufriedengestellt werden müssen (eine Bedingung, die an sich eine Schlußfolgerung ist). Der tiefere Geist (Bewußtsein) kennt nur die Realität des gegenwärtigen Augenblicks, während der Gehirn-Verstand – (der geteilte Geist) – in der Vergangenheit und in der Zukunft lebt und immer mehr Wünsche, Hoffnungen, Bestrebungen und Frustrationen schafft. Mit anderen Worten, unsere Kultur bedeutet mittlerweile »eine Beleidigung gegenüber der Weisheit der Natur und eine ruinierende Ausbeutung des menschlichen Organismus als Ganzem.«

Nur diejenigen, die die absolute Sinnlosigkeit eines Lebens in diesem Teufelskreis klar erkennen, mögen fähig dazu sein, einen Quantensprung aus ihm heraus zu wagen. Nicht daß das Gehirn der Bösewicht ist – wenn das Gehirn angemessen und natürlich arbeitet, stellt es tatsächlich die höchste Form instinktiver Weisheit dar. Es ist das Verbalisieren, die Frage nach dem »wie«, die Ichbezogenheit, die das Durcheinander bewirken. Verstehen erzeugt Mühelosigkeit, die Harmonie entstehen läßt. Mühelosigkeit – die Abwesenheit bewußter willentlicher Anstrengung – führt zum Verstehen. Und ein Verstehen kann nur in der völligen Abwesenheit eines Verstehenden *geschehen*. Mit anderen Worten, Verstehen geschieht nur, wenn der Verstehende – das Individuum – im Verstehen aufgeht. Dann gibt es nur ein Bezeugen des Schauspiels oder des Lebenstraums ohne das geringste Verlangen, etwas in diesem Schauspiel zu verändern.

Drittes Buch

Die vergebliche Suche des Individuums nach Sicherheit

Unsicherheit war seit Menschengedenken ein Problem für das Individuum. Bedrohungen von außen und Armut und Krankheit im eigenen Umfeld sind vielen Menschen in jedem Alter bekannt. Und sogar in den seltenen Zeiten, in denen scheinbar ein Gefühl der Sicherheit herrschte, war dies nur an der Oberfläche. Für dieses tiefe, immer vorhandene Gefühl der Unsicherheit konnte der Mensch nie eine Erklärung finden. Er konnte nichts wirklich selber steuern – und daher suchte er Schutz in einem Konzept, einem Mythos, in etwas, das keiner Veränderung unterlag. Er schuf sich etwas Konstantes, zu dem er beten und Zuflucht nehmen konnte. Er nannte es Gott oder die unsterbliche Seele, Atman oder Brahman oder was auch immer.

Die einzige Schwierigkeit mit jedem Konzept wie Gott oder Seele ist die, daß es sich trotz allem um einen Mythos handelt. Oft fühlt das Individuum dies tief in seinem Inneren, und wenn sich der Zweifel an dem Mythos bestätigt, verliert er seine Kraft. Ein Mythos kann nur solange wirken, solange der Mensch ihn für wahr hält. In letzter Vergangenheit, vielleicht seit etwa hundert Jahren, scheint es, wie ein Schriftsteller sagt, »immer weniger Felsen zu geben, an denen wir uns festhalten können, immer weniger Dinge, die wir für absolut richtig oder wahr und für alle Zeiten gültig halten können«. Die Physik Newtons basierte zwar fest auf dem Materialismus, doch widersprach sie nicht unbedingt den religiösen Lehrsätzen eines Universums, das von einem unfehlbaren Gott mittels zeitlosen Gesetzen von richtig und falsch regiert und gelenkt wird. Alles, was der Wissenschaftler sagen konnte, war, daß die Wissenschaft keinen Beweis dafür habe, ob es Gott gibt oder nicht. Das bedeutet, die Wissenschaft konnte nicht beweisen, daß Gott nicht existierte, und das reichte den religiösen Menschen.

Die Kernphysik, die Relativitätstheorie und das Unschärfeprinzip sind einen entscheidenden Schritt weitergegangen und besagen, daß es beinahe sicher ist, daß das Universum nicht von irgendeiner Macht »erschaffen« wurde, sondern ein »sich-selbst-erzeugender-Prozeß« war. Die Verwirrung wird noch vertrackter durch die Tatsache, daß die moderne Wissenschaft die Realität jetzt nicht mehr als eine Anhäufung einzelner begrenzter Dinge ansieht, sondern als ein nicht-duales Netzwerk untrennbarer Muster, eine nahtlose Fläche ohne Grenzen oder Absonderungen. Mit anderen Worten, der einzelne Mensch von heute fühlt sich ohne seine Grenzen völlig verloren. Er steht allein da, ohne die Macht außerhalb seiner selbst, auf die er sich meinte, verlassen zu können. Er hat kein Seil mehr, an dem er sich festhalten, oder eine Krücke, auf die er sich stützen könnte. Die heutige Weltsicht der Wissenschaft besagt tatsächlich, daß es kaum Spielraum für einen Sinn, eine Absicht oder den Plan einer übergeordneten und höchste Macht besitzenden Wesenheit (wie immer man sie nennen mag) gibt. Anders gesagt, der Mensch wird als ein so integraler Teil des Universums angesehen, daß es ihm kaum noch notwendig zu sein scheint, einen besonderen Sinn im Leben zu erkennen. Zu sagen, daß alles von einem Gott geschaffen und geregelt wird, ist vergleichbar mit der Feststellung »alles ist rund (oder rechteckig) und aus diesen oder jenen Materialien gemacht«. Es sagt einem nichts wirklich – es ist nur eine Beschreibung. Die Wirkung solcher Worte auf den normalen Menschen, besonders im Westen, ist Hilflosigkeit, Hoffnungslosigkeit und Frustration. Das Ergebnis ist Wirklichkeitsflucht auf die eine oder andere Weise – sei es durch Alkohol, Drogen, Sex oder sogar sinnloses Töten und Selbstmord!

Tatsache aber ist, daß es einen »Ausweg« gibt. Und dieser Ausweg ist ein freies und offenes Eingeständnis, daß es wirklich keine vernünftigen Gründe gibt, an irgendwelche üblichen Glaubensbekenntnisse zu *glauben*, und auch nicht an die dauerhafte Unsterblichkeit der ewig existierenden Seele. Dem unbeirrbaren *Akzeptieren* dieser Tatsache (*ohne das geringste Gefühl von Schuld*) folgt augenblicklich ein Gefühl totaler Freiheit und Sicherheit. Wenn man einen *Glauben* aufgibt, gibt man damit auch das Gefühl der Unsicherheit auf, auf dem sich jener Glaube aufbaute, und man ist frei, selbst zu *erkennen*. Es ist überflüssig zu sagen, daß dieser Einschnitt eine absolute Veränderung der ganzen bisherigen Weltsicht bedeutet, sei es in Hinblick auf das menschliche Individuum, auf andere empfindungsfähige Wesen und auch im Hinblick auf den leblosen Teil des Universums. Nicht das Gefühl des Glaubens, sondern eine Zuversicht hinsichtlich der Reise der Selbstentdeckung ist notwendig. Es handelt sich um die Entscheidung, dem bestehenden Gefängnis irgendwie zu entkommen, was immer uns »draußen« auch erwarten mag. Unsere Selbstentdeckung wird nun nicht in der Absicht unternommen, eine Bestätigung oder Rechtfertigung für unsere gegenwärtigen, vorgefaßten Meinungen und Überzeugungen zu finden, sondern im Vertrauen darauf, daß alles, was wir entdecken werden, die Wahrheit sein wird, *die Wahrheit, welche für sich selbst spricht und keiner äußeren Bestätigung oder Rechtfertigung bedarf*. Dabei weiß man vollkommen klar, daß diese Selbstentdeckung durchaus ein Sprung von den Klippen, ein Sprung ins Unbekannte werden könnte.

Das einzige, was wir mit Bestimmtheit selbst *wissen*, ohne auch nur etwas darüber nachdenken zu müssen, ohne daß es von irgend jemand anderem bestätigt zu werden braucht, ist die unbestreitbare Tatsache, daß jeder von uns sagen kann »Ich Bin«. Mit anderen Worten, ich weiß, daß ich existiere, daß ich lebe, daß ich anwesend bin: Ich bin bewußt. Im Tiefschlaf wiederum ist man sich seiner selbst nicht bewußt. Wacht man dann auf, so ist das Bewußtsein der Anwesenheit wieder da, nicht nur beim Aufwachen, sondern auch insofern, als wir davon überzeugt sind, ebenso während des Tiefschlafs existiert zu haben. Es gibt einen wichtigen Unterschied zwischen den beiden Zuständen des Schlafens und des Wachseins: Während des Tiefschlafs gab es kein Bewußtsein eines »Ichs« als einem Individuum, noch gab es irgendein Gefühl der Unsicherheit oder des Unglücks. Diese Gefühle tauchen nur mit dem Aufwachen wieder auf. Das besagt letztlich: Was während dem Tiefschlaf anwesend war, war *jenes Bewußtsein, das in jedem Individuum dasselbe ist*. Kein Individuum macht sich im Tiefschlaf Sorgen um seine Existenz oder um das Bewußtsein seiner Existenz, um seine Ängste und Hoffnungen, seine Frustrationen und Ambitionen. Diese Fragen stellen sich nur, wenn es aufwacht. Mit anderen Worten, es ist das universelle oder unpersönliche Bewußtsein, das im Tiefschlaf jedes Individuums gegenwärtig ist. Nur mit dem Aufwachen färbt sich das Bewußtsein mit der individuellen Persönlichkeit eines »Ichs«, mit all ihren Ängsten, Frustrationen, Hoffnungen und Ambitionen, Freuden und Beschwerden. Dies sollte uns zumindest erkennen lassen, daß es notwendig ist, die Suche nach Sicherheit aufzugeben, die ein mythischer Geisteszustand ist. Wir müssen uns von dem verfärbten »Ich« befreien, das das universelle, unpersönliche Bewußtsein in das persönliche Bewußtsein eines »Ichs« verwandelt hat. Wir müssen die Einheit des universellen Bewußtseins in der erstaunlichen Vielfalt verstehen, die die Gesamtheit des manifestierten Universums bildet. Das ist die Vision Gottes, von der alle Religionen sprechen, die aber durch unterschiedliche Anschauungen und Konzepte in bezug auf »Gott« vernebelt ist. Wir erlangen die Vision Gottes nicht, indem wir versuchen, dieser begrenzten und relativen Welt zu entfliehen. Die wirkliche Schau Gottes *geschieht* nur durch das vorbehaltlose, unzweifelhafte *Akzeptieren* der Einheit oder Identität, nicht nur eines manifestierten Objekts (oder Individuums) mit allen anderen, sondern auch des bekannten, manifestierten Universums mit dem unmanifestierten, unbekannten Potential.

Um das Problem der Unwissenheit wirklich zu verstehen, ist es notwendig, ihm ganz auf den Grund zu gehen. Hat man es wirklich verstanden, löst es sich auf. Das Gefühl für Sicherheit und das Bedürfnis danach entsteht durch das Nichtverstehen der Grundlage des Lebens. Wir sehen tatsächlich nicht ein, daß »Veränderung« ein integraler Teil des Lebens ist. Wir wollen den Film des Lebens an einem bestimmten Punkt »anhalten«, je nach dem, was uns jene Standaufnahme bedeutet, d.h. inwieweit wir sie *in dem Moment* als glücklich oder nicht empfinden. Wenn wir nicht in der Lage sind zu sehen, daß *Veränderung das Leben selbst* ist, ebenso wie das Fließen den Fluß ausmacht, ähneln wir Uroboros, der irregeführten Schlange, die versucht, ihren eigenen Schwanz zu fressen. Der einzige Weg, der Veränderung Sinn zu geben, besteht darin, an ihr teilzunehmen. Du kannst sie nicht vermeiden! Es gibt keine andere Möglichkeit. Entweder man taucht in das Leben ein und heißt jeden Wechsel als Würze des Lebens willkommen, oder aber man leistet Widerstand und stellt sich damit gegen sich selbst.

Drittes Buch

Die wichtige Frage ist, warum kann Veränderung den Menschen so verunsichern? Warum löst der Tod die schrecklichste Angst vor der Unsicherheit aus? Es ist grundsätzlich das Denken oder Konzeptualisieren, das Feiglinge aus uns macht, und die Ursache dafür ist ein Mißverständnis im Hinblick auf das Phänomen von »Zeit« oder Dauer. Das ganze Problem liegt darin, daß wir glauben, *in* der Zeit und ihren Launen ausgeliefert zu sein. *In Wahrheit können wir nicht in der Zeit sein, sondern müssen zwangsläufig außerhalb von ihr sein.* Wenn wir im Fließen des Zeitstroms wären, könnten wir uns des Fließens unmöglich bewußt sein. Da wir des Fließens gewahr sind, heißt dies zwangsläufig, daß wir als Erfahrende außerhalb des Fließens der Zeit sein müssen. Und »außerhalb des Fließens der Zeit« zu sein, ob man es nun als ein Fließen von der Vergangenheit zur Zukunft oder aus der Zukunft zur Vergangenheit ansieht, kann nur Zeitlosigkeit bedeuten. Die *einzige* sich daraus ergebende Schlußfolgerung ist daher, daß das, was im Fluß der Zeit fließt, nur das phänomenale Objekt sein kann, der menschliche, psychosomatische Mechanismus. Daher ist das, was wir wirklich sind, Zeitlosigkeit, Unveränderlichkeit. Das heißt in der Tat, daß das menschliche Individuum nur als ein phänomenales Objekt von der Geburt hin zum Tod, von der Integration hin zur Disintegration, vom Erscheinen zur Auflösung »fließt«. Wir sind in Wirklichkeit nicht Phänomen, sondern Noumenon.

Wenn dies akzeptiert wird – daß wir den Sinn des Lebens nicht anhand von irgendetwas Fixiertem festmachen können – dann hat das Leben einen Sinn! Dann bejahen wir, daß ständige Bewegung die eigentliche Basis allen Lebens ist, und wir verlassen den Teufelskreis der Fixierungen. Wir verlassen ihn nicht, indem wir versuchen, Veränderungen zu vermeiden, sondern indem wir hineintauchen, mit ihnen schwingen, am Tanz teilnehmen und die ganze Stimmung teilen, ohne »der Absichtslosigkeit des wirbelnden Tanzes« einen Sinn geben zu wollen.

Obwohl das Leben ein ständiger Fluß von Ereignissen ist, erwarten wir, daß es eine Weile »anhält«, damit wir es unseren festgelegten Maßstäben entsprechend verstehen können. Dieser Versuch, Zeit einzufrieren, verursacht Frustration, Angst und Unsicherheit. Mit der Redensart »die Zeit heilt alle Wunden« versuchen wir, dieses Phänomen zu erklären.

Während wir uns bemühen, den Sinn des Lebens durch bestehende Denkkategorien und Bezeichnungen zu untersuchen und zu erklären, verändern sich viele dieser Begriffe und Bezeichnungen selbst ständig. Und wo sie sich nicht verändern, bleiben sie zurück und können einfach die realen Dinge, die fortwährend ihre Formen und Inhalte verändern, nicht ausdrücken. Zusammengefaßt, während Gedanken, Worte und Bezeichnungen Abgrenzung und Isolation bedeuten, vergleichbar den einzelnen Schritten innerhalb eines Tanzes, bedeutet das Leben Veränderung, Bewegung und Gleiten wie der Tanz selbst.

Wenn der Mensch sich selbst als ein Ding (einen Körper) ansieht, das durch einen bestimmten Umfang von Haut im Raum gesondert als ein Etwas (Körper) existiert und zeitlich begrenzt durch Geburt und Tod ist, hat er sich aufgrund konventionellen Denkens wirklich vom Strom des Lebens ausgeschlossen. Er hat vergessen, daß er ein innerer Teil des Lebensflusses ist, der sich in Geschehnissen ausdrückt, die viele vermeintliche Individuen miteinschließen. Er hat vergessen, daß *der Fluß des Lebens unaufhaltsam ist*. Mit anderen Worten, um das Leben zu verstehen, muß der Mensch zuerst die tiefe Überzeugung *fühlen*, daß sein Verstand nicht seine eigenen Quelle kennen kann (das höchste Potential, egal wie man es nennt), und daß er das Gefühl eines getrennten »Ichs« als einer autonomen phänomenalen Wesenheit aufgeben und die Tatsache akzeptieren muß, daß er als phänomenale Wesenheit derselben Kraft oder Energie unterworfen ist, die ihn in den Strom des Lebens hineingebracht und die ihn zu gegebener Zeit auch wieder herausnehmen wird. Das Gefühl der Unsicherheit löst sich auf, sobald das Gefühl des Getrenntseins verschwindet.

Die Frustration, die der zivilisierte Mensch heute empfindet, ist in der Tatsache begründet, daß er nicht für den gegenwärtigen Augenblick lebt, sondern für eine illusorische Zukunft, eine Zukunft, die nur eine Schöpfung des Kopfes und daher eine Schlußfolgerung, basierend auf Erinnerung ist, bestenfalls eine Abstraktion. Es ist der Kopf oder der getrennte oder gespaltene Verstand, der die Zukunft schafft, während der ungeteilte Geist aus dem einfachen Grund keine Zukunft kennt, weil er nicht konzeptualisiert und voll und ganz in der Realität der Gegenwart lebt. Der ungeteilte Geist kennt nur das »Was-Ist«, während der gespaltene Verstand, der durch das Gehirn und dessen Erinnerungen arbeitet, eine »präsente Zukunft« erschaffen hat, die nur in Hinblick auf einschätzbare Größen einen hohen Grad von Genauigkeit besitzt. Beispielsweise wird jeder alt werden, benötigt ein Einkommen, wenn er nicht mehr arbeiten kann, jeder wird sterben usw. Unberechenbares jedoch kann der geteilte Verstand nicht in den Griff bekommen.

Es ist klar, daß das Gehirn mit seiner phantastischen Speicherkapazität absolut notwendig ist, um in dieser Welt zu leben. Das Problem jedoch ist, daß der Verstand des Individuums gespalten oder getrennt ist, und wir den ganzheitlichen Geist nicht ignorieren können, weil der ganzheitliche Geist das *grundlegende* universelle Bewußtsein ist. Tatsächlich hat das Gehirn mit den meisten physischen Abläufen wie dem Atmen, Schlucken, Verdauen, dem Blutkreislauf usw., die außergewöhnlich komplexe Vorgänge sind, wenig zu tun. Diese Prozesse werden als »unwillkürlich« erklärt und als nicht so bedeutungsvoll abgetan. Hier liegt die Ursache der ganzen Schwierigkeit – die Zweiteilung, die im modernen Menschen zwischen seinem Kopf (dem Cortex) und seinem übrigen Körper geschaffen wurde, zwischen dem ganzheitlichen Geist und dem gespaltenen Verstand, zwischen dem ICH und dem »Ich«, zwischen dem unpersönlichen oder universellen Bewußtsein und dem persönlichen Bewußtsein, das mit dem einzelnen psychosomatischen System identifiziert ist. Mit anderen Worten, wir benötigen beides, das Kopfdenken und die instinktive Weisheit, um ein harmonisches, ausgewogenes Leben zu führen. Wir haben aber dem Kopfdenken erlaubt, sich so schnell zu entwickeln, daß wir fast alles über die instinktive Weisheit vergessen haben, die dabei nahezu verkümmert ist. Wir haben uns daran gewöhnt, fast ausschließlich in der Zukunft zu leben und dabei vergessen, daß die einzige Realität die Gegenwart ist. Das Gehirn hat sehr wohl begriffen, daß die »Zukunft«, die es kreiert hat, eine relativ kurze Zeit ist, und daß es daher jedwedes Glück in den gegenwärtigen Augenblick hineinzwängen muß. Es ist wie ein

Teufelskreis: der Kopf sieht eine Zukunft, für die er vorsorgen muß, indem er eine Erinnerung hervorholt; er weiß gleichzeitig, daß diese Zukunft ungewiß und zeitlich extrem begrenzt ist und muß daher den jeweiligen Augenblick soweit wie möglich vollstopfen. Das Ergebnis ist ein hektisches Trachten nach Sinnenbefriedigung, ja ein Versuch, die Sinne zu zwingen, in der Gegenwart soviel Vergnügen wie nur möglich zu kosten, und gleichzeitig ein erbitterter Kampf um materiellen Gewinn, was wiederum die Macht bedeutet, sich in der Zukunft wieder solche Vergnügungen leisten zu können, d. h. alles läuft darauf hinaus, für Sicherheit zu sorgen! Es ist ein einziges verrücktes Wettrennen gegen die Zeit, in dem weder Zeit bleibt, die Realität des gegenwärtigen Augenblicks zu genießen, noch die Illusion der Zukunft – eine Beleidigung der Weisheit der Natur und eine verderbliche Ausbeutung des menschlichen Organismus als Ganzem.

Sicherlich darf dabei nicht vergessen werden, daß das Gehirn mit seinen berechnenden Fähigkeiten, seinem Speichervermögen und seiner Denkfähigkeit ein unverzichtbarer Teil des menschlichen Organismus ist. Es geht darum, es nicht über sein normales und angemessenes Funktionieren hinaus ausufern zu lassen. Es hat nur dem zu dienen, was normal als Wirklichkeit der Gegenwart angesehen wird, aber es sollte keine Phantasiereisen unternehmen, in denen es eine illusorische Zukunft konzeptualisiert. Dann kann Bewußtsein jederzeit mühelos jedes Ereignis und Geschehen der Gegenwart bezeugen, sich jeder gegenwärtigen Erfahrung bewußt sein.

An diesem Punkt des Verstehens beginnt der Verstand Fragen zu stellen: »Ich verstehe die Lage, aber wie soll ich konkret damit umgehen?« Aber wer stellt diese Frage? Im Tiefschlaf, als der Verstand nicht aktiv war, gab es weder das Problem, noch eine Antwort darauf. Tatsächlich wurde das Problem vom selben Verstand geschaffen, der jetzt nach einer Lösung des Problems sucht. Wenn dies in der größtmöglichen Klarheit erkannt wird – wenn man bewußt und gänzlich der Realität des gegenwärtigen Augenblicks, ohne Konzepte oder Beurteilungen gewahr ist – erkennt man ebenso, daß das einzig Notwendige das Abstellen des unnötigen Konzeptualisierens ist, das die Sicht der Wahrheit verhindert. Was ist die Wahrheit? Die Wahrheit ist, daß es vergeblich ist, perfekte Sicherheit in einer Welt zu suchen, deren Natur Wechselhaftigkeit, Unbeständigkeit und Fließen ist! Ein solches Suchen drückt tatsächlich den Wunsch nach Abtrennung von der realen Welt der ständigen Bewegung aus, und diese Abtrennung trägt direkt zur gefürchteten Unsicherheit bei. Eine Nation rüstet auf, um ihre Sicherheit zu festigen und wird sofort mit einem Wettrüsten konfrontiert. Abgesehen von tiefstem Gewahrsein der Situation kann jede andere Handlung nur das Gegenteil bewirken. Der springende Punkt bei der Sache ist, zu begreifen, daß jedes Konzept von Sicherheit illusorisch ist. Es gibt keine Sicherheit in dieser Welt, nicht einmal die Sicherheit, daß wir den nächsten Atemzug tun können!

Eine Sufi-Geschichte erzählt von einem Weisen, der an der Himmelstür klopfte und gefragt wurde: »Wer ist da?« Der Weise antwortete, indem er seinen Namen nannte und sagte: »Ich bin es.« Die Stimme sagte: »In diesem Haus ist kein Platz für dich und mich.« Die Tür blieb verschlossen. Nach vielen Jahren der Meditation über diesen Vorfall kam der Weise zum zweiten Mal, und das Ganze wiederholte sich noch einmal. Dann, nach einer weiteren langen Meditation erkannte der Weise die Wahrheit, und als er zum dritten Mal anfragte, antwortete er auf die Frage »Wer ist da?« »Du selbst bist es« – und die Tür wurde geöffnet. Der Weise war zu Gott geworden.

Eine ähnliche Geschichte gibt es von Lao-Tse und einem seiner Schüler. Der Schüler kam mit strahlendem Gesicht zu Lao-Tse und sagte: »Meister, ich bin angekommen.« Der Meister war traurig und verneinte ganz klar, daß der Schüler »angekommen sei«. Der Schüler ging enttäuscht davon. Nach einigen Monaten kam er wieder, und sein Gesicht trug einen Ausdruck der Stille und Zufriedenheit. Er sagte zum Meister: »*Es ist angekommen.*« Der Meister schaute ihn an und umarmte ihn herzlich.

Der Punkt ist, daß wahres Verstehen viel tiefer geht als intellektuelle Übereinstimmung. Die Tiefe des Verstehens oder der Überzeugung muß so sein, daß sich der Suchende nach Sicherheit – das individuelle »Ich« als eine getrennte Wesenheit – aufgelöst hat. Ein wirksames Verstehen muß in sich selbst ruhen, ohne die Krücke eines »Ichs«. Ein solches Verstehen ergibt sich nur durch ständiges und ununterbrochenes Gewahrsein unserer Erfahrung im gegenwärtigen Augenblick – unserer Gedanken, unserer Wünsche, unserer Gefühle, unserer Empfindungen – ohne Voreingenommenheit, ohne Rückgriff auf Erinnerungen, ohne Beurteilung. Die übliche, normale Erfahrung, egal welcher Art, geht mit dem Augenblick, in dem sie geschah, vorüber, aber sie hinterläßt eine Erinnerung im Gehirn. In der Erfahrung *an sich* gibt es keinen Erfahrenden – kein »Ich« – dessen illusorische Existenz vollständig durch die Erinnerung bedingt ist. Mit anderen Worten, eine solche Erfahrung hinterläßt keine psychischen Narben.

Es ist ganz wichtig, zu vermeiden, daß sich auf dieser Stufe der Verstand – das »Ich«, das Ego – einschaltet und das wirkliche Verstehen durch alle möglichen intellektuellen Fragen vernebelt. Es ist äußerst wichtig zu erkennen, daß das »Ich« als einzelner Erfahrender oder Denkender eine Illusion ist. Es ist die Illusion, die Sicherheit sucht. Diese Tatsache wirklich zu verstehen – sie mit unbeirrbarem Vertrauen (nicht nur intellektuellem Glauben) zu akzeptieren – heißt in der klarstmöglichen Weise zu erfassen, daß das Leben nur im gegenwärtigen Augenblick erfahren werden kann, und es daher im Leben weder Sicherheit, noch Beständigkeit gibt. Jeden Augenblick wahrzunehmen heißt, nicht getrennt von ihm zu sein (sich seiner vollkommen bewußt zu sein). Es bedeutet die Erkenntnis, daß in jedem jeweiligen Augenblick Ewigkeit anwesend ist und daß *nur die Zeitlosigkeit sich jeden Augenblicks in der Zeit bewußt sein kann.*

Was geschieht in Augenblicken reiner Freude oder totalen Vergnügens? Wir haben keine Schwierigkeit, die Erfahrung des Augenblicks zu *sein*, indem wir »uns selbst« vergessen (das »Ich« ist abwesend, und nur die Freude der Erfahrung ist da). Der Geist verbleibt in seiner Ganzheit und ist von der Erfahrung nicht getrennt. Das Problem entsteht erst, wenn Schmerz kommt, ob akut oder eingebildet, dann beginnt der Teufelskreis des gespaltenen Verstands mit dem Bemühen des »Ichs«, dem Schmerz und der daraus folgenden Spannung zu entkommen. Eine bewußte Entspannung ist das Ergebnis des Gewahrseins der Angst als solcher, zusammen mit der Einsicht, daß Anspannung den Schmerz nur verschlimmern kann. Angst basiert nur auf der *Erinnerung* an vergangene Erfahrungen und nicht auf den Erfahrungen selbst, weil diese tot sind. Entspannung ist ein Zeichen der Bereitschaft, neue Erfahrungen ohne mentalen Widerstand oder Zurückhaltung willkommen zu heißen.

Das entspannte Annehmen jeder neuen Erfahrung bedeutet praktisch, jedem neuen Augenblick gegenüber vollkommen empfindsam zu sein, empfänglich und mit voller Aufmerksamkeit. Es ist wichtig und absolut notwendig, sich stets klar darüber zu sein, daß es sich hierbei nicht um eine angenehme Theorie handelt, sondern um eine wirkliche Tatsache, die jederzeit erfahrbar ist. Die uneingeschränkte, entspannte Aufnahmebereitschaft für jeden neuen, frischen Augenblick läßt aus den Tiefen unseres Seins unverbrauchte, natürliche Kräftereserven kommen, die Schmerz absorbieren und von Unsicherheit befreien können. Diese Tatsache kann in vielen Aspekten des heutigen Lebens beobachtet werden: die »neue« Bedeutung, die dem natürlichen Ablauf einer Geburt beigemessen wird; die eigentliche Grundlage von *Judo* und *Aikido*, zu gleiten anstatt gegen den Strom zu schwimmen; das vergleichsweise neue Prinzip, bei einem Gebäude den Faktor der »Nachgiebigkeit« einzukalkulieren, um Stürmen oder Erdbeben standzuhalten usw. Wenn du dich nächstes Mal wieder im Stuhl eines Zahnarztes befindest und er seinen Bohrer in die Hand nimmt, beobachte bewußt, wie schrecklich verspannt dein Körper ist. Dann entspanne bewußt den ganzen Körper, und du wirst feststellen, daß dein Verstand sich ebenfalls entspannt und bereit für den nächsten Augenblick ist, und daß der tatsächliche Schmerz *beachtlich* geringer ist als der, den sich dein Verstand zuvor vorgestellt hat. Dies alles zeigt deutlich, daß man nur solange versucht, dem Schmerz oder der Unsicherheit auszuweichen, solange das »Ich« sich von der Erfahrung getrennt hält. Wenn die Trennung durch die Erkenntnis geheilt wird, daß Schmerz eine unvermeidliche Erfahrung ist, erfährt das Gehirn den Schmerz auf dieselbe, völlig »selbstunbewußte« Weise, wie es Freude erfährt. Der Schmerz selbst kann nicht vermieden werden – die Anstrengung, ihm zu entgehen, ist ein noch größerer Schmerz. Es ist entscheidend, sich darüber klar zu sein, daß es sich hier um keinen

Trick handelt, der in speziellen Situationen anwendbar ist; es ist einfach die Natur des Lebens. Sei immer aufmerksam und empfindsam gegenüber dem gegenwärtigen Augenblick, der in Wirklichkeit niemals neu, sondern immer Gegenwärtigkeit der Ewigkeit ist.

Jetzt sollte klar sein, warum Nisargadatta Maharaj nie müde wurde zu wiederholen: »Verstehen ist alles.« Es geht nicht darum, das »Was-Ist« zu verändern oder zu verbessern. Das »Was-Ist« sollte lediglich klar gesehen werden, mit Wachheit, ohne die Vernebelung des Denkens und Konzeptualisierens. Daher ist bereits die Frage nach irgendeiner Methode oder Technik vollkommen unwichtig. Der Meister kann lediglich sagen: »Öffne das Fenster – da ist die Aussicht.« Die Frage, wie man die Aussicht sehen kann, taucht gar nicht auf.

Gedanken, Worte, Logik und Überlegungen sind ganz offensichtlich notwendig, um ein normales Leben zu führen, aber sie allein machen nicht »Leben« aus. Sie alle basieren auf Erinnerungen an Bekanntes und sind Produkte des trennenden Verstands (dem Verstand, der durch die Einmischung eines »Ichs« gespalten wurde. Wann immer möglich ohne Denken, ohne Worte zu leben, bedeutet mit ungeteiltem Geist offen für das Unbekannte zu sein. Beide (whole mind und split-mind) sind notwendig, aber eine langanhaltende Konditionierung hat den Menschen dahin geführt, ein Zurücktreten in den ungeteilten Geist für Trägheit zu halten, für Zeitverschwendung. Geniale Menschen, die Großartiges in der Welt leisteten, haben ganz offen zugegeben, daß ihre revolutionärsten Ideen und Entdeckungen erst »passiert« sind, als das bewußte Denken aufhörte und der Geist daher frei für das Unbekannte war.

Der bedeutsame Punkt ist aber, daß diese Aufhebung des Denkens – die tatsächlich die Hingabe des geteilten Verstands des illusorischen »Ichs« ist – nicht den Genies dieser Welt vorbehalten ist. Jedes menschliche Wesen, das bereit ist, das »Was-Ist« mit einem offenen Geist zu sehen, ohne auf die in Erinnerungen gespeicherte tote Vergangenheit zurückzugreifen, ist dazu in der Lage. Es ist möglich, wenn man bereit ist, das Leben als eine Realität anzunehmen, die im jeweiligen Augenblick erfahren werden muß, und nicht als ein Problem, das auf einer intellektuellen Ebene zu lösen ist. Mit anderen Worten, obwohl es nicht vielen gegeben sein mag, Propheten zu sein, so ist es doch mit Sicherheit einigen von uns gegeben, das Was-Ist mit einem klaren Geist zu sehen und erleuchtete Weise zu sein. Es sollte für einen durchschnittlichen Menschen, die notwendige Ernsthaftigkeit und Entschlossenheit vorausgesetzt, nicht allzu schwierig sein, das Leben in einer größeren Dimension zu begreifen als nur aus der Sicht des »Ichs« eines trennenden Verstands. Wir alle erfahren (zumindest gelegentlich) die letztendliche Realität. Natürlich ist dies nur möglich, wenn das Suchen nicht auf der Unwirklichkeit des Bekannten basiert und durch ein illusorisches »Ich« als ein getrenntes Wesen erfolgt. Die Realität ist nicht eine Entdeckung, die das bestätigt, was bereits bekannt ist, sie *ist* das unermeßliche Unbekannte, aus dem das wenige, uns Bekannte, herkommt.

Wo sind wir an diesem Punkt angelangt? Wir haben erkannt, daß wir eigentlich nicht wissen, was wir wirklich brauchen. Unsere Wünsche sind nicht mehr unsere grundlegenden Bedürfnisse, sie sind zu unseren Forderungen geworden. Mehr noch, unsere Forderungen wurden insofern zum Widerspruch, als wir zwei Dinge auf einmal haben wollen. Wir wollen Sicherheit für das »Ich«, was sofort bedeutet, den »Anderen« aus unserem Bereich auszuschließen, weil der »Andere« zum Feind geworden ist. Trotzdem streben wir zur gleichen Zeit nach Brüderschaft und Gemeinschaft! Wir wollen Frieden und bereiten uns auf Kriege vor. Das Erkennen dieser Tatsache hat uns ebenfalls klar gemacht, daß so lange Probleme aufkommen und nicht aufhören können, solange wir aus der Perspektive eines Individuums nach außen blicken (sei es als eine Person, eine Gemeinschaft oder eine Nation), und daß die unvollkommene Sicht des trennenden Verstands nur dann geheilt werden kann, wenn wir das Was-Ist vom Gesichtspunkt der Totalität aus sehen.

Eine Heilung des gespaltenen Verstands hin zur Betrachtungsweise der Totalität bedeutet notwendigerweise eine radikale Transformation unserer Weltanschauung, eine *subjektive* Erfahrung der organischen Einheit in der Welt. Dieses subjektive Gefühl eines »ICH« als dem Zentrum des Universums kann nur

Die Eine Wahrheit

dann *entstehen*, wenn die objektive Illusion des »Ich« gegen die »Anderen« vollkommen verschwunden ist. Und dies kann nur geschehen durch ein vollkommenes Akzeptieren der unausweichlichen Tatsache, daß ich *nicht* der Meister meines Schicksals, noch der Kapitän meiner Seele bin, daß das »Ich« als ein Körper nur ein Objekt wie jedes andere in der Manifestation ist, auch wenn es mit Empfindungsfähigkeit und Intellekt versehen ist. Der Mensch kann weder seine Geburt, noch seinen Tod bestimmen, noch das, was zwischen beiden liegt. Die einzig mögliche Hingabe liegt im Akzeptieren dieser Tatsache und dem Loslassen! Dann geht das Leben weiter, und man erlaubt den natürlichen Gaben, ihren eigenen Weg zu nehmen, ohne den aggressiven Vorsatz, die »Dinge zu beeinflussen«.

Wann immer die subjektive Erfahrung des ICH-Gefühls da ist, muß notwendigerweise das »Ich«-Gefühl des Getrenntseins, der Isolation und der Unsicherheit abwesend sein. Am Anfang bedarf es einer gewissen Geduld, ruhig (ohne eine bestimmte Absicht) zu verweilen, um das »Ich« zusammen mit dem Vorgang des Denkens, der sich auf ihm aufbaut, in den Hintergrund treten zu lassen. Aber wenn es geschieht, durchdringt uns die innere Erfahrung der Einheit mit allem, was uns umgibt. Man muß sich klar bewußt sein, daß diese innere Erfahrung der Einheit auf einer ganz anderen Ebene liegt, als das rein sentimentale Gefühl des Dichters für die Natur, das völlig oberflächlicher Natur ist. Wirkliche Einheit beinhaltet die Erkenntnis, daß sie das Schlechte und Unschöne ebenso wie das Gute und Schöne einschließt. Die subjektive Erfahrung der Einheit ist kein »Gefühl«, das sich in einem Gesang ergießt, noch ist es ein außergewöhnlicher Geisteszustand wie eine (hypnotische oder anderweitige) Trance. Es ist eine intensive, tiefe Erfahrung, die unmöglich in Worten ausgedrückt werden kann, sondern in der Tat jeder Beschreibung und Logik widerstrebt. Ein chinesischer Meister drückt es wie folgt aus: »Wenn du es kennen willst, erkenne es direkt. Wenn du beginnst, darüber nachzudenken, verfehlst du es vollkommen.« Und wenn man es so erkannt hat, ist es nicht notwendig, es vom Dach des Hauses der Öffentlichkeit zu verkünden. Es genügt zu *wissen*, daß man alles ist, was man sieht, und alles, was man nicht sieht.

Es ist eine erschütternde Erfahrung – ja, die Transformation des eigenen Wesens – tief zu erkennen, daß man wirklich nicht vom Universum getrennt sein kann, weil das sogenannte »Ich« (ob illusorisch oder nicht) und die Gedanken, die in diesem »Ich« entstehen, immanent in dem Was-Ist sind. Wie kann man dann von irgend etwas getrennt sein? Wie kann man jemals irgendeine »Sicherheit« besitzen? Jedes Gefühl der Sicherheit muß daher notwendigerweise eine flüchtige, illusorische Bewegung im Verstand sein. Sobald diese unbezweifelbare Tatsache direkt verstanden wird, *geschieht* die Art von »Loslassen«, die der Durchschnittsmensch einfach nicht verstehen oder sich vorstellen kann, da er in dem Versuch, in einer Distanz zu sich selbst zu stehen, d.h. außerhalb seiner Empfindungen, Gefühle, Wünsche und Stimmungen, zu einem äußerst verwirrten Wesen geworden ist, für das das Leben nichts als fortwährende Anspannung, Frustration, Konflikt und Enttäuschung bedeutet.

Sobald bewußte Wahrnehmung der Totalität desssen Was-Ist stattgefunden hat, wird der Sinn des Lebens sehr klar: Das Leben ist einfach ein Tanz, dessen Absicht und Sinn nur im Tanz selbst liegt, und wenn er beendet ist, bist du genau da, wo du dich vor Beginn des Tanzes befandest – auf dem Boden. Wenn man tanzt, hat man keine Erwartung, irgend etwas zu erreichen. Bevor der Tanz begann, stand man still, als der Tanz begann, kam Bewegung, und als er zu Ende war, war es wieder still. Du wurdest geboren, und die Bewegung begann; wenn du stirbst, kommt sie zum Stillstand und »du« bist wieder im Zustand der Ruhe, in dem du dich vor der Geburt befandest. Es ist das Bewußtsein des »Ichs«, voller Erwartungen, Gedanken, Wünsche, Hoffnungen und Ängste, das dem Leben seinen Sinn nimmt und dem Tod eine Bedeutung gibt, die er in Wahrheit nicht besitzt. Für den ganzheitlichen Geist ist der Tod das unbekannte Potential, aus dem Geburt und Leben entstanden sind; für ihn ist der Tod lediglich ein anderer Augenblick im Leben, in sich vollkommen und unbekannt, bis er eintrifft.

VIERTES BUCH

Ultimatives Verstehen selbst
ist die Lösung
– *Die Eine Wahrheit* –

Wie lebt man sein Leben

Die Frage, wie man sein Leben leben soll, ist wirklich ein falsch verstandenes Problem. Die Frage setzt voraus, daß man ein autonomes Wesen ist, das eine Unabhängigkeit bei seinen Handlungen und Entscheidungen besitzt, und daß es möglich ist, sein Leben ganz nach eigener Façon, wie es einem beliebt, seinen Absichten und Zielen entsprechend zu gestalten.

Es genügt ein wenig Nachdenken und eine ehrliche Analyse der Ereignisse im eigenen Leben, um klar zu erkennen, daß man als scheinbare Wesenheit sein Leben nicht lebt, sondern wie eine Marionette *gelebt* wird. Der Versuch einer belebten Marionette, das zu leben, was sie irrtümlicherweise als ihr eigenes Leben ansieht, unterscheidet sich nicht wesentlich von dem Versuch einer geträumten Marionette, ihr eigenes Leben in einem Traum zu leben. Der relevante Punkt ist der, daß für beide (für die belebte Puppe und die geträumte) der Versuch die einzige »Realität« ist, die sie überhaupt kennen können, während sie tatsächlich beide Puppen sind, und ihre Bemühungen, ihr Leben zu leben, nichts anderes als Reaktionen auf Impulse sind, die von psycho-physischen Bedingungen hervorgerufen wurden, über die sie keine Kontrolle haben. Solche Bedingungen mögen entweder dem psychosomatischen Mechanismus eigen sein oder durch Umwelt, soziale Gegebenheiten oder Gewohnheiten bestimmt sein, doch Tatsache bleibt, daß die Reaktionen auf diese Bedingungen das sind, was man als »sein Leben leben« ansieht. Grundsätzlich sind sowohl die belebte, als auch die geträumte Marionette im wesentlichen ihr Empfindungsvermögen – nicht ihre physische Form – und das Empfindungsvermögen beider ist nichts anderes als ein Reflex des Geistes, eine Bewegung im Bewußtsein, was alles ist, was sie sind.

Es ist die Vorstellung des »Ich«, die vermeintlich einen freien Willen hat und glaubt, ihr eigenes Leben zu leben; und diese »Ich«-Vorstellung ist lediglich eine Bewegung im Bewußtsein, und daher sind alle ihre vermeintlichen Willensentscheidungen nichts als Phantasien. Die Abwesenheit der Traumphantasie ist ein Merkmal für die Wonne des Tiefschlafs. Ebenso bedeutet die Abwesenheit der Wachträume die Glückseligkeit des erwachten oder erleuchteten Lebens.

Was heißt das letzten Endes? Es bedeutet, daß der Wille keineswegs ein ausschlaggebendes Element des phänomenalen Lebens ist, da es keine Wesenheit als solche gibt, die einen wirksamen Willen haben könnte. Weiterhin bedeutet es, daß ein vermeintlicher Willensakt nur eine vergebliche und nutzlose Gebärde ist, wenn er mit dem Unvermeidbaren übereinstimmt, und wenn er nicht damit übereinstimmt, nur dem frustrierten Flattern eines gefangenen Vogels gleicht.

Aus diesem Grund sagte Nisargadatta Maharaj wiederholt: »Verstehen ist alles.« Wirkliches Verstehen beinhaltet das Aufhören allen willentlichen Tuns und bedeutet daher nichts anderes, als *zuzulassen, gelebt zu werden*, weil es dann weder Wollen noch willentliches Nicht-Wollen (bewußt gehemmtes Wollen) mehr gibt. Das Aufgeben des Wollens entsteht durch das Verstehen an sich, es ist kein absichtlicher Willensakt. Die konsequente Abwesenheit der Ego-Aktivität läßt den Verstand offen sein für ein unmittelbares intuitives Erfassen, so daß er als ganzheitlicher Geist arbeiten kann, ohne das Konzeptualisieren des trennenden Verstands auf dualistischer Ebene.

Dieses intuitive, nicht-willentliche »Gelebtwerden« ist noumenales Leben, dem jenes Leiden fremd ist, das das fragwürdige Vorrecht der konzeptuellen Wesenheit ist.

Die Essenz der Lehre

Die Essenz der Lehre der Nicht-Dualität liegt in der Aussage, daß es eine einzige immanente Wirklichkeit gibt, die gleichzeitig die

Viertes Buch

Quelle, die Substanz und die wahre Natur all dessen ist, was sich als Universum manifestiert hat. Diese Wirklichkeit wird von jedem menschlichen Wesen unmittelbar erfahren, ja, von jedem empfindungsfähigen Wesen. Dieser einen Wirklichkeit werden verschiedene Namen gegeben, entsprechend dem Aspekt, auf den man sich bezieht.

Wahrscheinlich ist die gebräuchlichste Bezeichnung für diese unteilbare Wirklichkeit: das Selbst, das reine Sein, ein subjektives Gewahrsein des Ich Bin, das Gefühl des Daseins als solchem (nicht das Gefühl eines individuellen Daseins), ohne eine Subjekt-Objekt-Beziehung. Da ist nur ein Gewahrsein des *Seins*, ein Bewußtsein der Existenz und der Anwesenheit – und das ist allen empfindungsfähigen Wesen eigen. Die direkte Erfahrung dieses Bewußtseins geschieht, *wenn die Grenzen der Körper-Verstand-Abtrennung wegfallen*. Diese direkte Erfahrung ist das, was traditionell als *sat-chid-ananda* (Sein-Bewußtsein-Glückseligkeit) bezeichnet wird. Der Tiefschlaf, nach dem jeder Mensch nach einer bestimmten Zeit des Wachseins verlangt, ist nur eine schwache Widerspiegelung dieser ununterbrochenen Glückseligkeit, da der Tiefschlaf vom Wachzustand abgelöst wird und daher nicht dauerhaft ist. Das Sein, das Bewußtsein, die ununterbrochene Glückseligkeit, sind eigentlich keine drei verschiedenen Merkmale des Selbst, sie bilden eine einheitliche Erfahrung. Sie bezeichnen lediglich drei begriffliche Aspekte, vergleichbar den drei untrennbaren Eigenschaften des Wassers: Nässe, Flüssigkeit und Transparenz.

Das Selbst ist ewig gegenwärtig und immer erfahrbar. Alles, was es gibt, ist in der Tat das Selbst. Aber seine Erfahrung ist nur möglich, wenn die Neigungen des Verstands zur Selbst-Eingrenzung, wenn Konzeptualisieren und Objektivieren ruhen. Wenn diese Neigungen vollkommen zum Stillstand gekommen sind, leuchtet das Licht des Selbst in seiner ganzen Herrlichkeit. Diesen Zustand nennt man Selbst-Verwirklichung

Der Aspekt des Selbst, die Kraft oder Energie, die das Universum aufrechterhält, ist das, was im allgemeinen unter den Begriffen »Gott« oder »Shiva« oder verschiedenen anderen Namen in verschiedenen Religionen, einschließlich dem Begriff »Brahman« im Vedanta, verstanden wird. In der Lehre der Nicht-Dualität ist

Gott kein persönliches Wesen oder Schöpfer des Universums. Das manifestierte Universum ist nur eine Ausstrahlung der unmanifestierten Quelle. Das Selbst oder Bewußtsein ist immanent in der Manifestation, weil das Universum keine von ihm unabhängige Existenz besitzt. Gleichzeitig wird Bewußtsein-in-Ruhe (oder das Selbst) weder vom Erscheinen, noch vom Verschwinden des Universums als Bewegung im Bewußtsein berührt und ist daher transzendent zu einer solchen Manifestation.

Die direkte Erfahrung des Selbst ist als *jnana* oder Selbsterkenntnis bekannt. Oft herrscht ein vermeidbares Mißverständnis, weil der Begriff *jnana* so verstanden wird, daß es ein *getrenntes* Individuum gibt, das Wissen um das Selbst besitzt. Es ist erstaunlich, wie hartnäckig dieses Mißverständnis weiterbesteht. Wenn man nicht darauf achtet, den Begriff *jnana* in seiner vollen Bedeutung zu erfassen, wird der spirituell Strebende seine Suche von einem völlig falschen Glauben ausgehend beginnen. Der Zustand des Selbst-Gewahrseins kann nicht eintreten, bevor nicht die Vorstellung einer getrennten Individualität vollständig erloschen ist. Im Zustand des Selbst-Gewahrseins kann es keinen bestimmten individuellen Kenner des Selbst geben. *Jnana* ist ein direktes, subjektives Gewahrsein der einen unteilbaren Realität, in der *jnana* kein Objekt des Verstehens oder der Erfahrung ist und in der jegliche Subjekt-Objekt-Beziehung aufgehört hat. Obwohl also der Ausdruck »jnani« der Kommunikation halber benutzt wird, um »jemanden« zu bezeichnen, der fest im Zustand des Selbst-Gewahrseins verankert ist, muß ganz klar verstanden werden, daß die Bezeichnung »jnani« insofern eine falsche Bezeichnung ist, als der *jnani* nicht als ein getrenntes Individuum verstanden werden darf.

Spirituelle Sucher können in drei Klassen eingeteilt werden, entsprechend ihrer Fähigkeit, die Lehre der Nicht-Dualität aufzunehmen und zu verstehen:

1) diejenigen, die spirituell so weit entwickelt sind (wobei sich die Evolution vielleicht über viele »Leben« erstreckt hat, obwohl es keine bestimmte Wesenheit gibt, die durch die Evolution ging, da die »Wesenheit« nur eine illusorische Vorstellung ist),

daß das intuitive Verstehen im selben Moment stattfindet, in dem der Guru die wahre Natur des vermeintlichen Individuums im vorgestellten Universums erklärt.

2) diejenigen in der zweiten Kategorie, die sich einiger Bemühungen unterziehen müssen, um die Lehre in ihrer vollen Bedeutung zu verstehen, bevor Selbsterkenntnis stattfinden kann.

3) die Sucher der dritten Kategorie benötigen viele Jahre der wie auch immer gearteten Unterweisung, bevor sie zum letzten Schritt bereit sind.
Ramana Maharshi verglich diese drei spirituellen Ebenen mit verschiedenen Stadien der Verbrennung: Ein einziger Funke reicht aus, um Schießpulver zu entzünden, während Holzkohle einer gewissen minimalen Glut bedarf, feuchte Kohle jedoch mit großem Aufwand getrocknet und angewärmt werden muß, bevor das Feuer entflammt.

Für jene Sucher auf der höheren spirituellen Ebene ist es ausreichend, wenn der Guru erklärt, daß einzig und allein das Selbst existiert, hier, jetzt und immer. Damit das Selbst erfahren werden kann, muß nur die Vorstellung des Nicht-Selbst, der illusorischen, individuellen Wesenheit, die gleichsam das Selbst überschattet, beseitigt werden. Sobald sich dieses grundlegende Mißverständnis einer Identität mit dem Körper aufgelöst hat, verschwinden sämtliche falschen Vorstellungen, die das Licht des Selbst verdunkelten, und dann kann nichts mehr das ständige, ununterbrochene Gewahrsein des Selbst beeinträchtigen. Auf dieser höheren Ebene kann die Frage bewußter Bemühung gar nicht aufkommen, da der Boden sozusagen schon vorbereitet ist. Wie Nisargadatta immer betonte, einzig notwendig ist das Verstehen, daß es wirklich keinen »Jemand« gibt, der so etwas wie Erleuchtung erlangen kann. Es gibt nichts außer dem ewigen Selbst, und alles, was notwendig ist, ist das ununterbrochene Gewahrsein jenes Selbst. Und, äußerst wichtig dabei ist, dieses Gewahrsein, das hier und jetzt da ist, ist völlig natürlich und spontan. Die Frage irgendeiner Bemühung kommt einfach nicht auf, weil es nicht »jemanden« gibt, der sich bemühen könnte.

Die Eine Wahrheit

Während es zu jeder Zeit nur wenige spirituelle Sucher gibt, die so weit sind, die Anweisungen des Gurus aufzunehmen wie einen Funken, der das Schießpulver zündet, gibt es eine sehr große Anzahl von Suchern, die wie feuchte Kohle sind, und die daher ziemlich vieler vorbereitender Maßnahmen bedürfen, um den Geist zu reinigen und dadurch fähig zu werden, überhaupt *irgendeine* spirituelle Anweisung aufnehmen zu können. Den letzteren auf der niedrigsten Stufe empfahl Nisargadatta Maharaj, spirituellen Gesängen (*bhajan*) zuzuhören, Gebetsperlen zu zählen und den Namen Gottes zu wiederholen usw. Zwischen diesen beiden extremen Ebenen befindet sich die Gruppe der Sucher, die weder das spirituelle Schießpulver, noch die feuchte Kohle sind. Sie gehören zur Kategorie der trockenen Holzkohle und benötigen nur ein gewisses Maß an Disziplin, einen gewissen spirituellen Wärmegrad, damit das Feuer aufflackert. Dieser mittleren Klasse wird die Übung der Selbsterforschung nahegelegt. Das Ziel der Selbsterforschung besteht in der Entdeckung durch direkte Erfahrung – nicht nur auf der intellektuellen Ebene – daß es so etwas wie den Verstand nicht gibt. Diese Entdeckung bezieht sich auf die Tatsache, daß jede bewußte Aktivität – sei es die des Körpers oder des Verstands – unvermeidlich auf der Auffassung des »Ichs« beruht. Weiterhin wird wiederum durch direkte Erfahrung festgestellt, daß das Ich keine unabhängige oder autonome Wesenheit, sondern lediglich eine mentale Modifikation ist, eine illusorische Reflektion des Selbst. Durch ständige und unaufhörliche Praxis der Selbsterforschung (die nicht die Arbeit des täglichen Lebens beeinträchtigen muß) löst sich das »Ich«-Konzept zusammen mit allen darauf beruhenden Konzeptualisierungen auf. Und wenn dieses unnötige Hindernis beseitigt ist, *geschieht* Selbsterkenntnis. In diesem Zustand der Erleuchtung gibt es keinen individuellen Denkenden, keinen individuellen Beobachter, keinen individuellen Handeln-den – in der Tat überhaupt kein »Individuum«. Vorhanden ist nur das Gefühl des Daseins *als solchem* – Ich Bin. Die Abwesenheit des (phänomenalen) »Ichs« ist die Gegenwart des (noumenalen) ICH.

Es ist von äußerster Wichtigkeit, die Bedeutung dieser Darlegung zu verstehen. Der Kern der Lehre ist, daß es so etwas wie

VIERTES BUCH

eine unabhängige, individuelle Wesenheit nicht gibt, und daß das vermeintliche Individuum nur ein Konzept ist, eine mentale Modifikation, eine Illusion. Wenn dies klar verstanden und mit tiefer Überzeugung akzeptiert wurde, ergibt sich ganz natürlich daraus, daß Erleuchtung nur ein Phänomen, ein Geschehen ist, das als Teil des Ablaufs der Totalität im universalen Spiel stattfindet. Sie geschieht, indem ein bestimmter Körper-Verstand-Mechanismus als Instrument benutzt wird. Das geeignete Körper-Verstand-Gebilde, das zur rechten Zeit, am rechten Ort zur Verfügung steht, ist ebenso ein Teil jenes Geschehens, das Erleuchtung genannt wird. Dies kann nur dann klar verstanden werden, wenn der gesamte Prozeß der Evolution, der in *Erleuchtung* gipfelt, *wenn die Situation geeignet ist*, auf unpersönliche Art und Weise gesehen wird. Es kann keine Identifikation mit irgendeinem besonderen Sucher auf irgendeiner Ebene geben, sei es mit der Genugtuung, daß man sich auf einer höheren Stufe befindet oder mit der Enttäuschung, daß man zu einer niedrigeren Ebene gehört. Und der wirkliche Witz ist, daß eine solche unpersönliche Betrachtungsweise (Perspektive) selbst Teil des Ablaufs der Totalität ist: Sie geschieht nicht vor der »rechten« Zeit! So ein unpersönliches Verstehen kann nur auf einer bestimmten höheren Ebene stattfinden, und diese höhere Ebene kann ohne ein solches Verstehen nicht erreicht werden! Dieses *scheinbare* Rätsel löst sich auf, wenn man sich vergegenwärtigt, daß alle Rätsel, alle sogenannten Widersprüche, nur im trennenden Verstand erscheinen, der von Subjekt-Objekt-Beziehungen ausgeht. Sobald sie aus der Sicht der Totalität betrachtet werden, lösen sie sich von selbst auf. Totalität *ist* da, wo die illusorische, getrennte, individuelle Wesenheit *nicht ist*. Wenn das individuelle Ich abwesend ist, kann es keinen Wunsch nach einer Veränderung dessen »Was-Ist« in etwas »was-sein-sollte« (aus der Sicht eines Individuums) geben. Auf welcher Ebene der Stufenleiter der Evolution ein Körper-Verstand-Mechanismus auch sein mag, es gibt keine Frage der Zufriedenheit oder Unzufriedenheit bei der Bezeugung durch das subjektive ICH.

Dieser äußerst wichtige Aspekt wird oft von dem spirituellen Lehrer übersehen, der durch seine Auslegung selbst unglücklicherweise »denjenigen« lobt, der sich auf einer höheren Ebene befindet und direkt oder indirekt »denjenigen« auf einer niedrigeren Ebene belächelt. Er vergleicht den Sucher an der Spitze mit einem Rennpferd, das sein Bestes gibt, sobald es die Peitsche spürt, während der Sucher auf der niedrigsten Ebene nicht in der Lage sein wird, die Lehre zu begreifen, »selbst wenn Shiva sein Guru würde«, weil er wie ein Pferd ist, das nicht einmal durch Peitschenhiebe angetrieben werden kann. So ein Vergleich kann nur das Ego, das »Ich«-Konzept stärken. Es hat sich so ergeben, als ein Teil der Totalität, daß es *in Übereinstimmung mit dem Großen Plan* verschiedene Sucher auf verschiedenen Ebenen gibt. Es ist keine Frage von Verdienst oder Schuld, Erfolg oder Versagen, als einem Individuum. Die individuelle Wesenheit ist eine Illusion. Selbstverständlich ist alles Teil der Totalität des Wirkens innerhalb des Selbst. Beide, der Guru und der Schüler, sind Teil der Totalität. Und die Totalität des Geschehens ist selbst ein Traum innerhalb des Bewußtseins. Die fundamentale Wahrheit ist, daß nichts jemals wirklich geschah. Es gibt keine Schöpfung, keine Vernichtung, keinen freien Willen, keine Vorherbestimmung, keinen Weg, kein Ziel.

Die eigentliche und grundlegende Ursache des »Ich«-Konzepts ist die Identifikation mit einem Objekt. Das »Ich« existiert nicht unabhängig von dem Objekt, mit dem es identifiziert ist. Es ist das »Ich«, das die Verbindung mit allen Gedanken für sich beansprucht. Wenn kein Denken stattfindet, existiert kein »Ich«, und wenn kein »Ich« anwesend ist, gibt es keinen Gedanken, keinen Wunsch. Die scheinbare Kontinuität des »Ich« ergibt sich nur durch das unaufhörliche Konzeptualisieren, das ständige Objektivieren – das insgesamt auf die eine oder andere Weise immer auf Verlangen beruht. Es gibt nichts außer dem Selbst. Das dazwischen gekommene »Ich« mit seinen Wünschen und Gedanken verhindert das Einssein mit dem Selbst, weil dieses illusorische »Ich« sich die Subjektivität des (noumenalen) ICH angemaßt hat. Der gesamte Sinn und Zweck der Selbsterforschung besteht darin, *seine Aufmerksamkeit intensiv und ununterbrochen auf das (noumenale) ICH zu richten, sodaß das betrügerische (phänomenale) Ich und seine Identifikationen aufgedeckt werden.* »Wem kommt dieser Wunsch oder Gedanke?« ist der ständige Suchscheinwerfer, der schonungslos das Ich bloßstellt. Der entscheidende Punkt ist der, daß das »Ich«-Konzept selbst – wie alle Konzepte – nur dem Selbst entspringen kann, und wenn man es nicht weiter verfolgt, wieder in das Selbst zurückfällt. Das ständige Bewußtsein der Unwirklichkeit des »Ich« mit seinen Wünschen und Gedanken konzentriert die Aufmerksamkeit auf die Quelle aller Gedanken, Wünsche und Konzepte – auf das Ich-Bin-Gewahrsein der Subjektivität oder Bewußtsein.

Es ist von höchster Wichtigkeit zu beachten, daß die endgültige Vernichtung des »Ich« nicht dadurch geschieht, indem man sich des subjektiven ICH bewußt oder gewahr ist, weil es nur das eingeschlichene Ich sein kann, das sich als Pseudo-Subjekt des Ich-Objekts bewußt ist. Das »Ich« kann niemals Subjekt, das ICH niemals Objekt sein. Nur durch das *Sein* des subjektiven ICH und durch das *Sein* des subjektiven Gewahrseins »Ich Bin« wird das »Ich« ausgelöscht. Jede Methode, die diese grundlegende Voraussetzung außer acht läßt, kann letztendlich nicht effektiv sein, weil jede Methode, die vom »Ich« erwartet, das entsprechende *sadhana* (spirituelle Übungen) zu machen, nur das »Ich«-Konzept stärken wird, anstatt es zu vernichten. Natürlich werden solche Methoden bestimmte Ergebnisse, wie z. B. eine Beruhigung des Geistes oder bestimmte Erfahrungen von Glückseligkeit bewirken, aber solche Erfahrungen bergen in sich die Gefahr, mit der endgültigen Verwirklichung verwechselt zu werden.

Sobald erkannt wird, daß jeder Mensch zu jeder Zeit ein Punkt auf der Linie des Evolutionsdiagramms ist, ist es einfach, nicht nur die Existenz verschiedener spiritueller Lehren zu verstehen, sondern ebenfalls ihre jeweilige Angemessenheit für einige Menschen, die sich an einem bestimmten Punkt befinden. Ein Heiliger sagt: »Kümmere dich um nichts anderes, wiederhole nur den Namen Gottes, wann immer du Zeit dazu findest.« Ein anderer sagt: »Geh einmal die Woche regelmäßig zur Kirche, zum Tempel oder wohin auch immer, das reicht.« Patanjali sagt: »Bemühe dich (*yama, niyama*) und erreiche *pranayama, pratyahara, asana* – es mag eine Zeit dauern, es mag Leben dauern, aber Hatha Yoga wird dich ans Ziel bringen.« Und so weiter. Alles hat seinen Platz auf der Stufenleiter der spirituellen Evolution.

DIE EINE WAHRHEIT

Man kann kaum eine direktere, überzeugendere spirituelle Unterweisung finden (natürlich nur für diejenigen, die jeweils die notwendige Fähigkeit des Verstehens besitzen) als die, welche der Weise Ashtavakra seinem königlichen Schüler, dem König Janaka, erteilte:

*»Du bist weder Erde, noch eines der anderen
Elemente. Du bist das Selbst, der Zeuge von
allem, das universale Bewußtsein.*

*Wenn du die Identifikation mit dem Körper aufgibst und
im Bewußtsein – Ich Bin – verbleibst, wirst du frei sein
von Verhaftung, hier und jetzt, in diesem Augenblick.*

*Du gehörst weder zur Brahmanen-, noch zu irgendeiner
anderen Kaste. Du bist nicht mit den Sinnen zu erfassen.
Sei glücklich in dem Wissen, daß du ungebunden und
formlos bist, du bist der Zeuge von allem.*

*Tugend und Laster, Freude und Leid (und alle
anderen miteinander verbundenen Gegensätze)
gehören dem Verstand an. Da du weder Täter
noch Betroffener bist, bist du für immer frei.*

*Nur das ist deine Bindung, daß du dich selbst
nicht als den Zeugen siehst, der du in Wahrheit bist,
sondern als etwas anderes.*

*Du bist die Glückseligkeit des Bewußtseins, in dem
dieses scheinbare Universum wie eine Überlagerung
erscheint.*

*Du bist immanent in diesem scheinbaren Universum
gegenwärtig, und dieses Universum hat keine andere
unabhängige Existenz. Deine wahre Natur ist reines
Bewußtsein. Erlaube deinem beschränkten Verstand nicht,
dich von etwas anderem zu überzeugen.*

Denjenigen, die diesen direktesten Zugang schwierig finden, wird für gewöhnlich die Methode der Selbsterforschung nahegelegt, die grundsätzlich darin besteht, die Aufmerksamkeit auf das innere Gefühl des (noumenalen) ICH (nicht des phänomenalen Ich) zu richten, auf das Gefühl der unpersönlichen Gegenwart. Zu Beginn ist das Praktizieren der Selbsterforschung notwendigerweise eine intellektuelle Aktivität, aber bald weicht die intellektuelle Erkenntnis des ICH einer subjektiven Erfahrung, die vollkommen frei von jeglicher Identifikation mit Objekten und relativen Gedanken ist. Die letzte Stufe der Selbsterforschung ist dann erreicht, wenn ein müheloses Gewahrsein des Ich Bin vorherrscht, wenn auch nicht ununterbrochen. Das Selbst ist dann verwirklicht, wenn dieses mühelose Gewahrsein ständig bleibt, doch der wichtige Punkt dabei ist, daß dieser Zustand nicht »erreicht« werden kann, aus dem einfachen Grund, weil sich das »Ich«, das sich bemühen soll, in Auflösung befindet. Und dieser Zustand der Verwirklichung des Selbst tritt immer plötzlich ein, obwohl es sich nicht unbedingt um ein heftiges Phänomen handeln muß. Wahrscheinlich ist sein klarstes Kennzeichen die *totale* Abwesenheit irgendeines Zweifels: Jeglicher Zweifel, jedes Problem, kann nur auf der persönlichen, individuellen Ebene bestehen, niemals auf der Ebene der Totalität. Wenn es keinen Zweifel mehr gibt, gibt es auch kein Schuldgefühl mehr – was immer geschieht, ist Teil des Ablaufs der Totalität.

Die wesentliche Bedeutung des ununterbrochenen Gewahrseins des Ich Bin liegt darin, daß es, entgegen der allgemeinen Annahme, aufrechterhalten bleibt, egal was man tut, und zwar, weil ein solches Gewahrsein ein bloßes Bezeugen (ohne jedes Verwikkeltsein) von allem Geschehen ist. Es ist überflüssig zu sagen, daß in so einem Zustand des Gewahrseins oder Bezeugens das Praktizieren regelmäßiger Meditation keine Bedeutung hat.

Die Übung der Selbsterforschung, des Gewahrseins oder Bezeugens ist eine sanfte, negative Technik – wenn sie überhaupt so genannt werden kann – um sich von den tatsächlichen Prägungen, die sich über lange Zeit angesammelt haben, zu befreien, und sie unterscheidet sich vollkommen von den üblichen harten und unterdrückenden Methoden der Geisteskontrolle. Erstaunlich ähnlich ist ihr die Methode der Hingabe an Gott als Mittel zur Selbsterkenntnis oder genauer zur Befreiung aus der Gebundenheit. Der Weg der Hingabe wird im allgemeinen mit *bhakti* (liebender Verehrung) in Verbindung gebracht und ist von Natur aus im wesentlichen dualistisch. Fast immer wird bei solchen hingebungsvollen Praktiken übersehen oder ignoriert, daß dabei das »Ich«-Konzept (die illusorische, individuelle Wesenheit) nur verstärkt wird. Die Trennung zwischen dem Individuum und seinem »Gott« wird immer größer, wenn hinter der Verehrung ein Motiv, eine Absicht oder ein Wunsch, der erfüllt werden soll, steht. *Sogar die Sehnsucht nach Befreiung oder Erleuchtung läßt die Hingabe unvollkommen oder bruchstückhaft werden*, weil das vermeintliche Individuum sich bemüht, um dafür eine Gegenleistung zu bekommen. Es handelt sich dann nur um eine Geschäftsabwicklung; hinter den Bemühungen verbirgt sich ein Wunsch.

Die einzig wahre Hingabe geschieht, wenn kein »Jemand« da ist, der Fragen stellt oder irgend etwas erwartet. Es ist die Übergabe *jeglicher* Verantwortung für das eigene Leben, für alle Gedanken und Handlungen an eine höhere Macht, Gott oder das Selbst. Offensichtlich setzt eine solche Selbstübergabe voraus, daß man keinen eigenen Willen oder eigene Wünsche haben kann – was tatsächlich ein Akzeptieren der Tatsache bedeutet, daß es keine individuelle Wesenheit mit einer Fähigkeit, unabhängig von Gott zu handeln, gibt. Daraus entwickelt sich ein ständiges Gewahrsein, daß nur das Selbst existiert, daß das vermeintliche Individuum im Geschehen der Totalität in Wahrheit unbedeutend ist. Mit anderen Worten besteht wirklich kein wesentlicher Unterschied zwischen Selbsterforschung und Hingabe, weil bei beiden Wegen letztlich das »Ich« ausgesondert und vernichtet werden muß.

VIERTES BUCH

Die Grundlage der Selbsterforschung

Selbsterforschung bedeutet Erforschung:

1) der Natur des Selbst
2) der Natur der Welt
3) der Natur der Wahrheit

Erforsche die Natur der Wahrheit so:

*Du bist immer frei, warum hältst du dich für gebunden
und suchst Befreiung? Als das absolute Noumenon bist
du unbegrenzt – wie und durch was kannst du gebunden sein?
Du bist nicht auf den Körper beschränkt. Ob der Körper tot
oder lebendig ist, es betrifft dich wirklich nicht. Die Beziehung
zwischen dem Körper und dir gleicht der Beziehung zwischen
der Wolke und dem Wind, dem Lotus und der Biene. Der Wind
wird eins mit dem Raum, wenn die Wolke sich auflöst;
die Biene fliegt in die Luft, wenn der Lotus verwelkt.
Der Tod berührt dich nicht, der du das Bewußtsein selbst bist.
Deine Identifikation mit dem Körper als ein getrenntes Wesen ist
die Ursache deiner Not.*

Die Erforschung der Natur des Selbst beseitigt diese falsch verstandene Identität, und die Gleichgültigkeit gegenüber dem Weltlichen selbst, die die Erforschung in Gang setzt, reicht aus, um jenes illusorische Wesen, das jeder unabhängigen Substanz entbehrt, aufzulösen. Über folgende Lehre des Gurus muß ernsthaft nachgedacht werden:

*Ich bin ganz sicher nicht diese äußere Welt,
die ich als träge Masse wahrnehmen kann.
Noch bin ich der Körper, geschaffen aus
einer einzigen Samenzelle, der scheinbar für
den Bruchteil eines Augenblicks im Fluß der
Zeit »lebt«. Somit bin ich nicht die Form, noch
der Name, der nur ein Klang ist, eine Bewegung*

*in der Luft, ohne irgendeine unabhängige
Existenz. Ebensowenig kann ich die Erfahrung
irgendeines anderen Sinnes sein, sei es der
Berührung, des Geschmacks, des Sehens oder
des Riechens. Was bleibt dann? – Friede jenseits
allen Denkens! Ich kann nur jener Friede Sein,
der jenseits aller Konzepte und aller
Konzeptualisierung ist.*

Es ist, als ob eine plötzliche Erinnerung auftaucht:

*Ich bin das Selbst, allgegenwärtig, die
eigentliche Quelle jeden Gedankens, jeder
Erfahrung, das innere Licht des
Bewußtseins, durch welches die gesamte
Manifestation entsteht und wahrnehmbar
und erkennbar wird.*

*Ich bin dieses Selbst, das Erfahren,
der Alleinige Erfahrende aller Dinge,
mit tausend Händen und tausend Augen.*

*Dieses Universum ist in mir, dem unendlichen
Bewußtsein, wie die Reflektion in einem Spiegel.
Als Grundenergie des Bewußtseins existiere
ich in allen vorhandenen Dingen als ihre
wahre Essenz. Ich bin der Duft in den Blumen,
das Empfindungsvermögen in allen empfindenden Wesen.
Ich bin noumenale Transzendenz und phänomenale
Immanenz in der ganzen Manifestation.*

*Ich bin Bewußtsein ohne den leisesten Hauch
von Objektbezogenheit oder die geringste Spur einer
Modifikation. Welch ein Witz! Ich, der ich
niemals gebunden war, suche nach Befreiung!
Es gibt weder Gebundenheit noch Befreiung.
Es gibt für mich nichts, das zu erreichen oder*

dem zu entsagen wäre. Für mich, der weder
Glück noch Leid hat, wie kann sich die Frage
nach Meditation oder Nicht-Meditation stellen?
Es gibt für mich nichts zu tun oder zu lassen.
Mag spontane Handlung stattfinden, welche auch
immer. Ich bin ihr ZEUGE.

Der Gedanke an eine Existenz des Universums kann nur dann auftauchen, wenn die Haltung der Selbsterforschung abwesend ist. ICH bin gegenwärtig, bevor jemals ein Universum erschien, daher kann kein Gedanke über das Universum, über irgend etwas oder irgend jemanden in ihm jemals dieses ICH, das Ich Bin (und jeder von uns in Wahrheit ist) berühren. Was auch immer ich in diesem Leben gerade tun mag, kein Geschehen kann mich beunruhigen, da ich jenseits aller Dualität und Nicht-Dualität bin, wie im Tiefschlaf. Ich bin wie im Tiefschlaf, obwohl ich aktiv im Leben tätig bin.

Im Frieden und in der Stille des eigenen inneren Seins erscheint durch Vibration des Bewußtseins die mystische Vision des Universums. In der Abwesenheit von Bewegung oder Vibration des Bewußtseins – wenn sich das Bewußtsein im Zustand der Ruhe oder außer Funktion wie im Tiefschlaf oder unter Narkose befindet – kann es kein Universum geben. In diesem Erscheinen des Universums im Bewußtsein ist nichts anderes als Bewußtsein. Nichts besitzt irgendeine eigene Substanz – weder die Welt, noch die belebten Wesen oder die unbelebten Dinge, weder der Guru, noch der Schüler oder die Unterweisung.

Bewegungen im Bewußtsein bilden den Verstand. Die Erkenntnis dieser grundlegenden Tatsache bedeutet das Ende des Denkens und Konzeptualisierens, d.h. Befreiung von der Bindung durch Verstand und Ego. Das Nichtwissen um diese Wirklichkeit ist der Teufelskreis der Unwissenheit und mentaler Geschäftigkeit, in dem eins das andere mit ständig wachsender Intensität verstärkt. Es ist wichtig zu verstehen, daß jede Bewegung im Bewußtsein Gedanken und Wünsche hervorbringt, und diese Bewegung nicht zwischen den Wünschen unterscheidet. Ihre Art ist unwichtig und belanglos. Jeder Gedanke, der auf einem Ego beruht, bedeutet

Verlangen, und Verlangen verstärkt weiteres Denken. Diese Tatsache hat eine tiefe zweifache Bedeutung:

1) intuitives Erfassen führt zum Stillstand jedes Verlangens positiver oder negativer Art, d. h. das Bedürfnis anzunehmen endet ebenso wie das Bedürfnis, abzulehnen – es endet der Wunsch, Akzeptierbares zu bejahen und Unangenehmes abzuweisen ebenso wie die Tendenz, das anzunehmen, was die Menschen billigen werden und das abzulehnen, was Menschen möglicherweise verdammen. Im intuitiven Erfassen wird klar verstanden, *daß es die Energie des Bewußtseins ist, die alle Erfahrungen erfährt.*

2) jeder Wunsch bedeutet Bewegung im Bewußtsein, d. h. Konzeptualisierung und folglich Gebundenheit. Zum Verlangen zählt sogar der Wunsch nach Befreiung! Denn es kann nur das Ego sein, das nach irgend etwas verlangt, und sei es nach Befreiung. Gewahrsein und ein bewußtes Erkennen dieser Tatsache zerstört das Ego; dann wird Erleuchtung nicht länger als ein persönliches Geschehen, sondern als ein Ereignis in der Totalität erkannt. Wer ist durch wen gebunden – wer wird von wem befreit?

Es kann kein wirkliches Glück geben, solange die Identifikation mit dem Körper-Verstand-Mechanismus nicht aufgehoben ist. Der Verstand erkennt seinen eigenen illusorischen Charakter, indem er den Körper als von sich selbst getrennt wahrnimmt und seine eigene Konditionierung in Form verschiedener Konzepte aufgibt. Körper und Verstand sind gegenseitige Feinde, und Leiden entsteht, wenn sie in wechselseitigem Konflikt aufeinanderstoßen.

Bewußtsein läßt durch seine eigene kosmische Energie den Körper entstehen, und der Verstand belastet den Körper ständig mit seinen eigenen Sorgen, die durch die verschiedensten Konzepte erzeugt werden. Auf dieser Basis entsteht der Dualismus von Freund und Feind. Alles, was Freude bereitet, ist Freund, und was Leid bereitet, ist Feind.

Viertes Buch

Der Körper erkennt durch seine eigene Intelligenz, daß es der Verstand ist, der Leid und Unzufriedenheit für ihn schafft, und er bemüht sich ständig, dem Verstand zu entkommen. Beide werden dieses fortwährenden Konflikts müde, und während des Tiefschlafs, wenn das Bewußtsein abwesend ist, schaffen sie es, einander zu entkommen. Aber eine solche Abwesenheit des Bewußtseins wie im Tiefschlaf oder unter Narkose ist zeitlich begrenzt. Beide, Körper und Verstand, fahren fort, in der Rolle des illusorischen, individuellen Wesens miteinander zu leben und zu funktionieren.

Wenn es zum Tod kommt, stirbt der Körper, aber die mentale Konditionierung in Form von Gedanken, Wünschen, Ambitionen usw. verbleibt in der Gesamtheit des Geistes, im Bewußtsein. An einem bestimmten Punkt der Evolution des Ablaufs der Totalität werden sie zur Ursache eines anderen psychosomatischen Systems, das zu gegebener Zeit erschaffen wird. Wenn jedoch das Konzeptualisieren aufgehört hat und das »Was-Ist« intuitiv erfaßt wird, dann hat die Existenz des physischen Körpers keine Bedeutung mehr. Dann besteht kein bindender Zusammenhang mehr zwischen Verstand, Körper und den Sinnen. Der psychosomatische Mechanismus existiert dann, um sein restliches Leben als Teil des Ablaufs der Totalität auswirken zu lassen, frei von jeder Illusion eines Willens.

Wenn der Verstand aufgrund völliger Abwesenheit aller Konzepte, die die phänomenale Existenz betreffen, leer geworden ist, bleibt nur reines Bewußtsein, ohne irgendeine persönliche Identifikation oder Objektbezogenheit. Dies geschieht durch das intuitive Erfassen dessen, »Was-Ist«.

Es ist das Ergebnis der Selbsterforschung. Es handelt sich nicht einfach darum, die Frage »Wer bin ich?« wie ein Mantra zu wiederholen, was nicht viel Wert hätte. Das Ziel der Selbsterforschung ist es, den Verstand unter Ausschluß aller Gedanken und Konzepte auf seine Quelle zu konzentrieren. Es dreht sich keinesfalls darum, daß das (phänomenale) Ich nach dem (noumenalen) ICH sucht oder daß sich das (noumenale) ICH auf die Suche nach dem (phänomenalen) Ich begibt. Im einen Fall wird der Dieb selbst zum Polizisten ernannt, der den Dieb suchen soll, im anderen ist das ICH einfach gar nicht am »Ich« interessiert. Es handelt sich nicht um die Suche nach jener Quelle der Gedanken, die sich auf einem »Ich« aufbaut, um sich dann dem Ausgangspunkt bestimmter Gedanken und den Bereichen der Erinnerung und der Vorstellung zuzuwenden. All diese mentalen Aktivitäten gehören dem »Ich«-Konzept an, dem Verstand, der selbst der Dieb ist, der den Dieb zu fassen versucht. Wonach geforscht werden sollte, ist die Quelle des »Ich« (des Verstands) und nicht nach Erinnerungen oder Vorstellungen, die Attribute des Verstands selbst sind. Vorstellungen, Erinnerungen oder irgendwelche anderen Erfahrungen sind nur Modifikationen des Verstands und beziehen sich auf eben jenes »Ich«, dessen Ursprung durch Selbsterforschung gefunden werden soll.

Alle Erinnerungen und alle Erfahrungen verschwinden während des Tiefschlafs. Du stammst aus derselben Quelle, in der du während des Tiefschlafs warst, nur mit dem Unterschied, daß du im Schlaf nicht wußtest, wo du warst. Aus diesem Grund muß die Selbsterforschung während des Wachzustands stattfinden. *Das, was in deinem Tiefschlaf anwesend war und dir ermöglichte zu sagen, daß du gut oder schlecht geschlafen hast, ist dein wahres Selbst, das sich des illusorischen »Ich« im Schlaf nicht bewußt war.*

Wie sich die sich kräuselnden Wellen auf der Oberfläche des Ozeans erheben, so lagert sich *avidya* (Unwissenheit) über *vidya* (Wissen), und *avidya* löst sich wieder in *vidya* auf, so wie sich die Wellen und Kräuselungen im Ozean glätten. Es gibt in Wirklichkeit keinen Unterschied zwischen Wellen und Wasser; ebenso ist die Trennung zwischen Nichtwissen und Wissen rein begrifflich und unwirklich. Wenn Unwissen und Wissen nicht mehr als verschieden voneinander gesehen werden, bleibt allein Wahrheit. Die Reflektion von *vidya* innerhalb seiner selbst wird als *avidya* (Unwissenheit) angesehen, und wenn beide Begriffe aufgegeben werden, bleibt einfach die Wahrheit, die phänomenal gesehen Leere ist, aber noumenal die alle Möglichkeiten enthaltende Gesamtheit oder Fülle darstellt. Sie ist die in allen Dingen enthaltene Wirklichkeit, so wie der Raum in verschiedenen Gefäßen. Sie erzeugt in völliger Absichtslosigkeit kosmische Bewegung und phänomenale Manifestation, einfach weil es ihre Natur ist, ebenso wie ein Magnet Eisenspäne allein durch sein Dasein in Bewegung versetzt.

So ist die gesamte phänomenale Manifestation (einschließlich aller empfindungsfähiger Wesen und lebloser Dinge) nichts als Erscheinung oder Illusion. *Nichts wurde in Wirklichkeit als etwas Physisches oder Materielles geschaffen.* Wenn das Konzeptualisieren aufhört, lösen sich alle Vorstellungen von Sein und Nicht-Sein auf. Dann wird erkannt, daß alle vermeintlichen Individuen in ihrer scheinbaren Unabhängigkeit und Autonomie nur leere Ausdrucksformen sind. Alle Beziehungen, die so wichtig erschienen, existieren in Wirklichkeit nicht, außer in der Vorstellung. Wenn das Seil irrtümlicherweise für eine Schlange gehalten wird, kann man dann von so einer vorgestellten Schlange gebissen werden, selbst wenn sie noch so real erscheinen mag?

Avidya ist Abwesenheit von Selbsterkenntnis. Wenn das Bewußtsein sich selbst objektiviert und sich für ein Objekt der Beobachtung hält, ist das *avidya*. Wenn diese Vorstellung einer Subjekt/Objekt-Beziehung aufgehoben wird, bleibt nur die Realität, die Wahrheit. Individualität ist nichts anderes als die Personalisierung des Bewußtseins, deren Folge der Verstand ist. Solange diese Personalisierung des Bewußtseins bleibt, solange besteht zwangsläufig die *Vorstellung* eines Individuums und seiner Bindung. Solange es ein Gefäß gibt, nimmt man zwangsläufig den Raum innerhalb jenes bestimmten Gefäßes wahr. Wenn es zerbrochen ist, gibt es keinen eingeschlossenen Raum mehr.

Tatsächlich gibt es nichts außer Bewußtsein, das unsere wahre Natur ist. Als Teil der Totalität der Manifestation sind wir nichts als Bewußtsein, das der gesamten Manifestation innewohnt. Was passiert ist, ist,daß zwischen dem universalen Bewußtsein (das allem Manifestierten innewohnt) und dem gefühllosen Körper ein falsches oder Pseudo-»Ich« entstanden ist. Das ICH glaubt, es sei auf einen bestimmten Körper begrenzt und an ihn gebunden. Selbsterforschung konzentriert das Licht der Aufmerksamkeit oder des Gewahrseins auf die Ursache dieses falschen »Ich«, worauf das »Ich« sich augenblicklich auflöst, da es keinerlei unabhängige Existenz besitzt und nur eine Illusion ist. Das eigentliche Streben jeder Religion oder jedes *sadhanas* war immer die Aufhebung dieses Egos.

Die Eine Wahrheit

Es sollte hieraus klarwerden, daß es zwei Formen des Selbst im Menschen gibt, ein wahres Selbst und ein falsches oder illusorisches. Alles, was das besagt, welche Worte man auch immer benutzt, ist im Grunde, daß durch ein Erkennen eben jener Illusion des Egos (dem »Ich«) unsere wahre Identität als das universale Selbst oder Bewußtsein dauerhaft verwirklicht wird. Das Selbst zu sehen – das universelle oder unpersönliche Bewußtsein – heißt, das Selbst zu *sein*. Anderenfalls ist das »Ich« nicht zerstört, und Dualität besteht weiter.

Selbsterkenntnis ist nicht für jene bestimmt, deren Intellekt durch den festen Glauben an die Realität einer illusorischen Wesenheit in der phänomenalen Welt betäubt wurde und die den illusorischen Vergnügungen der Sinne nachjagen. So ein Mensch, der die phänomenale Welt verstandesmäßig objektiviert hat, erkennt nicht, daß es derselbe illusorische Verstand ist, der die Welt auch zerstört. Für einen solchen Menschen existiert die Auffassung von Geburt, Tod und Wiedergeburt.

Der individuelle *jiva*, der glaubt, geboren zu sein und daher auch sterben zu müssen, ist nichts anderes als das universelle Bewußtsein, das sich selbst auf den individuellen Körper begrenzt hat. Er hält sich für eine getrennte Wesenheit und erleidet daher Schmerz und Not. Gelegentlich genießt er das Vergnügen, das *in sich selbst* die Ursache von Schmerz und Not beinhaltet. Jeden Augenblick werden zahllose Wesen geboren, und zahllose andere sterben. Dies stellt den spontanen Akt von Werden und Vergehen dar, von Integration und Disintegration. Der Ablauf selbst ist rein konzeptuell, die Folge des Gedankens Ich Bin innerhalb des Bewußtseins-in-Ruhe.

Folglich wird das Bewußtsein, sobald Objektbezogenheit in ihm entsteht, begrenzt und konditioniert – und das ist Verhaftung. Wenn sich aufgrund der klaren Wahrnehmung die Objektbezogenheit verliert, wird das Bewußtsein frei von Konzeptualisierung und Denken – das ist Befreiung von Verhaftung. Wenn ein intuitives Erfassen stattfindet, werden der Seh-ende und das Gesehene als zwei miteinander verbundene Enden des natürlichen Vorgangs des Seh-*ens* erkannt, und das ist Was-Wir-Sind. In diesem noumenalen oder subjektiven Sehen gibt es keine Wesenheit.

Ebenso gibt es keine Erfahrung und nichts Erfahrenes – wir sind der Ablauf, der Erfahr-*ung* genannt wird.

Es gibt keinen wirksameren Weg den Verstand ruhigzustellen, als den der Selbsterforschung. Der Verstand kann auch durch andere Mittel zurücktreten, aber er wird sich wieder melden. Selbsterforschung ist eine direkte Methode. Beim Üben anderer Methoden wird das Ego beibehalten, und daher tauchen viele Zweifel auf, und das letzte Hindernis muß immer noch überwunden werden. In der Selbsterforschung geht es nur um die letztliche Frage, die von Anfang an gestellt wird.

Selbsterforschung ist der direkte Weg zur Selbsterkenntnis. Sie beseitigt die Überschattung, die das nie-erkannte Selbst verdeckt. Diese Überschattung selbst ist eine Schöpfung des Verstands, und fast alle anderen Methoden behalten den Verstand als Ausgangspunkt der angewandten Methode bei. Den Verstand aufzufordern, den Verstand zu vernichten, heißt den Dieb zum Polizisten zu machen oder den Brandstifter mit der Löschung des Feuers zu beauftragen! Der einzige Weg, den Verstand von seinen nach außen strebenden Aktivitäten abzuhalten, besteht darin, ihn nach innen zu wenden.

Durch beharrliche und unaufhörliche Untersuchung der Natur des Verstands wird er in das verwandelt, dem das »Ich« seine Existenz verdankt. Der Verstand ist notwendigerweise auf etwas Grobstoffliches angewiesen, um zu existieren. Verstand (Ego), als »Ich«, ist gleichbedeutend mit der Identifikation mit dem Körper als einer getrennten Wesenheit. Erst wenn das »Ich« entstanden ist, entstehen auch »du«, »er« und die anderen Personalpronomen. Aus diesem Grund muß die Quelle des »Ich« durch Selbsterforschung gesucht werden.

Der nach außen gerichtete Verstand schafft Gedanken und Objektivierung. Nach innen gerichtet, werden alle anderen Gedanken beseitigt. Dann zerstört sich das »Ich«-Konzept schließlich selbst, wie »der Stock, der zum Schüren eines brennenden Scheiterhaufens benutzt wird, selbst in ihm verbrennt.«

Alle phänomenalen Objekte sind Bewußtsein, weil Bewußtsein allen phänomenalen Objekten innewohnt. Daher sind sowohl Leidenschaft als auch Gleichgültigkeit, Verlangen ebenso wie Abneigung, reine Vorstellungen. Dualität existiert nur in Unwissenheit. Der Verstand, der Intellekt, das Ego-Gefühl, die kosmischen Grundelemente, die Sinne und alle anderen Phänomene können nur Bewußtsein sein. Ein einziger Klang variiert sich selbst in Echos und antwortenden Echos innerhalb seiner selbst, genau wie ein Träumer von verschiedenen Charakteren verschiedenen Alters in verschiedenen Umständen träumt. Die Vielfalt manifestiert sich als die Auffassungen von »Ich« und »mein«, »nicht-ich« und »nicht-mein«.

Der Körper ist Bewußtsein, Leben ist Bewußtsein, und auch Tod ist Bewußtsein. Wenn Bewußtsein in Form des Todes dem Bewußtsein in Form des Körpers begegnet, wo ist da ein Grund sich zu grämen? So wie Wasser ruhig oder in Wellenbewegung sein kann, ebenso kann sich Bewußtsein im Zustand der Ruhe oder Bewegung befinden. Ein weiser Mensch macht keinen Unterschied zwischen empfindungsfähiger und lebloser Materie. Was als Körper wahrgenommen und als Vorstellung angesehen wird, das Vergängliche und das Unvergängliche, Gedanken und Gefühle – alle sind Manifestationen im unendlichen Bewußtsein.

Wenn Gold, weil es sehr von Erde bedeckt ist, nicht als Gold erkannt wird, so ist das Unwissenheit; ebenso ist es Unwissenheit, wenn Bewußtsein nicht innerhalb seiner Vielfalt als solches wahrgenommen wird. Sei es wie es sei, ob Bewußtsein als solches erkannt wird oder nicht, es bleibt Bewußtsein. Gold bleibt Gold, ob man es erkennt oder nicht. Der einzige scheinbare oder angenommene Unterschied besteht darin, daß nach der Beseitigung der Unwissenheit Gold wieder Gold »wird« und Bewußtsein wieder Bewußtsein »wird«!

Die Wahrheit ist einfach: Alle Dinge existieren im Bewußtsein, alle Dinge entströmen dem Bewußtsein, alle Dinge *sind* Bewußtsein, weil es nichts außer Bewußtsein gibt.

Es muß klar verstanden werden, daß, obwohl man sich intellektuell damit auseinandersetzt – was im Anfangsstadium der Selbsterforschung notwendig sein kann – *Schlußfolgerungen an sich keine Selbsterforschung darstellen.*

Eine Schlußfolgerung könnte folgendermaßen lauten: Der aus Nahrung gebildete Körper (*annamaya-kosha*) und seine Funktionen sind offensichtlich nicht ICH. Der Körper altert und stirbt, aber ICH kann mich selbst alterlos und unveränderlich fühlen. Des weiteren sind der Verstand (*manomayakosha*) und seine Funktionen ebenfalls nicht ICH, weil der Verstand lediglich eine Anhäufung von Gedanken ist, und alle Gedanken auf der Vorstellung eines »Ich« beruhen. Das, was sich der Gedanken bewußt ist, ist das Individuum, das »Ich«, das als der tätig Wahrnehmende der Gedanken und ihrer zergliedernden Abfolge fungiert. Wer oder was ist dieses »Ich«, und was ist seine Quelle? Der »Ich«-Wahrnehmende als der Intellekt (*vijnanamayakosha*) ist kein unabhängiges Wesen.

Das »Ich« war im Tiefschlaf nicht anwesend, und sobald es auftauchte, ging der Tiefschlaf entweder in einen Traum oder in den Wachzustand über. Wer ist dieses »Ich« im Wachzustand, das im Tiefschlaf nicht existierte und daher in Unwissenheit versunken war? So ein unwissendes »Ich« kann unmöglich das subjektive ICH sein, das hier und jetzt immer anwesend ist, das in allen drei Zuständen, dem Tiefschlaf, dem Träumen und dem Wachen existieren muß. Das subjektive ICH als ewige Substanz (der Zeuge) bleibt vollkommen unberührt von den Eigenschaften dieser drei Zustände.

Das »Ich«, das in Unwissenheit schläft, ist dasselbe »Ich«, das im Wachzustand denkt und handelt, als sei es eine getrennte Wesenheit. Was ist jene Substanz, die dem »Ich« das falsche Gefühl gibt, als (noumenales) ICH anwesend zu sein? Finde ihren Ursprung heraus und *verharre dort*. Beharrliches und unaufhörliches Fragen wird das »Ich« in jenes (noumenale) ICH auflösen.

ICH bin der Wahrnehmende dieser äußeren Welt, die träge Masse ist und Bäume, Berge und Flüsse einschließt. ICH bin nicht dieser Körper (den ICH auch wahrnehmen kann), der aus einem Tropfen Samenflüssigkeit entstand und nur einen ganz kurzen Augenblick lang in der Relativität existierte. ICH bin nicht Klang (Wort, Ausdruck oder Name), der von einer trägen Substanz wie dem Ohr erkannt wird. Klang hat weder Gestalt, noch Bestand, und ist nur eine kurze, flüchtige Bewegung (Welle) in der Atmosphäre. Ebenso kann ICH nicht einer der anderen Sinne sein – Sehen, Fühlen oder Schmecken – weil diese ebenfalls kein Eigensein besitzen und *nur dann tätig sind, wenn Bewußtsein vorhanden ist*. ICH kann daher nur das allgegenwärtige Selbst sein, in dem es kein Konzeptualisieren gibt. ICH bin das innere Licht. Durch Mich können alle Sinne in allen empfindenen Wesen ihre Objekte erfahren. Durch Mich erhalten die Objekte ihre scheinbare Wirklichkeit. Weil es Mich gibt, besitzt die Sonne ihre Wärme, der Mond sein kühles Licht, die Berge ihre Schwere und das Wasser seine Flüssigkeit. Weil es Mich gibt, erscheint die Manifestation, ist sie wahrnehmbar und erkennbar.

Dieses eine Selbst, das innere Licht des Bewußtseins, das selbst der Ablauf des Erfahrens ist, ist die einzige Erfahrung und wird daher das Selbst mit »tausenden von Händen und tausenden von Augen« genannt. Als dieses Selbst oder unendliches Bewußtsein bin ICH Mann, bin ICH Frau, bin ICH jung, bin ICH alt. ICH bin der Duft in den Blumen. ICH bin das Leuchten im Licht. ICH bin das Erfahren in allem Erfahrenen. ICH bin die wahre Essenz, das Sosein in allen Dingen des manifestierten Universums. ICH bin es, der in allem Vorhandenen existiert, wie die Süße im Zucker, wie die Butter in der Milch.

Ich bin unendlich. Ich bin Zeitlosigkeit.

Ramana Maharshi beschreibt die Selbsterforschung als direkte Methode zum »Eintauchen ins Herz«, indem die Quelle des »Ich« gesucht wird. Er machte klar, daß die Meditation »Ich bin nicht dies, ich bin Das«, obwohl sie nützlich ist, in sich nicht der Weg ist, um jene Quelle zu finden.

Wenn man einmal akzeptiert hat, daß das »Ich« eine bloße Vorstellung ist, braucht nur die Quelle, aus der das »Ich«-Konzept entsteht, ausfindig gemacht werden. Die Meditation »Ich bin DAS« ist nur ein Teil der Unterweisung darüber, daß das Selbst, das im egofreien Zustand erfahren wird, die höchste Wirklichkeit ist. Diese Realität muß durch die richtige Methode erfahren werden; sobald das »Ich« durch direkte Selbsterforschung aufgedeckt wurde, verschwindet es und wird eins mit seiner Quelle, dem Bewußtsein Ich-Bin.

Wenn einmal erkannt wurde, daß das Selbst, das Bewußtsein Ich-Bin (d.h. Was-Wir-Wirklich-Sind), nicht der Handelnde, sondern nur ein Zeuge ist, wird verstanden, daß es nicht nur unnötig ist, unseren alltäglichen Handlungen zu entsagen, sondern daß es sogar wünschenswert ist, unser normales Leben weiterzuführen. Wir führen es weiter in dem tiefen Verstehen, daß wir (als phänomenale Objekte) in der Totalität des Ablaufs der Manifestation »gelebt werden«. Die vermeintliche Täterschaft des »Ich« ist nur eine Illusion. *Normale tägliche Aktivitäten, ohne das Gefühl, der Handelnde zu sein, sind die bestmögliche Vorbereitung für plötzliche Erleuchtung.*

Die Grundlage der Suche nach dem Selbst ist die feste Überzeugung, daß es kein zweifaches Wesen in Form eines (noumenalen) ICH's und eines (phänomenalen) »Ich« gibt. Wann immer sich dann das »Ich« in irgendeine Aktivität einmischt, genügt das Wissen darum, daß dieses »Ich« ein Phantom ist (eine Illusion im Bewußtsein Ich-Bin ohne jede eigene Substanz), um es zu vertreiben. Keine ausdrückliche Handlung ist notwendig.

Der Hirsch wird durch den Klang von Musik und Glocken in die Falle gelockt und der Elefant durch die Nähe eines Weibchens. Der Fisch wird durch seinen Geschmackssinn gefangen. Die Motte verbrennt, weil sie vom Anblick der Flamme angezogen wird. Die Biene, die vom Duft der Blume gelockt wird, wird in ihr gefangen und stirbt. Sie alle kommen durch ein einziges Verlangen um, aber du hast dich allen fünf Versuchungen ausgesetzt. Wie kannst du so wahres Glück finden? Der Verstand webt ein Netz von Konzepten und Vorstellungen und verwickelt sich in ihnen wie die Seidenraupe in ihrem eigenen Kokon. O Verstand, wenn du dich weiterhin nach außen auf die Sinnesobjekte richtest, bleibt dir nur Leid. Wende dich nach innen, und du wirst in Ruhe und Frieden in deinem Sein ruhen.

Doch warum, o Verstand, unterweise ich dich auf diese Art und Weise? Habe ich nicht die Natur des Selbst erforscht und selbst herausgefunden, daß es so etwas wie den Verstand gar nicht gibt? Habe ich nicht erfahren, daß der Verstand nichts als eine Illusion ist, die durch falsche Identifikation des Bewußtseins mit dem individuellen Körper-Verstand-Mechanismus entstanden ist? O Verstand, es gibt keine Verbindung zwischen uns:

Die Eine Wahrheit

Wie kann es irgendeine Beziehung zwischen dem unendlichen Bewußtsein, das Ich Bin, und dir geben, der du nichts als das illusorische Ego bist?

Das unendliche Selbst kann nicht in den Verstand hineingezwängt werden, genauso wie ein Elefant unmöglich in einer kleinen Frucht Platz findet. Bewußtsein selbst verliert seine Universalität, indem es sich durch einen Körper-Verstand-Mechanismus begrenzt, dadurch der Konzeptualisierung anheimfällt und zu dem wird, was wir den Verstand nennen.

Die Natur der Selbsterforschung wird oft nicht klar genug verstanden. Die Frage »wer (oder was) bin ich?« bedeutet tatsächlich die Bemühung, die Quelle des Egos zu finden. Diese mühelose Bemühung führt zum intuitiven Erfassen der Wahrheit. Es geht nicht darum, den Verstand mit anderen Gedanken wie »ich bin nicht der Körper« zu beschäftigen. Tatsächlich beginnt die Praxis der Selbsterforschung, nachdem die theoretische, intellektuelle Analyse beendet ist. Die Suche nach der Quelle des »Ich« heißt nicht, einen Gedanken durch einen anderen zu ersetzen, sondern vielmehr frei von allen Gedanken zu werden. Die Aufmerksamkeit wird darauf gerichtet, durch Nachforschung die Quelle des »Ich«-Konzeptes zu entdecken. Wann immer ein Gedanke auftaucht – wem kommt dann dieser Gedanke? Die Antwort muß sein, »dem Ich«. Und dann geht man wieder zum Gewahrsein des Selbst über.

Selbsterforschung ist vollkommen verschieden von psychologischer Selbstbeobachtung, weil sie absolut kein mentaler Vorgang ist. Selbstbeobachtung ist die Untersuchung der Inhalte und der Zusammensetzung des Verstands, während der Zweck der Selbsterforschung darin liegt, hinter den Verstand zum Selbst vorzudringen. Das Selbst ist die Quelle, aus der der Verstand oder das Ego, bzw. das »Ich«-Konzept, aufsteigt. Indem Selbsterforschung die Quelle des »Ich« sucht, das sich für gebunden hält und Befreiung sucht, führt sie zur Entdeckung der eigenen, wahren Natur. Das ist die einzige Befreiung.

Ebenso unterscheidet sich Selbsterforschung grundsätzlich von jeder Art psychologischer Behandlung, weil letztere nur darauf aus ist, ein normal integriertes, individuelles Ego zu schaffen, während Selbsterforschung die Grenzen des menschlichen Individuums transzendieren will. Die Gemeinsamkeit liegt darin, daß beide versteckte Gedanken und Verunreinigungen ans Licht bringen, die in der Tiefe des Inneren verborgen waren. Der springende Punkt ist, daß diese *Gedanken spontan an die Oberfläche kommen und sich, sobald sie so durch Selbsterforschung aufgedeckt wurden, augenblicklich auflösen.*

Das Problem, das immer wieder entsteht und die meisten Suchenden beunruhigt, ist folgendes: Wenn ich wirklich das unendliche Bewußtsein bin, was ist dann diese endliche Begrenzung, diese illusorische Wesenheit, dieses Ego-Gefühl, das im unendlichen Bewußtsein aufgestiegen ist? Wie kam es zu dieser Trennung zwischen einem »Ich-und-den-Anderen«, der Ursache aller Verhaftung und Unzufriedenheit?

Das unendliche Bewußtsein ist die Quelle, die der Sonne und dem Mond ihr Licht verleiht, die Energie, die alles Empfindungsfähige im Universum belebt und die die unendliche Vielfalt innerhalb der Manifestation des Universums ermöglicht. Dieses unendliche Bewußtsein, das allen drei Aspekten der Zeit innewohnt und die Abläufe des gesamten Universums bezeugt, identifiziert sich selbst mit jedem psychosomatischen Mechanismus. Es tut dies, um das *lila* zu ermöglichen, den Traum des Lebens, so daß jedes menschliche Wesen für sich die Subjektivität des universellen Bewußtseins beansprucht. Daraufhin maßt sich das persönliche Bewußtsein in jedem menschlichen Wesen Autonomie, Unabhängigkeit und Handlungs- und Entscheidungsfreiheit an – und leidet dadurch unter den wechselnden Erfahrungen von Freude und Leid in der Dualität. Wenn das persönliche Bewußtsein seine Universalität erkennt, erkennt es das *lila*. Es sieht den ungeheuren Witz, der hinter diesem *lila* steckt und sieht (und akzeptiert) das Leben so wie es ist – als einen großen Traum. Dann verschwinden alle Erfahrungen der zeitlichen Dualität, alle Trennungen zwischen dem Pseudo-Subjekt und seinen Objekten (das Konzept »Ich-und-die-Anderen«) in der phänomenalen Leere.

Wenn Täuschung und Verwirrung verschwunden sind... wenn die Wahrheit durch Selbsterforschung verwirklicht wird... wenn

Die Eine Wahrheit

das Konzeptualisieren aufhört und der Geist zur Ruhe kommt... wenn sich das Herz plötzlich für die höchste Wahrheit öffnet und von der Wonne des Absoluten erfüllt ist... dann gibt es kein ruheloses Suchen nach der vermeintlichen Befreiung mehr, und diese Welt, hier und jetzt, wird als Ort der Seligkeit erkannt. Direkte Erfahrung allein ist der ausschlaggebende Beweis. Direkte Erfahrung dessen »Was-Ist« bedarf keiner Erklärungen mehr, wie sie von einem rein intellektuellen Verstehen benötigt werden. Erklärungen beinhalten die Gefahr der Fehlinterpretation, weil sie notwendigerweise auf zeitlicher Dualität basieren, während das »Was-Ist« Unendlichkeit und Zeitlosigkeit ist. In der direkten Erfahrung herrscht vollkommene Abwesenheit der Dreiheit eines Verstehenden, dem, was es zu verstehen gilt, und dem Vorgang des Verstehens.

Das Ego-Gefühl (mit all seinen Differenzierungen eines »Ich-und-die-Anderen« in Zeit und Raum) steigt auf, wenn sich Bewußtsein »der Würze im Salz, der Süße im Zucker und der Schärfe im Chili bewußt wird«. Es entsteht, wenn sich Bewußtsein der Natur eines Felsens, eines Berges, eines Baumes, eines Flusses gewahr wird. Es entsteht, wenn die vielfältigen Verbindungen der Partikel und Moleküle im Bewußtsein als Objekte des Pseudo-Subjekts gesehen werden, anstatt als reine Erscheinungen oder Widerspiegelungen innerhalb seiner selbst. Es gibt in Wirklichkeit keine Subjekt-Objekt-Verbindung, weil Bewußtsein allen derartigen Zusammensetzungen innewohnt.

Der Traum einer phänomenalen Manifestation steigt deshalb in der phänomenalen Leere auf, weil diese Leere kein totes Nichts ist, sondern vielmehr die Fülle der pulsierenden Potentialität. Aus dem Potential des Unbekannten (*Chid-akash*) entsteht die Aktualität des Bekannten (*Mahad-akash*). Wenn dies erkannt wurde, kann man sich an dem großen Witz im phänomenalen *lila* erfreuen – wenn nicht, wird das »Leben« zum Elend von *samsara*.

Grundsätzlich gibt es keinen Unterschied zwischen dem Wachzustand und dem Traum, außer, daß der eine *stabiler* als der andere zu sein scheint. Der Inhalt beider Zustände, sowie die Erfahrungen, die in beiden gemacht werden, sind gleichartiger Natur. Der wichtige und entscheidende Punkt ist der, daß der Traum während seines Ablaufs für den Wachzustand gehalten wird, und daher für ebenso real wie dieser. Erst nach dem Erwachen vom Traum wird klar, daß das, was wir für den Wachzustand hielten, nur ein Traum war. Ähnlich wird nur nach dem »Erwachen« in Form der Erleuchtung klar, daß diese wache Welt tatsächlich ein langer Traum ist. Die scheinbare Beständigkeit der wachen Welt ist tatsächlich genauso illusionär wie der Traum, weil das, was später (beim Aufwachen) nur als kurzer Augenblick erkannt wird, vom Träumenden während des Traums als eine ganze Lebensspanne oder als lange Episode empfunden wurde.

Der Körper scheint im Traum sehr real und seine Leiden und Schmerzen unerträglich zu sein. Ebenso ist der scheinbar feste Körper und seine Leiden in dem, was wir als Wachzustand betrachten, in Wirklichkeit eine Illusion. Beide sind das Ergebnis einer Tendenz im Mentalen, einer Bewegung im Bewußtsein.

Wenn erkannt wurde, daß die scheinbar so reale Welt nur eine Reflektion unserer eigenen wahren Natur ist, verschwinden alle Ängste und Täuschungen.

Auffassungen von Gebundenheit und Befreiung sind nur Modifikationen des Verstands. Da sie keinerlei unabhängige Existenz besitzen, kann auch keine Rede von ihrem eigenständigen Wirken sein. Wichtig aber ist, daß die Tatsache, daß sie eben Modifikationen sind, darauf schließen läßt, daß *hier und jetzt* etwas Autonomes und Unabhängiges vorhanden sein muß, eine Substanz, die ihre gemeinsame Grundlage und Quelle ist. Selbsterforschung führt zu dem Fazit, daß sich die Begriffe »Gebundenheit« und »Befreiung« nur auf ein »Ich«-Konzept beziehen, und daß das »Ich« nur als eine Vorstellung existieren kann. Was übrigbleibt, wenn sich das »Ich« auflöst, ist die Substanz alles Manifestierten, aller Gedanken und Handlungen. Wenn der Verstand ununterbrochen auf die Quelle des »Ich« gerichtet wird, ohne irgendeine Verlagerung nach außen, ohne Objektivierung, kommt es ganz natürlich und spontan zur lebendigen Erkenntnis dieser höchsten Wahrheit. Dann wundert man sich in gewisser Weise über *die Einfachheit und Selbstverständlichkeit des Geschehens, das Erleuchtung genannt wird.*

Das Selbst, das durch Selbsterforschung gesucht wird, ist bereits verwirklicht. Diese Tatsache muß man sich ganz klar vergegenwärtigen. Wenn Verwirklichung etwas ist, das durch Selbsterforschung »verursacht« wird, wäre sie notwendigerweise zeitgebunden wie alles innerhalb der Dauerhaftigkeit. Eine Verwirklichung jedoch, die nicht ewig ist, wäre es auch nicht wert, gesucht zu werden. Daher ist das Gesuchte nichts, was erst geschaffen werden müßte, sondern etwas, das bereits als Ewigkeit und Unendlichkeit besteht, aber durch eine Überlagerung verschleiert ist. Diese Überlagerung ist Unwissenheit. Wenn Unwissenheit (zusammen mit dem ihr verbundenen Gegenteil »Wissen«) durch Selbsterforschung beseitigt ist, leuchtet die Wahrheit von selbst auf. Das »Ich«-Konzept ist die Unwissenheit, und sobald seine Quelle ermittelt wurde, muß es sich auflösen, da es kein unabhängiges Sein besitzt.

Die Natur des Bewußtseins ist so beschaffen, daß es gleichzeitig Vergangenheit, Gegenwart und Zukunft durchdringen und unendliche Universen erfahren kann. Miteinander verbundene Gegensätze wie süß und bitter erlebt es zur gleichen Zeit, weil es das ist, was verbleibt, wenn alle miteinander verbundenen Gegensätze überlagert werden, sich gegenseitig aufheben oder negieren. Die Stille und der Friede in der Leere von Erscheinungen und Konzepten ist in Wirklichkeit die alle Möglichkeiten enthaltende Fülle. Bewußtsein ist seiner wahren Natur nach frei von allen Konzepten und Modifikationen. Es ist immer in Frieden und verliert niemals seine Einheit, selbst wenn es scheinbar die Vielfalt in phänomenalen Objekten erfährt.

Als sich das unendliche Bewußtsein durch Identifikation mit einem individuellen Körper-Verstand eingrenzte, begann gleichzeitig seine Wahrnehmung der drei Erscheinungsformen oder Zyklen der Zeit. So entstand die Auffassung von Gebundenheit. Wenn das persönliche Bewußtsein seine wahre Natur entdeckt (die offensichtlich durch Konzeptualisierung und Objektivierung verschleiert wurde), und die Auffassung von Zeit als etwas von ihm Getrennten aufgibt, ist es frei von der Bindung an den Dualismus von »Ich« und »Nicht-Ich«, dem eigentlichen Ausgangspunkt jeder Konzeptualisierung.

Manchmal wird gesagt, das Schwierige bei der Selbsterforschung sei, man solle sie unaufhörlich üben, aber wie könne jemand einen ganzen Tag lang in Meditation sitzen (selbst wenn man physisch dazu in der Lage wäre) und trotzdem seinem normalen Tagesablauf nachgehen? Diese Frage steht in wesentlichem Zusammenhang damit, daß Selbsterforschung fast immer mit dem Wort »Meditation« in Verbindung gebracht wird, und Meditation im allgemeinen als etwas verstanden wird, was man regelmäßig mit gekreuzten Beinen, aufgerichteter Wirbelsäule und geschlossenen Augen praktiziert, während die Aufmerksamkeit auf das »Ich Bin«, das Gefühl der Gegenwart und des Lebendigseins, konzentriert ist. Während dies zwar tatsächlich der üblichen Körperhaltung und dem Vorgang der Meditation als solchem entspricht, besteht ein wesentlicher Teil der Selbsterforschung jedoch gerade darin, daß sie nicht an irgendwelche festen Meditationszeiten gebunden ist (was ein Gefühl von spirituellem »Drill« erzeugen könnte), sondern daß sie sich nach und nach auf alle Stunden des Wachzustands ausweitet, bis sie »alle Gedanken und Handlungen unterströmt«.

Selbsterforschung ist weniger der ausgesprochene Vorgang, ein bestimmtes *sadhana* zu üben, sondern eher ein negativer Prozeß, der den Verstand auf der Suche nach seiner Quelle zurückweichen läßt. Sie kann mit einer tatsächlichen Meditation zu bestimmten Zeiten beginnen, wenn jedoch die Nachforschung fortgesetzt wird, beginnt die verborgene Dynamik der Nachforschung spontan aktiv zu werden und durchdringt nach und nach alle Tätigkeiten, *ohne sich in diese Tätigkeiten einzumischen oder sich ihnen aufzudrängen.*

Ein solch unaufhörliches Gewahrsein der geistigen Aktivität wird letztendlich zum Bezeugen all dessen, was geschieht, ohne etwas zu wählen oder zu beurteilen. Sobald sich einmischende Gedanken auftauchen, werden sie abgeschnitten. Wird das Konzeptualisieren so im Keim erstickt, richtet sich die volle Aufmerksamkeit auf die gerade anstehende Aktivität, was zu viel größerer Wirksamkeit und immer geringerer Einmischung eines »Ich« führt. So geschieht wahre Meditation selbst während der täglichen Aktivität.

Der Baum innerhalb eines Samens kann nicht aus ihm heraus wachsen, ohne den Samen zu zerstören. Aber während der Baum und der Same von materieller Substanz sind, ist das Bewußtsein form- und namenlos. Es gibt nichts außer Bewußtsein. Was immer in ihm erscheinen mag und von unterschiedlicher Natur zu sein *scheint*, ist Bewußtsein und nichts anderes.

Der Sehen-de wird nicht erkannt, solange das Selbst als Objekt gesehen wird. Man erkennt die Natur des Selbst nicht, solange das objektive Universum als solches wahrgenommen wird. Solange die Dualität nämlich nicht als das gesehen wird, was sie ist, ein bloßes Medium, in dem die phänomenale Manifestation wahrgenommen und erkannt werden kann (und keine Wirklichkeit), besteht die Subjekt/Objekt-Trennung weiterhin, und die Unicity des Bewußtseins wird nicht erkannt werden. Wenn man darauf beharrt, die Fata Morgana als Wasser anzusehen, wird man nie die Wahrheit erkennen, wodurch die Fata Morgana erzeugt wurde. Wenn man jedoch die Wahrheit versteht, daß es die heiße Luft ist, welche die Fata Morgana wie Wasser erscheinen läßt, so löst sich die trügerische Vorstellung des Wassers auf. Nur wenn die Trennung zwischen dem Sehen-den und dem Gesehenen aufgegeben wird, tritt die Erkenntnis ein, daß der Sehen-de und das Gesehene nur zwei notwendigerweise miteinander verbundene Elemente im Ablauf des Sehens sind. Und umgekehrt schwindet die Trennung zwischen Subjekt und Objekt, sobald die Verwirklichung eingetreten ist, und nur der Prozeß der Tätigkeit als solcher bleibt.

Im *Ramana Hridayam* sagt Ramana Maharshi:

Wer ist derjenige, dem Handlungen, Getrenntheit (von Gott), Unwissenheit oder Getrenntheit (von der Wirklichkeit) zu eigen sind? Das Forschen danach stellt selbst die Yogas der Handlung, der Hingabe, des rechten Wissens und der Geisteskontrolle dar. Das ist der wahre Zustand (des Selbst) – die makellose und glückselige Erfahrung des eigenen Selbst – in dem der Suchende, das »Ich«, zerstört wurde und diese acht (die vier Fehler und die vier Heilmittel des Ashtanga Yoga) keinen Platz mehr finden.

Die vier Yogas basieren auf der falschen Identifikation des Suchers mit dem Ego, die darauf hinausläuft, dem Selbst den einen oder anderen Defekt zuzuschreiben, der im Sucher selbst erscheint. Der Yogi des Handelns übt seinen Yoga in der Absicht, die Handlungen des Selbst als Ausführender der Handlungen zu neutralisieren. Der Yogi der Hingabe geht davon aus, daß er von Gott abgesondert ist und durch Hingabe wieder eins mit Ihm werden muß. Der Yogi des rechten Wissens möchte die Unwissenheit vom Selbst entfernen, von der er meint, daß sie das Selbst umhüllt hat. Der Yogi der Geisteskontrolle sieht das Selbst als getrennt von der Realität an und strebt durch Geisteskontrolle nach einer Wiedervereinigung.

All dies geht von falschen Voraussetzungen aus, weil die wirklich grundlegende Wahrheit darin besteht, daß die Manifestation des Universums an sich eine Illusion ist. Das individuelle »Selbst« ist nur ein Teil dieser illusorischen Welt. Mit anderen Worten, das Selbst war immer frei und vollkommen, ohne die geringste Spur von Gebundenheit. Der Suchende des Selbst beginnt in diesem Wissen und *erfährt* durch Nachforschung sein wahres Selbst. In der vollkommenen Abwesenheit eines »Ich« gibt es weder die vier Fehler, noch die vier Heilmittel, die von den vier Yogawegen angegeben werden

Wenn das Ende der Gebundenheit naht

Wenn akzeptiert wird, daß das Individuum nur eine Erscheinung im Bewußtsein ist... wenn man versteht, daß jeder Gedanke, jede Handlung, jedes Geschehen eine Bewegung im Bewußtsein ist... wenn anerkannt wird, daß daher ein vermeintliches Individuum, ein rein phänomenales Objekt, nicht als die Ursache irgendeines Geschehens angesehen werden kann, ob das Geschehen nun als »gut« oder »schlecht« bewertet wird... dann taucht die Frage auf: An wen richten sich die Meister und die verschiedenen Schriften jeder Religion? An wen wenden sich ihre Worte, ihre Hinweise, ihre Verbote? Wenn dies nur eine oberflächliche Frage auf intellektueller Ebene ist, könnte die Diskussion mit philosophischen Argumenten und Gegenargumenten endlos fortgesetzt werden. Doch wenn sich die Frage mit bohrender Intensität behauptet, die zu einem brennenden Problem wird, das sich nicht beiseite schieben läßt, dann bedeutet das wirklich, daß das Ende der vermeintlichen Gebundenheit naht. Es kann sich sogar um mehr als nur ein Herannahen handeln. Es kann das tatsächliche Ende der Gebundenheit sein, denn wenn die Antwort mit einer spontanen Überzeugung, die keiner Bestätigung durch eine äußere Quelle mehr bedarf, aufblitzt, löst sich das eigentliche Problem der Gebundenheit plötzlich und unmittelbar auf.

Tatsächlich ist das Problem einer Gebundenheit wie ein Trugbild aufgetaucht, weil die Voraussetzung, auf der es beruhte, nicht in ihrer wirklichen, tiefen Bedeutung verstanden wurde. Das Illusorische der phänomenalen Welt – und von jedem und allem darin Enthaltenen – wird auf intellektueller Ebene verstanden. Aber ein solches Akzeptieren des illusorischen Charakters der manifestierten Welt *schließt das »Ich« nicht ein, das die Frage stellt!* Und genau das wird getroffen, wenn die Antwort plötzlich und überraschend im Bewußtsein aufleuchtet.

Dieses Aufleuchten des Verstehens sprengt das »Ich«, das sich von der illusorischen restlichen Welt getrennt sah und sich die Frage stellte. Und zusammen mit dem »Ich« schwinden all seine Probleme. Dieses Aufblitzen des Verstehens läßt das gesamte Problem von Gebundenheit und Befreiung zu einem Witz werden. Ganz plötzlich wird klar, daß alle »Ich« (und »Andere«) nur der objektive Ausdruck des subjektiven ICH sind. Dieses plötzliche Erkennen explodiert dann häufig durch den menschlichen Organismus in Form eines unkontrollierbaren Lachens über den uralten Witz von *maya*. Es kann sich dann auch in ein solches Mitgefühl (Liebe) verwandeln, daß ein zutiefst schmerzhaftes Verlangen aufkommt, die ganze Welt zu umarmen.

Bis dieses intuitive Aufleuchten des Verstehens geschieht, gibt es die logische Frage: Was kann man tun, um zu diesem Aufblitzen des Verstehens zu »gelangen«? Und wieder ist die einzige Antwort die Gegenfrage: Wer möchte dies wissen? Als Nisargadatta Maharaj diese Frage einem Besucher stellte, hatten viele das Gefühl (auch die regelmäßig Kommenden), daß Maharaj der Frage auswich. Das tat er nicht. Die Gegenfrage war die einzige Antwort. Das, was diese Frage stellt, ist das illusorische, individuelle Ego.

Und das illusorische Ego, das keine wirkliche Existenz besitzt, kann nicht irgend etwas »tun«, um irgend etwas zu »erreichen«. Das plötzliche Aufleuchten des Verstehens kann nur spontan »von außen« geschehen. Es ist ein plötzlicher Sprung aus der Zeitlichkeit hinein in die Zeitlosigkeit, aus der Begrenztheit in die Unbegrenztheit. Es kann nur als eine plötzliche Bewegung im Bewußtsein *geschehen*, im Hinblick auf welche der betreffende Mensch nur ein Instrument ist, durch welches das Verstehen geschieht. Bedeutet dies dann, daß der Mensch als ein Individuum gar keinen aktiven Anteil an diesem Geschehen hat, es sei denn als ein Mechanismus? Genauso ist es. Dieses Ereignis, verschiedentlich bezeichnet mit Erleuchtung, Erwachen, Freiheit usw. kann nur dann stattfinden, wenn Zeit, Ort und der psychosomatische Mechanismus genau darauf abgestimmt sind, es zu empfangen. Und ebenso wird das Ereignis, das innerhalb der relativen Zeitlichkeit geschieht, vollkommen vom Ablauf der Totalität bestimmt. Und Bewußtsein, in dem alles geschieht, wird nicht von festgelegten Regeln beeinflußt. Das Ereignis ist Teil des großen göttlichen Plans, und der betreffende Organismus, die Zeit und der Ort machen alle einen Teil der komplexen Evolution aus, von der jeder Mensch ein Glied darstellt. Sei es in der Kunst, Wissenschaft, Politik, Wirtschaft oder Spiritualität, jedes Ereignis geschieht unerbittlich zum genau angemessenen Zeitpunkt. Und in jenem Augenblick, in jedem Augenblick, geschieht der Ablauf der Totalität in vollkommener Ausgewogenheit. Alles ist in jedem Augenblick vollkommen – *hier und jetzt*.

Wenn diese Erkenntnis jede Pore des menschlichen Organismus durchdringt, verschwindet das »Ich« (die persönliche Identifikation). Der Organismus wird ein Instrument des universalen Bewußtseins. Die unnötigerweise angenommene Bürde eines illusorischen, autonomen Individuums löst sich auf. Alles, was dann bleibt, ist ein Gefühl der Gegenwart, ohne eine Person, was sich im täglichen Leben als ein Gefühl totaler Freiheit ausdrückt.

Was den Ablauf der Totalität oder die Wege der Vorsehung betrifft, so kann man sie unmöglich rational oder logisch erklären. Der geteilte Geist, der in der Dualität des Lebens arbeitet, ist unfähig, den ganzheitlichen Geist (Bewußtsein) zu verstehen, der seine eigene Quelle ist. Der Schatten kann seine eigene Substanz nicht kennen. Ein Einstein erscheint nicht plötzlich. Das Gehirn, das fähig war, die Relativitätstheorie »von außen« zu empfangen (wie Einstein selbst sagte) konnte unmöglich in einer Lebensspanne entwickelt worden sein. Die notwendigen Voraussetzungen im menschlichen Organismus, um im Alter von 16 Jahren das *Jnaneshvari* und die *Amritanubhava* zu schaffen, können in einem *Jnaneshvar* nicht in einer Lebensspanne entstanden sein. Die notwendigen Bedingungen für eine plötzliche Erleuchtung entstehen durch mehrere Leben. Aber die Reihe der Lebensspannen, die für das letztendliche Ereignis der Selbst-Realisierung notwendig sind, geschehen keiner individuellen »Seele« oder »Wesenheit«, aus dem einfachen Grund, weil alles, zu jeder Zeit, nichts anderes als Bewußtsein ist. Kein empfindungsfähiges Wesen kann irgendeinen freien Willen oder Entscheidungs- und Handlungsfreiheit besitzen, weil es so etwas einfach nicht *gibt*.

Der Lauf der Evolution kann ständig im Leben beobachtet werden. Es gibt einige Menschen, die so damit beschäftigt sind, dem nachzujagen, was sie als »Glück« betrachten, daß sie weder die Zeit, noch die Neigung verspüren, anzuhalten und sich zu fragen, ob ihre Art von Glück wirklich erstrebenswert ist. Am anderen Ende der Skala finden wir Menschen, die klar erkannt haben, worum es im Leben geht. Zwischen diesen beiden Extremen befinden sich Menschen an verschiedenen Punkten im konzeptuellen Fluß der Evolution. Bevor sich nicht Unterscheidung und Loslösung entwickelt haben, ist es sinnlos, irgend jemanden für Spiritualität und Loslösung interessieren zu wollen – es ist einfach kein Interesse vorhanden. Sobald der Wendepunkt erreicht ist, sobald Loslösung eintritt, wendet sich das persönliche, identifizierte Bewußtsein – niemals das illusorische Individuum – nach innen, hin zu seiner wahren Natur. Dann beginnt die Selbsterforschung. Und irgendwann danach, wenn die Voraussetzungen in einem bestimmten menschlichen Organismus stimmig sind (was viele, viele Leben dauern kann – die aber nicht ein und derselben individuellen »Seele« oder wie immer man diese illusorische Wesenheit nennen mag, geschehen), findet das Ereignis, das Erleuchtung genannt wird, statt.

Viertes Buch

Der Wendepunkt, die Rückbewegung des Denkens hin zu seiner Quelle, ist selbst ein spontanes Geschehen, über das das vermeintliche Individuum keine Kontrolle in irgendeiner Form oder Art hat. Es ist ein Teil des Traumspiels, das Leben genannt wird – des Ablaufs der Totalität.

Loslösung entsteht, wenn das Herz beginnt, immer wieder den Wert eines »Glücks« in Frage zu stellen, das auf materiellen Objekten beruht, die keine Substanz oder Dauer besitzen. Die gleichen Objekte, die scheinbar zu einem Zeitpunkt glückbringend waren, bescheren im nächsten Augenblick Unglück. Dann sucht der Verstand nach anderen Objekten, die aber ebenfalls den gleichen Mangel aufweisen. Freude und Leid entstehen aus der Subjekt/Objekt-Beziehung, ausgehend davon, daß bestimmte empfindungsfähige Objekte rein zufällig aufeinandertreffen. Alles Glück und Leid, das auf dem Verlangen nach bestimmten Objekten und nach Beziehungen zu anderen empfindungsfähigen Objekten beruht, scheint seinen Ausgangspunkt im Verstand und der geistigen Einstellung zu haben, und der Verstand selbst ist illusorisch und unreal. Im Tiefschlaf und unter Narkose verschwindet er vollkommen.

Gibt es einen Zustand, in dem es möglich ist, keinen Kummer zu erfahren? Ist es möglich, in dieser Welt zu leben und dennoch in Frieden und Zufriedenheit zu ruhen? Ist es möglich zu leben und trotzdem Abstand vom Fluß der Emotionen, wie Liebe und Haß, zu halten? Was genau ist Befreiung, nach deren Erlangen man angeblich kein Leid mehr erfährt und frei von Geburt und Tod wird? Ist es dann noch möglich, in Beziehung mit anderen zu leben und dennoch frei von den Modifikationen und Verdrehungen des Verstands zu bleiben? Das sind wichtige Fragen.

Wirkliche Loslösung entsteht nicht durch Askese, Wallfahrten oder absichtlich gute Taten, sondern allein durch ein direktes, intuitives Erfassen der eigenen wahren Natur. Die ersten Regungen der Loslösung können sich nur durch das, was man göttliche Gnade nennen mag, ergeben. Das bedeutet in Wirklichkeit ein Zustand des psychosomatischen Organismus (d. h. des vermeintlichen Individuums), der sich allmählich durch viele »Leben« hindurch entwickelt hat. Diese frühen Regungen mögen plötzlich und spontan auftauchen, aber häufiger treten sie nach einer offensichtlichen Ursache auf, wie z. B. nach ernsthaften Schwierigkeiten im Leben oder plötzlichem Todesfall innerhalb der Familie.

Wenn die Loslösung anhält und reift, verwandelt sie sich allmählich in die Haltung der Selbsterforschung, die wiederum die Loslösung vertieft. Tatsächlich *bilden Loslösung, Selbsterforschung und Selbstverwirklichung zusammen eine untrennbare Einheit.*

Das Wesen des individuellen *jivas* besteht nur in der Begrenzung des universalen Bewußtseins durch Identifikation mit einer physischen Form. Es ist eine bloße Bewegung im Geist, die das Konzept von »Ich« und »Mein« entstehen läßt. Da dieses Gefühl des Dualismus oder Getrenntseins nicht sein natürlicher Zustand ist, fängt das Bewußtsein an, wieder nach Einheit zu suchen, was praktisch heißt, daß Bewußtsein als ein »Ich« nach sich selbst Ausschau hält (als Einheit), aber leider *als Objekt!* Wenn der Verstand die Dualität wahrnimmt, existiert Nicht-Dualität nur als ihr Gegenstück. Wenn jedoch die Wahrnehmung in der Dualität aufhört, gibt es weder Dualität, noch Nicht-Dualität. Wenn das Konzeptualisieren aufhört und »Eins-Sein« mit dem Bewußtsein da ist, herrscht noumenaler Friede, was auch immer der phänomenale psychosomatische Organismus tun mag, ganz gleich unter welchen Umständen.

Das Heilmittel zur Beseitigung von Konzepten wie »Ich-und-Mein« und Vorstellungen wie »ich wurde geboren« und »ich werde sterben« (die Grundlage der Gebundenheit sind) ist Selbsterforschung, welche zu jener Weisheit führt, die jegliche Identifikation aufhebt. Alle nachdrücklichen Bemühungen sind so sinnlos wie der Versuch, das eigene Gesicht in einem Spiegel zu sehen, der hinter unserem Rücken steht. Nur direkte Selbsterkenntnis, die sich aus der Untersuchung der im eigenen Bewußtsein aufkommenden Bewegungen ergibt, wirkt als *Sadguru*, als höchster Lehrer. Alle Bemühungen einer vermeintlichen Wesenheit können nur zu Frustrationen führen. Nur die mühelose Bemühung (passives Bezeugen) auf dem pfadlosen Pfad (dem reinen Verstehen ohne ein »Ich« als Verstehender) führt zum ziellosen Ziel (»Das«, was immer hier und jetzt vorhanden war).

Viertes Buch

Die Frage menschlicher Bemühung hinsichtlich der Loslösung, die zur göttlichen Gnade führt, hat immer Verwirrung gestiftet. Die Meister sagen, daß ohne menschliche Anstrengungen nichts erreicht werden kann. Zur gleichen Zeit sagen sie uns aber, daß geschehen wird, was geschehen soll. Hat es dann irgendeinen Sinn, zu beten oder sich zu bemühen? Sollen wir einfach untätig bleiben?

Diese scheinbar widersprüchlichen Aussagen der Meister drücken aus, daß das Gefühl »ich tue« das eigentliche Hindernis ist. Wenn es jemandem bestimmt ist zu handeln, wird er es nicht vermeiden können – irgendwie wird er zum Handeln gedrängt werden. Niemand kann wirklich wählen, zu handeln oder untätig zu bleiben, weil das Individuum als solches keine Unabhängigkeit oder Autonomie einer freien Wahl hat.

Nicht die Bemühung führt zu Gebundenheit oder zu einem Hindernis, sondern das Gefühl, Handelnder zu sein. Dies ist der entscheidende Punkt bei dem scheinbaren Widerspruch, daß die Meister in der Theorie Vorbestimmung lehren, aber in der Praxis den freien Willen. Es erklärt auch, warum Christus versicherte, daß ohne den Willen Gottes kein Spatz vom Dach fällt und daß jedes Haar gezählt ist.

Der Koran sagt ausdrücklich, daß alle Macht, alles Wissen, alle Gnade von Gott kommt und daß »Er denjenigen richtig lenkt, den er will und denjenigen auf den falschen Weg führt, den er will«. Und trotzdem ermahnen sowohl Christus als auch der Koran die Menschen zu rechter Bemühung. Vielleicht würde sich dieses Rätsel lösen, wenn es aus der Perspektive des Ablaufs der Totalität gesehen wird, die das Spiel des Großen Plans ständig weiter entfaltet. Jedes Ereignis – auch das, was als »Erleuchtung« durch einen bestimmten menschlichen Organismus bezeichnet wird – muß in das Drehbuch dieses Schauspiels, das das Leben darstellt, hineinpassen.

Der Vorgang, der im Phänomen der Erleuchtung gipfelt, könnte im Laufe der spirituellen Entwicklung (die möglicherweise viele »Leben«, aber nicht die desselben Individuums oder *jivas* beinhaltet) theoretisch in sieben Stufen gegliedert werden. Zuerst merkt man, daß materielles Vergnügen viel zu flüchtig und wechselhaft ist und daß man eine stabilere und dauerhaftere Form von Glück suchen sollte. Dies bringt den Vorgang der Selbsterforschung in

Gang, der eine Suche nach einem oder mehreren Gurus und ihre Führung beinhalten kann. Auf dieser Stufe entsteht ein starkes Gefühl der Loslösung und Nicht-Verhaftung, welches Denken und Fühlen sensitiver, subtiler und transparenter werden läßt. Nach diesen drei Stufen *entsteht* eine noch tiefere Loslösung, eine *natürliche* Abwendung von Sinnesobjekten und ein festerer Bezug zur wahren eigenen Natur. Diese Anhaftung an die Wahrheit ergreift die Psyche immer mehr und verwurzelt sie auf der fünften Stufe im wahren eigenen Selbst. Die sechste Stufe ist erreicht, wenn der Geist, tief im Selbst verwurzelt, aufhört zu konzeptualisieren und zu objektivieren. Die Welt der Erscheinungen wird nur noch als Widerspiegelung des eigenen wahren Selbst gesehen. Die letzte, die siebte Stufe, ist das ununterbrochene Leben im gegenwärtigen Augenblick (der noumenale Zustand), ohne ein Gefühl, Handelnder zu sein, wie ein trockenes Blatt in der Brise. Dies ist die transzendentale Ebene, auf der alles spontan, natürlich und ohne Trennung passiert.

Wie ein Schauspieler verschiedene Rollen der unterschiedlichsten Persönlichkeiten darstellt, ebenso erschafft der Verstand verschiedene Bewußtseinszustände wie Wachen und Träumen. Es ist der Verstand, der das erfährt, was er objektiviert. Tatsächlich ist der Verstand nichts anderes als das Konzeptualisieren, das Denken. Wenn er fest auf das »Was-Ist« gerichtet ist, verschwinden Denken und Objektivieren, und nur die Realität bleibt. Dies geschieht nicht durch eigenes Bemühen, sondern nur wenn vollständiges Verstehen und tiefe Überzeugung vorhanden sind. »Verstehen ist alles«. Verstehen und Überzeugung führen zum intuitiven Erfassen dessen »Was-Ist«. Dann realisiert das Bewußtsein, das sich selbst irrtümlicherweise mit dem trägen Körper identifiziert hat, seine Universalität, und die Identifikation löst sich auf. Es bedarf dazu keiner Studien der Schriften, irgendwelcher selbstdisziplinierender Übungen oder meditativer Exerzitien. Nur das spontane, augenblickliche, wirklich tiefe, intuitive Erfassen dessen »Was-Ist« reicht, das Verstehen, daß die Totalität der phänomenalen Manifestation nichts anderes als der objektive Ausdruck des subjektiven Noumenons ist. Die individuelle Wesenheit existiert nicht, sie ist irrelevant, und sowohl Gebundenheit als auch Befreiung sind nur Konzepte, die sich in Luft auflösen, sobald das intuitive Erfassen stattfindet. Der Geist erfährt Heilung, indem er seine Ganzheit und Heiligkeit erfährt.

Unwissenheit oder mentale Konditionierung erzeugen aufgrund von Objektivierung eine endlose Reihe phänomenaler Objekte, doch nur solange, bis eine natürliche Sehnsucht nach Selbsterkenntnis durch Loslösung erwacht. Ein Schatten bleibt solange vor dir, solange du mit dem Rücken zur Sonne stehst; Unwissenheit verschwindet, wenn du dich dem Licht der Selbsterkenntnis zuwendest. Die feste Überzeugung »ich bin nicht Bewußtsein, sondern eine individuelle Wesenheit« versetzt das persönliche Bewußtsein in Gebundenheit. Das klare Wissen »alles ist das absolute Bewußtsein, und die individuelle Wesenheit ist nichts als eine Illusion« versetzt das persönliche Bewußtsein in die Freiheit seiner natürlichen Universalität.

Die Trennung in voneinander abhängige Gegensätze wie Subjekt und Objekt, Ich und Nicht-Ich, negativ und positiv usw. ist nur eine Illusion, die durch das Denken des geteilten Geistes erschaffen wurde. Gebundenheit ist daher nur die Gebundenheit der Illusion eines Getrenntseins. Wenn diese Illusion durch das kraftvolle Licht der Selbsterkenntnis aufgedeckt wird, verschwindet die Illusion der Gebundenheit. Was verbleibt ist das, was immer war – das absolute »Was-Ist« hier und jetzt, ohne die geringste Spur eines Raum-Zeit-Konzepts von Dauer, welches die Basis aller Konzeptualisierung ist.

Mentale Konditionierung (Unwissenheit) ist wie ein Schleier, der über der Selbsterkenntnis liegt und dadurch die Täuschung von Freude und Leid schafft. Wenn es nichts außer Unicity gibt, wie kann da die Rede von irgend jemandem sein, der irgend etwas tut? Wenn man alle möglichen Handlungen ausführt, die dem psychosomatischen Organismus natürlich sind, und dabei keine Anhaftung an die Handlung hat, dann ist die Handlung in Wirklichkeit Nicht-Handeln. Wenn man jedoch nichts tut und eine Bindung an das Nichts-Tun vorhanden ist, so ist es Handeln. Sobald erkannt wird, daß das ganze Universum wie ein Schatten ohne eigene Substanz ist, wie das Blendwerk eines Zauberers, wie kann da irgendein Gefühl bleiben, Handelnder zu sein?

Die Eine Wahrheit

Der Same der phänomenalen Erscheinung des Universums ist nur ein Gedanke, der im Bewußtsein – Ich Bin – aufgestiegen ist. Ein solcher Gedanke ist nichts als eine Vorstellung, eine mentale Konditionierung (Unwissenheit), die wirklich nur eine vorübergehende Existenz hat. Sie scheint wie ein ständiger Fluß zu sein, weil Unwissenheit diese Augenblicke horizontal wie Perlen aneinanderreiht. Diese Unwissenheit verhüllt die Realität. Sie läßt Nicht-Reales real erscheinen, und Reales unreal. Der Versuch, sie in den Griff zu bekommen, ist erfolglos, da Unwissenheit selbst eine Illusion ist. Aber wie eine feine Faser stark wird, wenn sie in ein Seil hineingeflochten wird, so verdichtet sich auch die Illusion der Unwissenheit, wenn sie unendlich oft im Gedächtnis wiederholt wurde, zur Intensität der Wirklichkeit.

Wie schrecklich ist diese Unwissenheit! Aber in Wahrheit ist sie nur wie der zweite Mond bei jemandem, der an Diplopie (dem Sehen zweier verschiedener Bilder ein und desselben Gegenstands) leidet. Sie erzeugt eine Täuschung im Denken. Man glaubt, das Ufer entferne sich, wenn man in einem Boot gleitet, und man denkt, der Zug, in dem man sich befindet, sei in Bewegung, obgleich er steht und der andere Zug wegfährt. Unwissenheit erschafft den Traum des Lebens und verdreht alle Erfahrungen und Beziehungen im Dualismus. Und doch wird in dem Augenblick, in dem die wahre Natur der phänomenalen Manifestation erkannt wird – die in Wirklichkeit wie das Kind einer unfruchtbaren Frau ist – die Unwissenheit aufgedeckt und aufgelöst. *Wenn das Fließen des Wassers zum Stillstand kommt, trocknet der Fluß aus. Wenn der Dualismus der Unwissenheit und des Konzeptualisierens aufhört, herrscht phänomenale Abwesenheit und noumenale Gegenwart.*

Das Erforschen der Unwissenheit durch die Frage, wie es überhaupt zu ihr kam, und alle ähnlichen wißbegierigen Fragen sollten am besten nicht gestellt werden. Wie Nisargadatta oft sagte, ist ein solches Forschen wie das unnötige Herumkratzen an einer bestimmten Körperstelle, das *dadurch* einen Juckreiz *erzeugt*. Wenn man einmal klar verstanden hat, daß Unwissenheit keine Existenz besitzt, daß sie nur eine Täuschung ist, die als Bewegung im Bewußtsein aufgestiegen ist, sind alle weiteren Nachforschungen vergleichbar mit der Zukunftsplanung und der Vergangenheitsbewältigung des Kindes einer unfruchtbaren Frau!

Unwissenheit verschwindet, sobald sie kritisch untersucht wird. Durch Unwissenheit wird Perlmutt mit Silber verwechselt. Dieser Irrtum kann nur so lange anhalten, bis das Perlmutt als das gesehen wird, was es ist. Unwissenheit verschwindet, sobald intuitiv erfaßt wird, daß es nichts außer dem universellen, unendlichen Bewußtsein gibt. Alle phänomenalen Manifestationen sind nur Erscheinungen im Bewußtsein, wie ein Spiegelreflex und daher illusorisch. Es gibt nichts außer Bewußtsein, das durch das persönliche, subjektive Pronomen ICH dargestellt werden kann.

Da Unwissenheit kein wirkliches Wesen hat, kann es unmöglich eine Verbindung zwischen ihr und dem Selbst geben. Eine Beziehung kann nur zwischen ähnlichen Wesen bestehen.

Für den Berg ist die Wolke, die ihn umgibt, ohne Belang. So bin auch ICH (das universelle, unendliche Bewußtsein) vollkommen unabhängig von allem Glück oder Leid, obwohl es so scheinen mag, als sei ICH damit verbunden. ICH bin unabhängig von den Sinnen. Die Sinne kommen ganz natürlich in Kontakt mit ihren jeweiligen Objekten, ohne durch irgendeine vorangegangene Konditionierung dazu gezwungen zu sein. Nur Unwissenheit oder Täuschung lassen glauben »ich sehe dies« oder »ich erfahre jenes«. Wenn dies klar verstanden wurde, geschieht jede Handlung ganz natürlich und spontan, ohne von vergangenen Eindrücken des Gedächtnisses beeinflußt zu werden. Ein solches spontanes Handeln ist wahres Nicht-Handeln, nicht die Untätigkeit, die oft fälschlich als Nicht-Handeln aufgefaßt wird.

Tatsächlich kann Bewußtsein nicht bedingt sein, weil es unendlich und viel subtiler als das subtilste Atom ist. Durch den Verstand, der sich auf die Ego-Vorstellung und das in den Sinnen reflektierte Bewußtsein gründet, entsteht die Illusion der Selbst-Begrenzung des Bewußtseins. Diese Illusion der Selbst-Begrenzung und das Ego erlangen durch reine Wiederholung unglaublich schnell eine falsche Gültigkeit. Das unendliche, universelle Bewußtsein, das wir *sind*, ist völlig unberührt von irgendeiner dieser Illusionen. Der Berg bleibt, was er *ist*, unabhängig von den Wolken, die ihn umgeben.

DIE EINE WAHRHEIT

Verstehen ist reine Freude

Als ein Besucher einmal bemerkte, daß er in der Gegenwart eines bekannten Heiligen ein unbeschreibliches Gefühl des Friedens und der Freude empfunden habe, fragte ihn Nisargadatta Maharaj, ob dieses Gefühl ähnlich gewesen sei, wie wenn man sich nach großen physischen Strapazen in angenehmer Umgebung mit einem kühlen Getränk entspannt. Der Besucher war überrascht von der Frage und gab nach einigem Besinnen zu verstehen, daß sein Gefühl weit über eine physische Befriedigung hinausgegangen sei. Als Maharaj ihn weiter fragte, ob das Gefühl dem ähnele, das man beim Lauschen eines gefühlvollen *bhajans* verspüre (dem spirituellen Gesang eines *bhaktas*, der mit tiefem Gefühl gesungen wird), wußte der Besucher keine Antwort. Worauf Maharaj hinwies war folgendes: egal ob es um physische Freude geht wie bei der Ekstase eines zutiefst befriedigenden sexuellen Akts oder um psychische Freude wie beim Hören ausgezeichneter Musik, eine solche Freude muß immer vergänglich sein. Sie bewegt sich nur auf der Oberfläche, wie die Wellen auf dem Meer.

Das höchste Verstehen erzeugt eine Freude ganz tief im Herzen des eigenen Wesens. Diese Freude ist reine Freude. Sie ist unveränderlich angesichts aller angenehmen und unangenehmen Erfahrungen, die zeitweise an der Oberfläche auftauchen. Diese reine Freude, die wie das endgültige Verstehen *ist*, wird mit dem traditionellen Ausdruck *Sat-chid-ananda* (Sein-Bewußtsein-Glückseligkeit) bezeichnet, der wahren Essenz der Quelle aller Manifestation.

Wenn das endgültige Verstehen, das intuitive Erfassen, stattfindet, verströmt sich die reine Freude auf verschiedenste Weise. In der *Ashtavakra Gita* (2. Kapitel)* drückt König Janaka diese Freude in überschäumender Weise aus, die vollkommen mißverstanden würde, wenn man sie als den Gefühlserguß eines persönlichen Individuums auffassen würde. Es handelt sich vielmehr um

---

* Ramesh S. Balsekar: *Duett der Einheit: Der Ashtavakra Gita Dialog.* Context Verlag, Bielefeld 1991.

VIERTES BUCH

einen Ausbruch der Freude des Bewußtseins, nachdem es von persönlicher Identifikation befreit ist. Es darf jedoch nicht vergessen werden, daß alles, was in der Totalität geschieht, keinerlei Regeln oder Einschränkungen unterworfen ist. Etwas, womit man rechnet, mag geschehen oder auch nicht. Ein Teilchen kann sich wie ein Teilchen verhalten oder auch nicht, oder es kann sich wie eine Welle verhalten!

Verstehen muß sich nicht unbedingt als unbändiger Ausdruck der Freude ausdrücken. So saß der Buddha angeblich nach seiner Erleuchtung sieben Tage lang vollkommen still da. Er dachte: Diejenigen, denen es bestimmt ist, zu verstehen, werden verstehen, auch wenn ich kein einziges Wort sage; diejenigen, denen das Verständnis nicht gegeben ist, werden auch nichts verstehen, selbst wenn ich ununterbrochen rede. Die ersten werden durch irgendein Wort, irgendein Ereignis, wie unbedeutend auch immer, verstehen. Jene, die im Begriff sind, aus dem Schlaf zu erwachen, werden bereits durch den sanftesten Klang und die zarteste Brise erwachen, während andere, selbst nach heftigstem Rütteln, weiterschlafen. Man sagt, daß der große chinesische Weise Lao-Tse plötzliche Erleuchtung erfuhr, als er unter einem Baum saß und sah, wie ein trockenes Blatt vom Zweig des Baumes hinabfiel. Das trockene Blatt wurde zu seinem Guru.

Die so kurz gefaßte Unterweisung durch Ashtavakra war ausreichend, um seinem Schüler, König Janaka, die subjektive Erfahrung des Selbst zuteil werden zu lassen. Daraufhin brach Janaka spontan in Freude über diese Erfahrung aus und sprach:

ICH bin das makellose, klare, reine Bewußtsein, jenseits
des Bereichs der Erscheinungen. Wie lange wurde ICH
genarrt, irregeführt und verwirrt durch die Illusion (der maya).

So wie ICH selber diesen Körper erstrahlen lasse,
so offenbare ICH auch das ganze Universum.
(Allein durch das Licht des Bewußtseins werden
alle Wahrnehmungen der Sinne, sowie alle Modifikationen
des Verstands, zu unseren Erfahrungen).
Daher gehört das gesamte Universum mir –

Die Eine Wahrheit

*oder nichts gehört wahrlich mir. (Alles ist mein,
weil ICH allem innewohne; nichts ist mein,
weil ICH zur gleichen Zeit alles Manifestierte transzendiere).*

*Oh, nachdem ich mich vom Universum, einschließlich dieses
Körpers losgesagt habe, erfahre ich nun das Höchste Selbst
durch eine plötzliche wundersame Weisheit, die spontan erwachte.*

*So wie Wellen, Schaum und Blasen nichts anderes als das Wasser
sind, auf dem sie sich formen, so ist auch das Universum, das
spontan aus dem Selbst entsteht, nicht verschieden von diesem.
Wie ein Tuch nach einer Untersuchung nur aus Fäden besteht,
so wird dieses manifestierte Universum durch Erforschung als
nichts anderes als das unmanifestierte Selbst erkannt.*

*So wie Zucker aus Zuckerrohrsaft ganz und gar von diesem
Saft durchdrungen ist, so wird das Universum, das aus mir
entstanden ist, ständig vom ICH, dem Selbst, durchdrungen.*

*Die Manifestation des Universums, die durch Unkenntnis des
Selbst erschienen ist, löst sich (im Selbst) auf, wenn das Selbst
erkannt wird – so wie die Schlange durch Nicht-Erkenntnis als
Seil erscheint, so verschwindet sie, wenn sie als Seil erkannt wird.*

*Licht ist meine wahre Natur, ICH bin nichts anderes als Licht.
ICH allein leuchte, wenn sich das Universum manifestiert.*

*Oh, welch ein Wunder! Das Universum erscheint
in mir, so wie in Unwissenheit Perlmutt als Silber,
das Seil als Schlange und das Wasser (der Fata Morgana)
in den Sonnenstrahlen gesehen wird.*

*So wie sich ein Topf in Ton auflöst, eine Welle in Wasser,
ein Schmuckstück in Gold, so wird sich auch das Universum,
das aus mir hervorgegangen ist, schließlich wieder in Mir
auflösen.*

Viertes Buch

*Oh, welch ein Wunder ICH Bin! Der ICH keinen Verfall kenne,
der ICH die Vernichtung des gesamten Universums,
vom Schöpfer Brahma bis hin zum kleinsten Grashalm überlebe.*

*Oh, welch ein Wunder ICH Bin, der ICH trotz eines Körpers
nirgendwo hingehe, noch von irgendwo komme, sondern immer
in Ruhe verweile, das Universum durchdringend.*
*Oh, welch ein Wunder ICH Bin – ausgestattet mit der
unvergleichlichen Fähigkeit, das gesamte Universum
für alle Zeiten zu halten und zu tragen, ohne es mit meinem
Körper zu berühren.*
*Oh, welch ein Wunder ICH Bin – (zur gleichen Zeit) alles
und nichts zu besitzen, das in Gedanken und Worten erfaßbar ist.*

*Die Dreiheit von Wissen, dem zu wissenden Objekt und dem
wissenden Subjekt existiert in Wahrheit nicht, obgleich sie
durch Unwissenheit im makellosen Bewußtsein, das ICH Bin,
erscheint.*

*Oh, die Wurzel allen Elends ist das Bewußtsein der Dualität.
Es gibt kein anderes Heilmittel dafür als das Verstehen, daß
alle Objekte der Erfahrung unwirklich sind, und daß das
Was-ICH-Bin das eine, nicht duale, reine Bewußtsein ist,
die Glückseligkeit.*

*Was-ICH-Bin ist reines Bewußtsein. Durch Unwissenheit hatte
ICH mir selbst Grenzen auferlegt (Körper, Verstand, Ego usw.).
Im ständigen Gewahrsein dessen verweile ICH im Absoluten
Selbst,
geläutert von allen mentalen Modifikationen. (Das tiefe Verstehen
der eigenen, wahren Natur hindert das Wirken der äußeren Welt –
der Sinne im Jagen nach ihren Objekten – daran, in das Heiligtum des
Inneren einzudringen und Unruhe im Mentalen zu verursachen.)*

*Mich betrifft weder Gebundenheit noch Befreiung.
Der Illusion wurde ihre Grundlage (Unwissenheit) entzogen,*

*sie existiert nicht länger. Oh, obwohl das Universum von Mir ausgegangen ist (als Illusion), existiert es in Wahrheit nicht. Ich bin jetzt überzeugt, daß der Körper und das Universum (der Körper ist ein verschwindend kleiner Teil des gesamten manifestierten Universums), illusorisch sind und daß Was-ICH-Bin
reines Bewußtsein ist. Wie könnte jetzt, da die Unwissenheit zerstört ist, also noch irgendein Konzeptualisieren stattfinden?*

Der Körper-Verstand-Mechanismus, Himmel und Hölle, Gebundenheit und Befreiung, Sorgen und Ängste, all dies sind nur Konzepte. Was habe ICH – das reine Bewußtsein – mit irgendeinem dieser Konzepte zu tun? Oh, welch ein Wunder! Ich bin mir keiner Dualität bewußt, und die Vielzahl menschlicher Wesen ist mir ein einziges Gewirr. Woran sollte ich mich daher gebunden fühlen?

Ich bin nicht dieser Körper, noch besitze ich einen Körper. Ich bin reines Bewußtsein, kein jiva, eine persönliche Wesenheit. Meine Bindung war in der Tat mein Hunger nach dem Leben (als getrennte, unabhängige Wesenheit).

*Oh, welch ein Wunder! In Mir, dem grenzenlosen Ozean (reinen Bewußtseins), erschaffen die Winde des Konzeptualisierens augenblicklich die verschiedensten Welten wie Wellen. Mit dem Abflauen dieser Winde strandet das Schiff des vorgestellten Universums, zum Leidwesen des seefahrenden Händlers, des Jivas, und versinkt im grenzenlosen Ozean, der ICH Bin. (Wenn der Geist zur Ruhe gekommen ist, versinkt das Ego, sein Schiff, zusammen mit all seinen angesammelten Konzepten, in das reine Bewußtsein, das jedes menschliche Wesen in Wirklichkeit ist).
Oh, welch ein Wunder! Im uferlosen Ozean des Bewußtseins, das ICH Bin, erscheinen die Wellen der Individuen entsprechend ihrer gegebenen Natur. Sie treffen sich, sie spielen eine Zeitlang ihre jeweilige Rolle (im lila dieses Lebens) und verschwinden wieder.*

VIERTES BUCH

Die Essenz des Höchsten Verstehens

Die Essenz des höchsten Verstehens ist die unausweichliche Tatsache, daß der einzelne Mensch *als solcher* keinen eigenen Willen hat bzw. haben kann. Er hat keine Handlungs- oder Entscheidungsfreiheit, aus dem einfachen Grund, weil er kein autonomes Wesen ist. Der Mensch ist nur ein verschwindend kleiner Teil der Totalität der Manifestation. Die Fähigkeit des Menschen, mit Hilfe seiner Sinne zu sehen, zu hören usw., ist nur darauf zurückzuführen, daß er wie alle Lebewesen (Insekten oder andere Tiere), mit Empfindungsfähigkeit ausgestattet ist. Seine Denkfähigkeit rührt daher, daß er zusätzlich mit einem Intellekt begabt wurde. In der Abwesenheit des Bewußtseins gibt es keine Empfindungsfähigkeit, keinen Intellekt, und soweit es den Menschen betrifft, keine manifestierte Welt.

Diesem grundlegenden Verstehen folgt sofort das Erkennen der ebenfalls unbestreitbaren Tatsache, daß das Verlangen nach »Befreiung« von der »Gebundenheit« dieses Lebens selbst spontan erwacht und von Individuum zu Individuum variiert. Eine Person mag intensiv an der Entdeckung ihres wahren Selbst interessiert sein, während eine andere nur oberflächlich und gelegentlich daran interessiert ist. Und es wird einen dritten Fall geben, der sich nicht im geringsten mit diesem Thema beschäftigt. Sein einziges Interesse dreht sich um materiellen Gewinn und Sinnenfreude. Das endgültige Verstehen wird von dem Bewußtsein begleitet, daß keinem dieser drei Fälle Verdienst oder Schuld zugewiesen werden kann, da keiner irgendeine Wahl hatte. Jeder dieser drei Menschen nimmt einen bestimmten Platz innerhalb der spirituellen Entwicklung im Ablauf der Totalität ein, und dieser Platz entspricht seinem inneren Wesen. Er wurde zum Zeitpunkt der Empfängnis eingewebt und eingeprägt, als der Same des Vaters den Schoß der Mutter befruchtete.

Es muß klar verstanden werden, daß keine noch so große illusorische Willenskraft oder Absicht oder *paurusha* eine wesentliche Veränderung bewirken kann. Es sei denn, natürlich, wenn sie ebenso einen Teil des großen Plans im Ablauf der Totalität bildet. Wenn dies nicht klar verstanden wird, wird das Gefühl, Urheber oder Handelnder zu sein, lediglich das Ego verstärken und den Eintritt der Erleuchtung nur erschweren. Und doch ist auch dieses Verstehen Teil des Ablaufs der Totalität!

Die Frage individueller Willensfreiheit und persönlicher Bemühung ist höchst subtil und schwer zu verstehen. Und dennoch ist es absolut notwendig, sie nicht nur intellektuell zu begreifen, sondern uns auch tief innerlich damit auseinanderzusetzen. Schwierigkeiten tauchen auf, weil die meisten Meister anscheinend Vorsehung in der Theorie, aber einen freien Willen in der Praxis lehrten. Jesus Christus versicherte, daß ohne den Willen Gottes kein Spatz vom Dach fällt, und daß jedes Haar gezählt ist. Der Koran verkündet aufs Bestimmteste, daß alles Wissen, alle Macht, in der Hand Gottes liegt, und daß Er denjenigen richtig lenkt oder vom Weg abkommen läßt, wen er will. Und doch ermahnen sowohl Christus als auch der Koran zu rechtem Bemühen und verdammen die Sünde. Dieser *scheinbare* Widerspruch würde leicht gelöst werden, wenn man sich an das oben erwähnte Konzept der spirituellen Entwicklung erinnert. Der absolut illusorische Charakter eines individuellen menschlichen Wesens – und sein sogenanntes Bemühen (*paurusha*) – wird von dem, der reif für die Erleuchtung ist, schnell verstanden, während jemand, der sich viel weiter unten auf der Skala befindet, eher das Konzept der Bemühung, Entschlossenheit und Konzentration akzeptiert. Derjenige, dessen *bija* (Same) grundlegend tätigkeitsorientiert ist, wird zum *karma-yoga* neigen, weil er das ist, was unter einem »somatotonischen« Typ verstanden wird, während der »zerebrotonische« Mensch augenblicklich mit Freude das Prinzip der Mühelosigkeit und Nicht-Dualität, ohne die geringste Gefahr eines Mißverstehens, erfaßt. Zweifelsohne haben die Meister aufgrund dieser naturgegebenen und grundlegenden Unterschiede zwischen den verschiedenen Menschentypen – die sich an verschiedenen Punkten der konzeptuellen, evolutionären Skala befinden – besonderen Nachdruck darauf gelegt, daß die esoterische Lehre der Nicht-Dualität nicht auf dem »Marktplatz« verkündet werden sollte. Denn dort würde die Lehre Gefahr laufen, nicht nur nicht verstanden, sondern möglicherweise mißverstanden zu werden. Diese Mahnung der Meister ist natürlich auch Teil des Ablaufs der Totalität. Die Art von Menschen, die sich auf ihre persönlichen Bemühungen verlassen, mag zu einem späteren Zeitpunkt erkennen, daß eine solche Anstrengung tatsächlich ein Bemühen innerhalb des Ablaufs der Totalität ist und keinem illusorischen, individuellen Handelndem zugeschrieben werden kann.

Solange jemand ein Bemühen als sein persönliches ansieht, mit der Absicht irgend etwas zu erlangen, verneint er die Allmacht des Allmächtigen. Solange jemand etwas vom Allmächtigen will, verneint er ein »Dein Wille geschehe«. Wahre Gottesliebe heißt, sich Ihm zu übergeben, ohne etwas zu verlangen, nicht einmal Erlösung.

Der Kern des endgültigen Verstehens ist, daß in jedem Augenblick – in jedem *kshana* – Vollkommenheit im Ablauf der Totalität herrscht. Welche Unvollkommenheit man auch immer wahrnehmen mag, sie wird durch den unvollkommenen Verstand innerhalb zeitlicher Dauer und Dualität wahrgenommen. Sobald dies klar erkannt wird, kann es kein Problem, keine scheinbare Diskrepanz oder einen Widerspruch mehr geben. In der Abwesenheit dieses intuitiven Erfassens agiert der unvollkommene, trennende Verstand, dessen Natur es ist, Probleme aufzuwerfen. Die Meister haben in ihrem großen Mitgefühl Antworten gegeben, die sich auch auf den Bereich der Dualität und Dauer beziehen, während sie gleichzeitig wiederholt die Unvollkommenheit des geteilten Geistes betonten. Es kann einem Suchenden nicht helfen, wenn er sich ausschließlich auf solche Antworten der Meister bezieht und dabei den Hintergrund außer acht läßt, vor dem diese Antworten gegeben wurden. Es muß ausdrücklich gesagt werden, daß die Meister dabei nichts verlieren, sondern nur die Suchenden. Die Meister sind sich in ihrer Weisheit vollkommen darüber klar, daß das Verstehen weniger und das Mißverstehen vieler Suchender beide Teil des *lilas* sind, des Ablaufs der Totalität.

Die Fragen der Vorherbestimmung, des persönlichen Willens oder der Entscheidungsfreiheit, der Autonomie und Unabhängigkeit des Menschen als getrennter Wesenheit und die Frage der Zeit (Vergangenheit und Zukunft) sind so fein miteinander verwoben, daß die wahre Essenz des höchsten Verstehens nichts anderes als eine zutiefst klare, innere Einsicht in diese scheinbare Verflechtung ist. Sie ist »scheinbar«, weil sie lediglich das Problem eines unvollkommenen oder gespaltenen Geistes ist.

Der Mensch verlangt nach Sicherheit für die Zukunft und kann nicht einmal dann richtig zufrieden sein, wenn der Augenblick ihm alles bietet, was sein Herz begehrt. Er muß eine Zukunft haben, auf die er sich freuen kann, und seine Erfahrung der Vergangenheit sagt ihm, daß »Sicherheit« niemals etwas mit Dauerhaftigkeit zu tun hatte. Es ist ihm klar, daß selbst wenn er sein Ziel irgendwann in der Zukunft erreicht, die »Zukunft« damit längst nicht abgeschlossen ist, nur weil er dies bestimmte Ziel erreicht hat. Er jagt tatsächlich einem Irrlicht hinterher, und die eigentliche Tragödie dieser Situation liegt darin, daß er weitgehend nicht einmal das genießen kann, womit ihn der gegenwärtige Augenblick reichlich beschenkt. In wirklichem Verstehen jedoch wird der Augenblick akzeptiert – mit allem, was er bietet – und das ermöglicht ein totales, uneingeschränktes Erleben dieses Augenblicks. Deshalb wird der *jnani* (derjenige, der in der Wahrheit verankert ist) als *mahabhokta*, der höchste Genießer, bezeichnet.

Alle Dinge, die »Unsicherheit« verursachen, haben schon seit Menschengedenken existiert – Armut, Krankheit, Tod und Krieg – und schon immer gab es nur vergleichsweise wenige Menschen, die das richtige Verständnis besaßen und Unsicherheit als unvermeidlichen Bestandteil dessen akzeptierten, was wir Leben nennen. Sie sind zu einem Akzeptieren gelangt, indem sie ihr Verständnis dazu nutzten, einen qualitativen Sprung aus der Relativität des Verwickeltseins hinein in die Nicht-Relativität eines Bezeugens all dessen, was als Teil des »Lebens« geschieht. Tatsächlich haben sie das Verstehen weniger *benutzt*, als daß sie vielmehr unbewußt zum Verstehen selbst *wurden*, zum intuitiven Erfassen, daß Subjektivität ihre wahre Natur ist. Sie haben das »Was-Ist«, in jedem Moment, als den objektiven Ausdruck ihres subjektiven Seins akzeptiert. Es taucht keinerlei Wunsch auf, das »Was-Ist« in irgend etwas anderes zu verändern (durch den vermeintlich freien Willen des vermeintlichen Individuums). Die Grundlage dieses Verstehens ihrer wahren Natur ist das Bewußtsein, daß das manifestierte Universum (einschließlich des Menschen) eine Illusion innerhalb des Bewußtseins ist, die für ihr Erscheinen das Konzept von »Raum« benötigt, in dem die dreidimensionalen Objekte dargestellt werden, sowie »Zeit«, in der sie beobachtet werden können. In diesem Bewußtsein wird der Mensch mit seinem Intellekt, seinem Willen und *paurusha* (sowie allen anderen Konzepten) als der Witz und die Marionette erkannt, die er ist. Es bedarf keiner Bemühung, »Deinen Willen geschehen zu lassen«, weil es nichts außer dem DU gibt (welches ICH, das subjektive Noumenon ist), das aller Manifestation innewohnt und sie gleichzeitig transzendiert.

Um es einfach auszudrücken, die Essenz des Verstehens ist das Akzeptieren – und nicht das widerstrebende, frustrierte Akzeptieren, sondern das Akzeptieren aus innerster Einsicht – daß das Leben kein stehendes Gewässer, sondern ein fließender Strom ist. Es wäre ungesund, abgestandenes Wasser längere Zeit aufzubewahren, aber *fließendes* Wasser läßt sich nicht in einem Gefäß halten. Wenn man fließendes Wasser haben will, muß man es fließen lassen. Fließen ist die innerste Natur des Flusses, Veränderung ist die innerste Natur des Lebens – und das muß akzeptiert werden. Innerer Friede, den sich die meisten Menschen wünschen, besteht nicht darin, das Leben festzuhalten, um es für uns zu sichern, sondern im »Loslassen«. Ironischerweise tritt das höchste Verstehen nicht durch ein Festhalten an *Konzepten* von Gott ein, sondern vielmehr dadurch, daß wir uns aller Gottesvorstellungen entledigen und sie loslassen. Das höchste Verstehen kann sich weder durch krampfhaftes Festhalten an den materiellen Freuden der Welt ergeben, noch durch die Bemühung, das unendliche Absolute zu suchen und festzuhalten. Dieses Verstehen leuchtet nur dann auf, wenn wir die endliche und relative Welt mit all ihren Begrenzungen und miteinander verbundenen Gegensätzen als objektiven Ausdruck unseres eigenen subjektiven Selbst akzeptieren. Das Universum ist der objektive Körper des subjektiven Absoluten.

Wahres Verstehen geht einher mit der Einsicht, daß es unmöglich im Leben ist, eine erstrebte Freude frei von unerwünschtem Leid zu bekommen. Es ist sogar höchst zweifelhaft, ob ununterbrochenes Vergnügen ein angenehmer Zustand wäre. Ein ständiges Essen reichhaltiger Ernährung würde die Sensibilität und den Appetit für das Essen selbst schmälern und uns ganz krank machen! Doch die Schwierigkeit bei dem Problem der wechselnden Erfahrung von Freude und Leid liegt nicht im tatsächlichen Erleben selbst, sondern vielmehr darin, daß dies mit einem ganz unnatürlichen »Zeit«-Bewußtsein gekoppelt ist. Während ein Tier einfach die Freude des Augenblicks genießt, braucht der Mensch erfreuliche Erinnerungen und glückversprechende Erwartungen, damit er überhaupt sein unmittelbares Vergnügen genießen kann. Tatsächlich sind Erinnerungen und Erwartungen viel realer und intensiver als das gegenwärtige Vergnügen oder Leid, weil *die Gewohnheit, nach vorn oder zurückzuschauen, die Freude des Augenblicks schmälert und den Schmerz des Augenblicks verstärkt*. Diese Gewohnheit verleiht der toten Vergangenheit und der ungewissen Zukunft Wirklichkeit und entzieht sie dafür dem Hier und Jetzt. Die einzige Möglichkeit, diese Gewohnheit zu durchbrechen, besteht darin, zutiefst zu erkennen, daß Veränderung – der fast ständige und endlose Wechsel – das natürliche Gewebe der Manifestation und ihres Ablaufs ist, den wir »Leben« nennen. Und was vielleicht noch wichtiger sein mag, die Wechselhaftigkeit und Flüchtigkeit der manifestierten Welt ist der eigentliche Grund ihrer verlockenden Schönheit und Lebendigkeit. Wie es so schön heißt: »Wenn wir nicht sehen, daß unser Leben Wechsel *ist*, stellen wir uns gegen uns selbst und werden wie Uroboros, die irregeführte Schlange, die versucht, ihren eigenen Schwanz zu fressen.« Das Wesentliche daran, Veränderung als Grundbestandteil des Lebens zu akzeptieren, besteht nicht darin, daß wir es notgedrungen oder aus Frustration heraus tun, sondern ganz natürlich aus der klaren Einsicht heraus, daß die einzige Möglichkeit, mit Veränderung umzugehen, darin besteht, in sie einzutauchen und die Bewegung selbst zu werden.

Das Leben wird nur deshalb zum Problem, weil das Individuum sich selbst als fixierte, getrennte Wesenheit sieht, und versucht, dem Leben aus der Perspektive dieser getrennten Wesenheit einen Sinn zu geben. Schlimmer noch, die organisierten Religionen haben den Menschen in dieser falschen Vorstellung der Trennung des einzelnen von der übrigen Welt unterstützt. Die Ermahnung, »seinen Nächsten so zu lieben wie sich selbst« hat nur dazu gedient, diese Trennung zu betonen. Sie stellt ein Lebensziel für *das Individuum* auf. Die Belohnung wird in Form nachtodlicher Vereinigung mit einer unsterblichen, unveränderlichen, vorgestellten Gottheit angeboten. Mit anderen Worten, das Individuum wird genötigt, sich zu bemühen, den Fluß des Lebens in ein System rigider Normen einzuzwängen.

Mißverständnisse entstehen dadurch, daß fixierte und isolierte Gedanken und Worte nur sehr unzulänglich die Bewegung und das Fließen des Lebens und die Natur des tatsächlichen Erlebens beschreiben können. Anstatt seine wahre Natur als diese tatsächliche Erfahrung des Seins zu erkennen – als das Gefühl der Lebendigkeit oder Gegenwärtigkeit (Ich Bin) – wurde der Mensch deshalb dahingehend geprägt, sich selbst als einen Körper, als ein physisches Volumen »eingeschlossen von einer Haut im Raum und begrenzt durch Geburt und Tod in der Zeit« anzusehen. Tatsache ist, daß der Mensch einfach ein zugehöriger Teil des manifestierten Universums ist, wenn auch ein verschwindend kleiner. Er ist ein Muster in der Bewegung der spiralförmigen Evolution, die Millionen von Jahren vor dem herausgehobenen Ereignis namens »Geburt« begann und weit, weit über ein ausgewähltes Ereignis wie »Tod« hinausgeht. Ein Individuum daher vom übrigen Universum zu trennen, kann nichts anderes als eine Trennung in der Vorstellung sein. Ewigkeit oder Unsterblichkeit für ein Individuum zu erwarten ist nur der Wunsch, ein Konzept oder eine Übereinkunft verewigen zu wollen. Das höchste Verstehen muß einhergehen mit der klarst möglichen Überzeugung, daß der Mensch niemals eine von der Gesamtheit der Manifestation unabhängige und getrennte Wesenheit sein kann. Das »Wissen« um das Letztendliche kann nur reinstes Gewahrsein des objektiven Ausdrucks des absoluten Subjekts, dessen, was wir Leben nennen, sein – dessen Was-Ist, hier und jetzt – ohne irgendeine Trennung. Die »Vision Gottes« kann nicht das Konzept einer gnädigen Vaterfigur oder das Aufleuchten eines blendenden Lichts sein, weil all das nur eine Metapher oder ein Konzept im Bewußtsein sein kann. Man kann Es nicht benennen, weil eine Benennung oder Definition bedeuten würde, das Grenzenlose zu begrenzen.

Die Eine Wahrheit

Gewahrsein dessen Was-Hier-und-Jetzt-Ist, frei von allen Konzepten und Beurteilungen, ist kein intellektuelles Wissen. Es ist die Wirklichkeit, die man sucht, aber diese Wirklichkeit *kann kein Objekt sein.* Jeder Versuch, dieses Gewahrsein zu beschreiben, muß fehlschlagen, weil das Gewahrsein, das die Wirklichkeit ist, nicht durch ein Hinzufügen von Worten und Beschreibungen entsteht, sondern durch das Wegnehmen all dessen, was seine Erfahrung verhindert. Gewahrsein ist wie eine Skulptur, die sich erst offenbart, wenn bestimmte Teile des Steins abgeschlagen sind, aber nicht wenn dem ursprünglichen Stein etwas hinzugefügt wird. Der Wunsch nach vollkommener Sicherheit ist eines dieser Dinge, die abgeschlagen werden müssen, bevor sich Gewahrsein einstellen kann. Es handelt sich nicht nur um einen Konflikt in bezug auf den Wunsch nach Sicherheit in Situationen, die von Natur aus nicht festgelegt werden können. Es geht eher darum, daß der Wunsch nach Sicherheit entsteht, eben weil man sich von der übrigen Welt abgetrennt hat. Erst strebt der Mensch danach, sich selbst von der übrigen Welt abzusondern, um sicher zu sein. Er möchte vom Rest der Welt – den Anderen – unbehelligt bleiben. Und dann entdeckt er, daß es genau diese Isolation ist, die ihn verunsichert. Höchstes Verstehen beinhaltet die klare Einsicht, daß die Jagd nach Sicherheit wie der Versuch ist, in befürchteter Gefahr den Atem anzuhalten. Je länger man ihn anhält, um so schmerzhafter wird es. Und dieses Verstehen bewegt sich auch nicht auf der gängigen Ebene, wo es heißt, »konfrontiere dich damit«. »Sich damit zu konfrontieren« heißt, es herauszufordern, damit zu kämpfen, und auf diese Weise bist du immer noch sehr darin verwickelt. Das vollkommene Verstehen dieser (oder jeder) Tatsache liegt darin, das Geschehen zu *sein,* ohne »sich« und das Geschehen zu trennen.

An der Wurzel allen Verlangens nach Sicherheit liegt der Glaube, daß irgend etwas in uns existiert, was all diese Wechsel des Lebens überdauert. Der Wunsch nach Sicherheit wird nur verschwinden, wenn dieser Glaube an ein »Ich« der Überzeugung weicht, daß das Unveränderliche tatsächlich in uns ist – Ich Bin – das Bewußtsein, das unsere wahre Natur ist. Dieses Vertrauen ist tatsächlich die Essenz des höchsten Verstehens. Es ist das Gewahrsein unserer wahren Natur – hier und jetzt. Diese Überzeugung drückt das Verstehen aus, daß es keine beständige Sicherheit im Leben geben kann. Es gibt kein ICH oder »Mein«, das geschützt werden müßte. In diesem Gewahrsein gibt es keine Wesenheit, die gewahr ist. Gewahrsein ist unverfälschtes Gewahrsein, ohne irgend »jemanden«, der sich des Gewahrseins gewahr ist.

Die Essenz des letztendlichen Verstehens ist, sich des gegenwärtigen Augenblicks gewahr zu sein, frei von jeder Assoziation an Vergangenheit oder Zukunft. Sie bedeutet die Entdeckung, daß es in jedem Augenblick nur Erfahrung gibt, ohne einen Erfahrenden. So ein Gewahrsein ist wach und sehr offen für alle Handlungen, Reaktionen und Beziehungen im gegenwärtigen Augenblick. Aufmerksames Gewahrsein ist in Zeiten des Glücks und Vergnügens, wenn man sich selbst vergessen hat, nicht schwer, aber wenn man physisch oder emotional leidet, tritt rasch eine Abspaltung von der Erfahrung ein. Und doch ist es gerade in solchen Zeiten des Leids am wichtigsten, diese Abspaltung zu verhindern. Die erstaunliche Flexibilität des menschlichen Organismus (bei der Auseinandersetzung mit physischen und psychischen Schmerzen) kann nicht zum Tragen kommen, wenn der Schmerz, durch den Versuch, ihm zu entgehen bzw. die dadurch entstehende Spannung, ständig angeregt und intensiviert wird. Schmerz wird nur als Schmerz erfahren, weil eine Erinnerung an Freude da ist. Durch die Erinnerung an vergangene Freude verstärkt sich der Schmerz noch mehr. Eigentlich kann das Gehirn nur eine Erfahrung im jeweiligen Augenblick registrieren. Anstatt sich einer gegenwärtigen unerfreulichen Erfahrung vollkommen aufmerksam bewußt zu sein, versucht man, sie vom Standpunkt der toten Vergangenheit her anzugehen. Man versucht, der Erfahrung auszuweichen, indem man sich der unbekannten Gegenwart durch einen Vergleich mit den Erinnerungen an die Vergangenheit anpassen möchte. In Fällen, wo man Abhilfe schaffen kann, mag das vielleicht funktionieren. Eine Aspirin kann Kopfschmerzen lindern. Aber wie soll man mit Dingen umgehen, denen man nicht einfach ausweichen kann, wie z. B. Angst? Die Antwort ist: *sich der Angst bewußt zu sein*. Sich intensiv der Angst bewußt zu sein, bedeutet zu erkennen, daß man

Die Eine Wahrheit

die Angst *ist*, und ein Ausweichen deshalb unmöglich ist. Wenn man aufhört, zu benennen, zu definieren und zu vergleichen wird jede Erfahrung tatsächlich eine neue Erfahrung. Dann gibt es keinen Konflikt mehr zwischen dem Erfahrenden und der Erfahrung, weil kein Widerstand mehr da ist.

Ohne Widerstand und Spannung kann man wesentlich besser mit Schmerz fertigwerden, das ist die Erfahrung der meisten Menschen. Der Schmerz ist nicht mehr so beängstigend, und manchmal hört er ganz auf. Wenn dem Schmerz kein Widerstand geleistet wird (wenn man sich nicht von ihm abtrennt), gibt es kein Problem mehr. Dann löst sich der Wunsch zu entfliehen, im Schmerz selber auf. Man kann es leichter verstehen, wenn man sich daran erinnert, daß ein Sturz aus der Höhe viel weniger Schaden anrichtet, wenn der Körper entspannt ist. Bei der Konstruktion eines Hauses wird für gewöhnlich eine gewisse »Nachgiebigkeit« mit eingeplant, damit es Stürmen oder Erdbeben besser widerstehen kann. Auch das menschliche Gemüt hat seine eigene Flexibilität, um Schocks aufzufangen. Aber man darf es nicht unnötig mit Widerständen oder Spannungen belasten, indem man sich gegen die Erfahrung stellt (was tatsächlich eine Flucht vor der Erfahrung ist). Und Widerstand in welcher Form auch immer (d.h. »sie zu bekämpfen«, davor wegzulaufen oder frustriert nachzugeben), bleibt zwangsläufig so lange, bis klar wird, daß der Denkende und der Gedanke, der Erfahrende und die Erfahrung, nicht getrennt sind. Die Erkenntnis der Unvermeidbarkeit von Leid aktiviert die natürliche »Flexibilität« des Geistes und befähigt ihn dadurch, den Schmerz aufzufangen und seine Intensität zu mindern. *Die Erfahrung wird zum Gewahrsein des Schmerzes, ohne den illusorischen Erfahrenden, der sich vor der Erfahrung fürchtete.*

Der Schlüssel, Leid zu ertragen, liegt darin, es aufrichtig und völlig entspannt als neue Erfahrung des gegenwärtigen Augenblicks anzunehmen. Wenn dies klar verstanden wird, sollte die Frage nach dem »wie« gar nicht auftauchen. Wie entspannt man sich? Wie nimmt man alles, was der gegenwärtige Augenblick an Erfahrung bietet, mit vollkommener Aufnahmebereitschaft an? Wie atmet man? Wie verdaut man Nahrung? Auf solche Fragen eine Antwort zu erwarten, geht an der Sache vollkommen vorbei. Tatsächlich ist das Stellen dieser Fragen der klare Beweis dafür, daß der Mensch seinem »Kopf« erlaubt hat, Logik und Vernunft – lineares Denken – zu entwickeln, ohne das Gleichgewicht zu seiner inneren, intuitiven Weisheit zu behalten. Das Ergebnis ist Unzufriedenheit, Konflikt, Trennung innerhalb der Trennung und ein endloser Teufelskreis.

Die Essenz des höchsten Verstehens liegt in einer außergewöhnlichen Wandlung der gesamten Lebenssicht. Darin ist die übliche Trennung zwischen »mir« und den »Anderen« so vollständig geheilt, daß die organische Einheit der Welt keine rein intellektuelle Schlußfolgerung mehr darstellt, sondern zu einer tiefen und anhaltenden Erfahrung wird. Es handelt sich nicht mehr nur um einen Glauben, sondern um eine gefestigte Einsicht. Allerdings muß man sich darüber klar sein, daß dieses Bewußtsein der Einheit *nicht unbedingt* im praktischen Leben nachweisbar ist. Auch wenn nicht unbedingt ein Wunsch da ist, alle Tiere und Reptilien zu umarmen, so werden wir dennoch fest davon überzeugt sein, daß unsere Gefühle zu diesen kriechenden und glitschigen Kreaturen keine von uns zu trennenden Gefühle sind, sondern vielmehr die »verborgenen Aspekte unserer eigenen Körper und Gehirne«. Es wird klar, daß das Gefühl der Einheit keine »Art von Trance ist, in der alle Formen und Unterscheidungen in einem leuchtenden Nebel blasser Malvenfarbigkeit« aufgehen. Vielmehr handelt es sich um ein Verstehen, daß die große Verschiedenartigkeit und Vielfalt des Universums keine sich bekämpfenden Gegensätze darstellen, sondern sich wie die verschiedenen Organe und Teile des Körpers ergänzen. Die Konditionierung der Trennung, die durch Gedanken und Worte verursacht wurde, wird als das gesehen, was sie wirklich ist. Was für Vernunft und Logik ein unerklärliches Rätsel war, wird zu einer belächelnswerten Offensichtlichkeit dessen, Was-Ist.

Die Essenz des höchsten Verstehens liegt darin, das Was-Ist als den manifestierten Ausdruck der unmanifestierten Realität zu erkennen. Dann nimmt der ungeteilte Geist den gegenwärtigen Augenblick, hier und jetzt, wahr, ohne sich zu bemühen, dem Individuum einen zukunftsbezogenen Lebenssinn zu geben.

DIE EINE WAHRHEIT
Der Zustand der Erleuchtung

Jedes Atom enthält zahllose Universen. Alle sind Erscheinungen im unendlichen, universalen Bewußtsein, welches das gesamte Atom durchdringt. So erfährt jeder individuelle *jiva* innerhalb seiner selbst all das, was sich aufgrund der alldurchdringenden Energie in ihm gestaltet hat. Die ganze phänomenale Manifestation ist nichts als ein langer Traum, und solange der Traum andauert, scheint alles in ihm sehr real zu sein.

Sobald erkannt wird, daß die gesamte phänomenale Manifestation nur eine Erscheinung im Bewußtsein und daher illusorisch ist (aber in ihrer wahren und dauerhaften Substanz das unendliche Bewußtsein selbst ist), lösen sich alle Vorstellungen von Verschiedenheit und Getrenntsein augenblicklich auf. Mit dieser Erkenntnis geht die Einsicht einher, daß »Zeit«, »Raum«, »Materie«, »Bewegung« oder »Handlung« insgesamt nichts anderes sind als verschiedene Aspekte desselben unendlichen Bewußtseins. Eine solche Erkenntnis ist vergleichbar mit der Wahrnehmung, daß die vielen verschiedenen Zubereitungen, die bei einem Fest auf dem Tisch gedeckt sind, sich nur im Hinblick auf ihren Geschmack, ihre Form und ihren Umfang unterscheiden. Sie bestehen alle aus den gleichen molekularen Bestandteilen.

Die Illusion löst sich auf, sobald man die Wahrheit sieht, daß es Bewußtsein ist, welches die gesamte Manifestation im individuellen *jiva* erscheinen läßt, und daß sich *jiva* in *jiva* befindet, ad infinitum. Und wenn die Täuschung schwindet, läßt auch das Verlangen nach Sinnesfreuden allmählich nach. Wie schön und lebensnah das Bild einer Frau auch sein mag, es ist nicht die Frau selbst – ebenso erkennt man, egal wie angenehm die Sinnenfreuden auch sein mögen, daß sie keinen dauerhaften Frieden und bleibendes Glück schenken.

Als Bewußtsein sich seiner Existenz als reine Fülle aller Möglichkeiten gewahr wurde, war die Natur dieses Geschehens wie das Erwachen aus dem Tiefschlaf und das Gewahrwerden der Außenwelt (wobei die äußere Manifestation tatsächlich eine Spiegelung im Innern des Bewußtseins ist). Als mit dem Gedanken »Ich Bin« auf diese Weise Gewahrsein im Bewußtsein vorhanden war, entstanden gleichzeitig und spontan die reinen Elemente (*tanmatra*). Ebenso kamen alle Sinne (die in Wirklichkeit die reine Leere der Fülle sind) ins Sein. Das entsprechende Erkennen und die Erfahrung der fünf Elemente und der fünf Sinne führten zur Identifizierung des universalen Bewußtseins mit dem Ego-Gefühl. Erleuchtung führt zur Disidentifikation von den Erfahrungen der Sinne und dadurch zur Befreiung von den psychologischen Nöten des Denkens und Fühlens, die illusorisch sind.

Erleuchtung bewirkt die Veränderung der Wahrnehmung und des Standpunkts – eine *Metanoia* – und die »individuelle Person«, die nun befreit von ihrer Individualität ist, wird für den Rest des Lebens ein *mahakarta*, ein *mahabhokta* und ein *mahatyagi*.

Als *mahakarta* (dem höchsten Ausführenden aller Handlungen) ist er absolut frei von allen Zweifeln, die unvermeidlich auf dem Ego-Konzept beruhen. In allen Situationen geschehen die angemessenen Handlungen durch ihn (egal ob sie den allgemeinen gesellschaftlichen Maßstäben im Sinne von richtig oder falsch entsprechen oder nicht). Entscheidend ist, daß sein Handeln von keiner der zahlreichen mentalen Vorstellungen oder Voreingenommenheiten beeinflußt wird. »Er« bezeugt das Tun, völlig losgelöst davon, was das Resultat sein wird, da er nicht der Handelnde ist.

Als *mahabhokta* (höchster Genießer) erlebt er aktiv alle natürlichen und spontanen Erfahrungen, die ohne Verlangen oder Bemühen seinen Weg kreuzen. Auch in seinem Handeln hält er weder an dem gesellschaftlich »Akzeptablen« fest, noch verabscheut, meidet oder verwirft er irgend etwas, was allgemein als »unannehmbar« gilt.

Als *mahatyagi* (der höchste Entsagende) hat er seine abgetrennte Individualität als ein »Ich« im Gegensatz zu den »Anderen« aufgegeben, und damit gleichzeitig alle anderen, voneinander abhängigen Gegensätze einschließlich Geburt und Tod, Gut und Böse usw. Er ist das reine Bezeugen dieses Traumspiels des Lebens.

Nach der Erleuchtung wird klar verstanden: Solange es den fruchtbaren Samen gibt, muß auch noch Öl in ihm sein. Ebenso muß der psychosomatische Mechanismus, der Körper, solange er existiert, entsprechend seiner Programmierung handeln, die ihn jeweils auf bestimmte Weise physisch und psychisch auf äußere

Einflüsse reagieren läßt. Solange der Körper existiert, müssen die physischen Organe auf Reize reagieren und ebenso lange wird es natürlich auch verschiedene Stimmungen geben. Jede Art von Widerstand oder Auflehnung gegen solche Zustände oder Reaktionen wäre so, als würde man »Luft und Raum mit einem Schwert angreifen«.

Selbsterkenntnis oder Erleuchtung beinhaltet das Verstehen, daß der Verstand keine Wesenheit ist, sondern reine Vorstellung. Alle Vorstellungen oder Konzepte werden danach irrelevant. Weder entstehen Wünsche nach irgend etwas, was die Masse gutheißt, noch wird das allgemein Unannehmbare zurückgewiesen. Was immer ungewollt kommt, wird gutgeheißen und erfahren. Solange der Körper existiert, wird es den Organen der Handlung freigestellt, ihren normalen Funktionen nachzugehen, obwohl der Verstand/Intellekt und auch die Sinne natürlich gleichmütig und unberührt bleiben.

Aus diesem Grund riet der Weise Vasishtha Prinz Rama zu natürlicher Tätigkeit, die sich spontan und ungewollt ergibt, ohne irgendein persönliches Bewußtsein von Kummer oder Schuld: »Genieße die Freuden der Welt und ebenso die endgültige Befreiung.«

Selbst nach der Befreiung oder Erleuchtung ändert sich der Umgang mit dem Materiellen nicht, solange der Körper sich mit alltäglichen Aktivitäten befaßt. Es darf nie vergessen werden, daß *auch moksha* (Erleuchtung) *ein Zustand des Geistes ist.* Die natürlichen Betätigungen des Körpers gehen weiter wie zuvor. Der Körper reagiert auf Schmerz oder Befriedigung wie jeder andere Körper, er mag lachen oder weinen, doch tief innen ist weder ein Hochgefühl noch Depression, sondern vollkommenes Gleichgewicht.

Von Brahma bis hin zum Grashalm sind alle phänomenalen Objekte zwei Formen der »Geburt« unterworfen. Die erste ist ein Teil der Gesamtheit der Manifestation. Die zweite Form ist die der persönlichen Identifikation des unendlichen Bewußtseins. Wenn diese Unwissenheit der persönlichen Identifikation durch intuitives Erfassen aufgelöst wurde, ist die zweite Geburt augenblicklich aufgehoben.

VIERTES BUCH

Erleuchtung oder Erwachen ist nicht der Zustand eines Felsens oder einer Pflanze. Sie ergibt sich vielmehr aus der denkbar tiefsten Einsicht in die Unicity dessen, Was-Ist, und aus der Einsicht in das Nichtverschiedensein dessen, Was-Ist, und dessen, Was-erscheint. Erleuchtung geschieht nach eingehender Selbsterforschung, durch welche sich schließlich alle mentalen Konditionierungen des Dualismus ganz auflösen. Es ist ein Zustand vollkommener Freiheit (*Kaivalya*). Alles was erscheint und alles was geschieht, wird als integraler Teil dessen, »Was-Ist«, angenommen, und es besteht nicht der geringste Wunsch, etwas zu ändern oder etwas anderes zu werden.

Wo der Same der *vasanas* oder Selbst-Begrenzung (»Ich« als getrennt von dem, was nicht »Ich« ist) oder eine mentale Konditionierung irgendwelcher Art zurückbleibt, ist dieser Zustand wie der zeitweilige Zustand des Tiefschlafs. Es handelt sich nicht um den vollkommenen Zustand. Um Vollkommenheit kann es sich nur dann handeln, wenn zutiefst die Einsicht in die Unwirklichkeit der ganzen wahrnehmbaren Erscheinungswelt erfolgt ist. Dann ist schließlich sogar der Same der *vasanas* vernichtet. Dies ist der transzendentale Zustand der Vollkommenheit, der Zustand des reinen Seins, in dem die Existenz des Körpers völlig irrelevant ist.

Der Zustand der Vollkommenheit ist gleichzeitig die Erkenntnis, daß *chit-shakti*, die Energie, welche die Natur und Merkmale der Moleküle jedes Objekts festlegt, nichts anderes ist als *atma-shakti*, die Energie des universalen Bewußtseins, die schlummert, solange sich Bewußtsein im Zustand der Bewegungslosigkeit befindet, und plötzlich durch den ersten Gedanken »Ich Bin« hervorbricht.

So wie der allererste Gedanke den Schlaf stört und ihm ein Ende bereitet, gibt umgekehrt das erste Erwachen der inneren Intelligenz – die allererste Regung der Selbst-erforschung: Was ist dieses ICH ohne diesen vergänglichen Körper? – der Unwissenheit den Todesstoß. Wenn das Licht des Forschens auf die Unwissenheit gerichtet wird, löst sie sich auf. Kann Dunkelheit weiterbestehen, wenn Licht auf sie gerichtet wird? Das Licht der Selbsterforschung zerstreut die Dunkelheit der Unwissenheit (*avidya*), die lediglich der Glaube ist, daß irgend etwas außer Brahman als Realität existieren kann.

Wenn die falsche Wahrnehmung durch Aufhebung der Subjekt/Objekt-Beziehung endet, ist der trennende Verstand vernichtet und aller Wirksamkeit beraubt wie trockenes Laub, das verbrannt wurde. Wenn die Wahrheit intuitiv erfaßt wurde und beide, das »Was-Ist« und das »Was-Erscheint«, in ihrer wechselseitigen Beziehung der Transzendenz und Immanenz ganz verstanden wurden, wird dieser Zustand des Geistes als *satva* bezeichnet. Man kann ihn dann kaum mehr »Geist« oder »Verstand« nennen. Man kann ihn nur angemessen mit *satva* bezeichnen. Diese erwachten »Wesenheiten« mögen in ihren jeweiligen Berufen beschäftigt sein und ihre normalen Aktivitäten weiterführen, so als ob sie an ihnen interessiert seien, aber in Wahrheit befinden sie sich ständig in vollkommener Ausgeglichenheit. Sie nehmen das Leben spielerisch, indem sie alle Ereignisse so nehmen, wie sie kommen. Es können keine dualistischen Konzepte in solchen Menschen mehr entstehen. Die Saat der Unwissenheit selbst wurde unwiderruflich verbrannt, und sie sind sich ständig der Wahrheit bewußt, daß sie das unendliche, universale Bewußtsein sind, in dem unzählige Universen erscheinen und wieder verschwinden wie Wellen und Kräuselungen auf der Oberfläche des Ozeans.

Alle scheinbaren Unterschiede sind nichts anderes als die Selbsterfahrung des Unendlichen. Erfahren unterscheidet sich nicht vom Bewußtsein, das Ego-Gefühl unterscheidet sich nicht vom Erfahren, der *jiva* (das Individuum) unterscheidet sich nicht vom Ego-Gefühl und der Verstand ist nicht verschieden oder trennbar vom *jiva*. Sind Wellen etwas anderes als der Ozean? Obwohl das erwachte Wesen scheinbar so wie jede andere Person lebt, »tut« es in Wirklichkeit nichts, weil es nichts mehr sucht.

Das Gefäß mag zu Staub verfallen, aber ist der Raum in ihm damit zerstört? Der Körper mag tot, beerdigt oder verbrannt sein, aber ist das Bewußtsein, das ihm innewohnt, dadurch auch vernichtet? Wenn das intuitive Erfassen stattfindet, kann dann der Verstand mit seinen Vorstellungen von Glück oder Unglück überleben? *Es bleibt weder ein Verlangen nach Vergnügungen, noch der Wunsch, sich ihrer zu entledigen.* Mit der Weisheit des intuitiven Erfassens entsteht wahre Losgelöstheit und tatsächliche Entsagung durch das Überlassen der konzeptuellen »Ich-Wesenheit«.

Mit der Aufhebung der »Ich-Wesenheit« kommt Frieden und Ruhe. Es ist kein Raum mehr für Verwirrung, Zweifel oder Täuschung. Konzepte von Himmel und Hölle, Geburt, Tod und Wiedergeburt, sie alle lösen sich zusammen mit der Aufhebung der »Ich-Wesenheit« auf. Und noch wichtiger, sogar die Täuschung einer Befreiung verschwindet zusammen mit der Täuschung der Gebundenheit, weil beide auf dem »Ich«-Konzept beruhen. Und dann erscheint es wie ein Wunder – nicht daß der Verstand vom Schleier der Unwissenheit befreit werden sollte – sondern daß er überhaupt von Gedanken, Vorstellungen, Konzepten, Wünschen und Verlangen behaftet und überschattet war.

Gleichzeitig mit dem intuitiven Erfassen kommt es zur Einsicht – oder mit der Einsicht kommt das intuitive Erfassen – daß die Unterscheidung zwischen dem universalen Bewußtsein und dem persönlichen Bewußtsein nur theoretisch war. Sie war wie eine Unterscheidung zwischen der Welle und dem Wasser in der Welle oder wie die Unterscheidung zwischen einem Wort und dem Inhalt, auf das es sich bezieht.

Ein leichter Wind, der einige Blumen streift, trägt ihren Duft weiter. Ebenso erschafft Bewußtsein Körper entsprechend den Vorstellungen, die es hegt und mit denen es sich identifiziert. Durch diese Körper, die es belebt, erfährt es dann die Konsequenzen solcher Vorstellungen.

Erleuchtung geschieht nur dann, wenn das Bewußtsein sich selbst aller Vorstellungen und Konzepte entledigt, indem es aufhört zu konzeptualisieren. Sie geschieht nur dann, wenn der Verstand nicht länger von den Gegensatzpaaren beeinflußt wird und Objekte nicht mehr gleichsam von einem Pseudo-Subjekt wahrgenommen werden. Es gibt in Wirklichkeit gar keine Transformation als solche, sondern nur eine Sprengung der vorgestellten Gefängnisgitter der Begrenzung, die das Bewußtsein in seiner nichtidentifizierten, unendlichen Universalität zurückläßt. Wenn der Geist von allen Konzeptualisierungen gereinigt ist, kehrt er wieder zu seiner natürlichen Ganzheit zurück. Er funktioniert natürlich

Die Eine Wahrheit

und reibungslos, ohne Verwirrungen oder Zweifel. Wellen mögen auf der Oberfläche des Ozeans erscheinen und verschwinden, Welten mögen an der Oberfläche des Bewußtseins entstehen und vergehen, aber während der Unwissende davon mitgerissen wird, sind sich die *jnanis* immer des ruhigen Gleichmuts der zugrundeliegenden Einheit bewußt.

Im Augenblick der Erleuchtung erkennt der Mensch, daß er das unendliche Bewußtsein ist, das in sich alles enthält, was überall und zu jeder Zeit geschieht. Er ist Unendlichkeit und Zeitlosigkeit. Er erkennt, daß Freude und Leid im Körper durch das Wirken von Zeit und aufgrund bestimmter Umstände erfahren werden, die ihn (als universales Bewußtsein) nicht wirklich berühren. Der Unwissende betrachtet den Körper als Quelle des Leids, aber für den Erleuchteten ist er die Quelle unendlicher Wonne und Freude. Und da er unangehaftet an den Körper ist, trauert er nicht, von ihm Abschied zu nehmen, wenn seine Lebensspanne zu Ende ist, da er ihn immer nur als Instrument gesehen hat.

Es gibt kein Universum unabhängig vom Bewußtsein, in dem die Phantasien eines Augenblicks oder einer Epoche aufsteigen (von denen jeweils angenommen wird, daß sie sich auf einer realen Zeit-Skala befinden, so wie Objekte im Traum *in der betreffenden Zeit* durchaus real erscheinen). Eine ganze Epoche kann im Geist erdacht werden, ebenso wie eine ganze Stadt sogar in einem kleinen Spiegel reflektiert werden kann. Wie können wir uns dann der Realität von Dualität oder Nicht-Dualität sicher sein? Tatsache ist, *daß Bewußtsein selbst beides ist, der Augenblick und die Epoche, die Nähe und die Ferne*. Bewußtsein ist die miteinander verbundenen Gegensätze, die sich durch Überlagerung gegenseitig aufheben, hinein in die phänomenale Leere, die in Wirklichkeit die noumenale Fülle aller Möglichkeiten ist.

Das Gold als Substanz wird nicht wahrgenommen, solange man nur das Armband als solches sieht. Es wird nur dann wahrgenommen, wenn das Armband als bloße Form erkannt wird, die leicht veränderbar ist. Wenn die fälschliche Annahme, das Universum sei wirklich, entfällt, bleibt nur Bewußtsein übrig. Vollkommene Abwesenheit des Objektiven ist die totale Anwesenheit des Subjektiven.

Viertes Buch

Wenn das Selbst verwirklicht wurde, wurde nichts verwirklicht! Das Innen und das Außen, das Selbst und das Nicht-Selbst, sind nur Worte, ohne irgendeine Bedeutung oder Substanz, die nur benutzt werden, um dem Unwissenden entgegenzukommen. Die Wahrnehmung des äußeren Objekts als reales Objekt schafft gleichzeitig das Pseudo-Subjekt. Im Grunde gibt es nur Seh-*en*, es gibt weder den Seh-*enden*, noch das gesehene Objekt. Wenn die Eindrücke der Erinnerung unwirksam geworden sind, existiert kein Pseudo-Subjekt mehr, und ohne ein vermeintliches Subjekt kann es auch kein Objekt geben. Das Noumenon existiert als Subjekt nur aufgrund eines Objekts, und das phänomenale Objekt ist nichts als eine Spiegelung des Subjekts. Dualität kann es nur als jeweiliges Gegenstück zur Nicht-Dualität geben. *Wie kann sich die Frage nach Vereinigung oder Einheit stellen, wenn es nur Unicity gibt?* Gold ist die Substanz jeden Goldschmucks. Das Problem der Dualität taucht nur auf, wenn Name und Form gegeben werden und man sagt: Das ist ein Armband. Jenseits von allen miteinander verbundenen Gegensätzen ist das Absolute, Brahman. Wenn diese Wahrheit intuitiv erfaßt wird, verschwindet jede Dualität und Nicht-Dualität. Was bleibt, ist nicht mit Worten zu beschreiben. Ein solches intuitives Erfassen geschieht nur durch Selbsterforschung. Solange Worte zur Beschreibung einer Wahrheit benutzt werden, ist Dualität in Form miteinander verbundener Gegensätze unvermeidbar. Obwohl Worte notwendig sind, um die Aufmerksamkeit des Unwissenden auf die Wahrheit zu richten, sind sie *nicht* die Wahrheit.

Intuitives Erfassen der Wahrheit führt zur direkten Erfahrung der Nicht-Dualität. Das Ego-Gefühl und die alten Prägungen lösen sich auf. Es gibt keine bindenden Gefühle von »Ich« und »mein« mehr und ebenso kein Gefühl von Annehmen oder Ablehnen. Das Körper-Verstand-System funktioniert »wie im Tiefschlaf«.

Die Wünsche, die in diesem Zustand der Befreiung auftauchen, sind Teil der natürlichen Funktionen und sind frei von allen Sehnsüchten nach äußeren Objekten. Solche elementaren Wünsche, die bereits vor dem Kontakt mit den Sinnesobjekten bestanden, bleiben weiterhin. Sie sind natürlich, spontan, nicht von Gedanken verursacht und daher frei von der Verfälschung durch Dualismus. Die Wahrheit ist nicht-dual, aber jede Handlung ist zwangsläufig mit Dualität verbunden, weil alle Abläufe nur in der scheinbaren Dualität stattfinden können. Tatsächlich beinhaltet das intuitive Erfassen das Verstehen, daß jede Unterscheidung zwischen Dualität und Nicht-Dualität rein konzeptuell ist. Dualität und Nicht-Dualität bilden ein Paar miteinander verbundener Gegensätze, wie unzählige andere solcher Polaritäten, ohne die es keine Manifestation geben könnte. Wenn keine Konzepte mehr da sind, wenn das Konzeptualisieren selbst aufhört, bleibt die Unicity des Absoluten.

Im intuitiven Erfassen haftet allen Ereignissen ein Gefühl der Unwirklichkeit an, weil sie bloße Bewegungen im Bewußtsein sind, und Bewußtsein ist unsere wahre Natur.

Die Eine Wahrheit

Die endgültige Wahrheit ist jenes letzte Verstehen ohne einen Verstehenden, der die Wahrheit versteht.

Wenn man gefragt wird, wer man ist, würde man als Antwort selbstverständlich seinen Namen und die Lebensdaten angeben, die jeweils erwartet werden. Deine Antwort auf die Frage »Wer bist du?« entspräche dann genau dem, was erwartet würde. Aber sie wäre nicht die Wahrheit!

Die Wahrheit ist, daß man nicht das ist, was man zu sein scheint. Was immer Freunde oder Feinde von uns denken mögen, was immer man selbst aus der Perspektive seiner physischen, mentalen und moralischen Eigenschaften von sich denken mag – es sind alles Bilder, die sich schnell wieder verändern können. Was ist man also genau?

Die Wissenschaft schaut dich genauer und tiefgehender an und sagt dir, daß du eigentlich »nichts« bist. Der Wissenschaftler entdeckt, daß das menschliche Wesen tatsächlich eine Ansammlung von Gliedern und Organen ist, die selbst eine Ansammlung von winzigen Lebewesen sind, von der Wissenschaft Zellen genannt. Zellen wiederum sind eine Ansammlung von Teilchen. Wird diese

Schlußfolgerung bis zum Äußersten weitergeführt, ergibt sich daraus die unbestreitbare Tatsache, daß es dich letztlich gar nicht gibt. Dich, der du für andere eine individuelle Wesenheit mit Form, Substanz und bestimmten Vorstellungen zu sein schienst, gibt es einfach nicht. Du bist *als du selbst* einfach nichts. Mit anderen Worten, was immer du zu sein glaubst, was immer andere glauben mögen, was du bist, du bist tatsächlich »nichts«. Du bist aus der vergrößerten Sicht einfach die Schwingung von Energie in einem bestimmten Muster, ein Tanz unsichtbarer Teilchen und Wellen – so sehen dich die Physiker auf der subatomaren Ebene.

Die Wissenschaft kann dich umgekehrt auch von weitem vor dem Hintergrund deiner Umgebung betrachten, d.h. deine Existenz in Verbindung zur Welt. Der Physiker weiß, daß du auf subatomarer Ebene als individueller Körper nichts bist. Was aber bist du als eine Erscheinung, wenn die Welt als Ganzes gesehen wird? Was bist du aus der Sicht der Astrophysik?

Was bist du, wenn die Welt als ein Ganzes betrachtet wird, in dem du einen winzigen, aber wesentlichen Teil darstellst? Als was wirst »du« gesehen, wenn man dich aus immer weiterer Entfernung sieht? Dann gehst »du« zuerst in den Raum über, in dem du stehst, dann in das Haus, dann in die Stadt usw., bis du die Welt bist, bis du aus der Sicht der Unendlichkeit das Universum bist.

Der wesentliche Punkt ist, daß »du« einfach nicht als individuelle Wesenheit existierst. Du bist weder »Nichts«, noch »Alles«. Wie herum auch immer, die bestürzende Schlußfolgerung läßt sich nicht umgehen: Ich bin nicht das, was ich zu sein scheine; ich bin nicht das, was ich zu sein glaubte. Das Ja zu dieser Schlußfolgerung, auch wenn es anfangs auf der intellektuellen Ebene ist, wird zu einer anhaltenden Überzeugung führen, wenn man sich so oft wie möglich die Zeit nimmt, eine Weile ruhig darüber nachzudenken. Entspanne deinen Körper, laß das Geschwätz der Gedanken zur Ruhe kommen und wende deinen geistigen Blick nach innen. Wenn du dies tust, kann sich die Erkenntnis offenbaren (wenn die Gnade da ist, wenn es dem göttlichen Plan des Ablaufs der Totalität entspricht), daß das Nichts, das du bist, keine Leere ist, sondern vielmehr die Fülle des Ganzen, die Erkenntnis, daß »dein«

Körper nichts als ein Instrument ist (mit Augen, Ohren und Gehirn), dessen sich Bewußtsein in seinem Wirken bedient.

Ein solches Erkennen der eigenen phänomenalen Abwesenheit als eine getrennte Wesenheit ist gleichbedeutend mit der Erkenntnis unserer subjektiven, noumenalen Gegenwart, mit dem gesamten Universum als unserem objektiven Körper. Und diese Erkenntnis, so sagen die Meister (die Sufis, die Advaita-Vertreter, die Taoisten), ist Erleuchtung: *Ich existiere als phänomenale Abwesenheit, aber die phänomenale Erscheinung ist mein Selbst.*

Diese Erkenntnis drückt sich im tatsächlichen Leben als das nichthandelnde Handeln des reinen Bezeugens aus. Der Zustand reinen Zeuge-Seins gehört einer radikal anderen Dimension als der räumlich-zeitlichen an, und muß ganz klar von einer bloßen Bewegung im Geist unterschieden werden, weil:

1) es im Bezeugen keinen »Bezeugenden als eine individuelle Wesenheit gibt
2) es im Bezeugen keine Beurteilung als »gut« oder »schlecht« gibt
3) es daher kein wie auch immer geartetes Verlangen nach einer Veränderung dessen »Was-Ist« gibt.

Mit anderen Worten, diese Erkenntnis bewirkt ein müheloses Gleiten durch das Leben zusammen mit einer bereitwilligen Annahme all dessen, was das Leben bringen mag.

Die Eine Wahrheit ist daher, daß es nichts außer dem subjektiven ICH gibt. Es bezeugt die phänomenale Manifestation (einschließlich aller »Ich«-Formen) und seine Abläufe, und ist Seiner Selbst nicht gewahr, wenn keine phänomenale Manifestation vorhanden ist, die bezeugt werden kann.

Glossar

Advaita — Lehre der Nicht-Dualität (a = keine; dvaita = Zweiheit); grundlegend dargestellt im *Vedanta*, der Schlußbetrachtung der *Veden*
Ahamkara — Ego, Ich-Gefühl
Amritanubhava — Abhandlung des Weisen *Jnaneshvar* über *Advaita*. Übersetzung ins Englische und Kommentar von Ramesh S. Balsekar: *Experience of Immortality*, Chetana, Bombay 1984
anitya — nicht ewig, veränderlich, vergänglich
annamaya kosha — Der aus Nahrung gebildete Körper
Ashtanga Yoga — Die Lehre des achtfältigen Yogapfads nach Patanjali
ativahika — Feinstofflicher Körper
atma-shakti — Die Kraft des universalen Selbst
avidya — Unwissenheit über die wahre Natur des Selbst

Bhagavad Gita — Teil des Epos *Mahabharata*, Unterweisungen Krishnas an seinen Schüler Arjuna
bhajan — Hingebungsvolles Singen religiöser Lieder
bhakta — Jemand, der dem Pfad der Liebe zu Gott durch Verehrung und hingebungsvollen Dienst folgt, Devotee
Bhakti Yoga — Weg der Hingabe und Liebe zu Gott
bija — Same; hier auch: Veranlagung
Brahma — Schöpfergott im Hinduismus
Brahman — Das unendliche Bewußtsein, das Absolute, die Eine Höchste Wirklichkeit, die sowohl ruhend als auch dynamisch ist und doch über beidem steht
buddhi — Intelligenz

chid-akash	Das reine, unendliche Bewußtsein
chit shakti	Die kosmische Energie des unendlichen Bewußtseins, Urenergie, ausgehend von der Bewegung im Bewußtsein, die sich zuerst als »Ich Bin« ausdrückt
dharma	Charakteristische Qualität, natürliche Merkmale, angeborene Eigenschaften
drashta	Bewußtsein als wachsamer Zeuge
gopis	Die Hirtenmädchen, die Krishna liebten und mit ihm tanzten
Guru	Der spirituelle Lehrer, Meister, der »Vertreiber der Unwissenheit«
Hatha Yoga	Körperliche Yogaübungen
Jnaneshvar	Ein Weiser, der im 13. Jahrhundert in Maharashtra an der Westküste Indiens lebte. Verfasser von *Jnaneshvari* und *Amritanubhava*
Jnaneshvari	*Jnaneshvars* Kommentar zur *Bhagavad Gita* in Marathi
jnani	Wissender, Weiser, in dem das endgültige Verstehen (ohne einen Verstehenden) stattgefunden hat
kaivalya	Vollkommene Freiheit
karma	Handlung als Ausübung des Willens und in persönlicher Verantwortung betrachtet, eingebunden in das »Gesetz« von Ursache und Wirkung
Karma Yoga	Weg der Verwirklichung durch Handlung, die uneigennützig, ohne Anhaftung an das Ergebnis, in einer Haltung des Dienens ausgeführt wird
Krishna	Vollständige Inkarnation des Göttlichen *(Avatar)*, der vor etwa 5000 Jahren auf Erden er-

	schien. Die *Bhagavad Gita* ist die Offenbarung seiner Weisheit an Arjuna
kshana	Ein Augenblick (der im Denken als ganzer Weltzyklus erscheinen mag)
lila	Der Ablauf der Totalität als göttliches Spiel; Bewegungen und Aktivitäten des Höchsten, die von Natur aus frei sind und keinen Gesetzen unterliegen
mahabhokta	Der höchste Genießer
mahad-akash	Die Gesamtheit der bekannten Formen
mahadrishti	Die große Vision (der Urenergie des Bewußtseins)
mahakarta	Der höchste Ausführende aller Handlungen
mahakriya	Das große Tun (der Urenergie des Bewußtseins)
mahashakti	Die große Kraft (der Urenergie des Bewußtseins)
mahaspanda	Die große Vibration (der Urenergie des Bewußtseins)
mahatyagi	Der höchste Entsagende
mahavakyas	Wörtlich: »erhabene Aussagen«; vier Lehrsätze der Upanishaden: Bewußtsein ist *Brahman*. Ich bin *Brahman*. DAS bist du. Dieses Selbst ist *Brahman*
Mahayana	Hauptzweig des Buddhismus, der sich in China zu *Chan*, in Japan zu *Zen* entwickelte
manas	Geist
manomaya kosha	Feinstoffliche Hülle, die der Ebene der Wahrnehmung zugeordnet wird
Marathi	Sprache im heutigen Bundesstaat Maharashtra, Westindien Muttersprache von Nisargadatta Maharaj, in der er auch seine Gespräche führte
maya	Wörtlich: »das, was nicht ist«, dessen Vorhandensein nur aus den Wirkungen gefolgert wird, die es hervorbringt. Die Illusion oder der Schleier, durch den sich das Eine verbirgt und als Vielfalt erscheint

Nisargadatta Maharaj	Guru von Ramesh S. Balsekar. Er lebte von 1897–1981 hauptsächlich in Bombay in einfachsten Verhältnissen als Verkäufer handgedrehter Zigaretten. Schüler des *Advaita*-Lehrers Siddharameshvar Maharaj. Nach seiner Verwirklichung fanden viele Sucher aus aller Welt zu ihm. Im Westen wurde er bekannt durch die Aufzeichnung einiger seiner Gespräche in: Sri Nisargadatta Maharaj: *I Am That*, Chetana, Bombay 1973. Auszugsweise deutsche Übersetzung: Sri Nisargadatta Maharaj: *ICH BIN...*, Context Verlag, Bielefeld 1989
niyati	Schicksal, natürliche Ordnung
ojassthana	Die Quelle der physischen Energie im Körper, »Ort des Lichts«
paurusha	Handlungen, bei denen man von der Gültigkeit persönlichen Willens und persönlicher Verantwortung ausgeht
pralaya	Auflösung der Manifestation am Ende eines Zeitzyklus
puryashtaka	(feinstofflicher) Körper; siehe *ativahika*
Rama	Göttliche Inkarnation *(Avatar)*, dessen Leben im *Ramayana*-Epos erzählt wird
Ramana Maharshi	Weiser, der von 1879–1950 fast ausschließlich am Berg Arunachala in Tiruvannamalai im indischen Bundesstaat Tamil Nadu lebte. Er hatte keinen Guru, und seine Verwirklichung geschah in jungen Jahren, plötzlich und spontan. In seinen Gesprächen vertrat er die Lehre des *Advaita*. Er wird als einer der größten Weisen unserer Zeit angesehen.
sadhana	Spirituelle Übungen
samsara	Weltliche Existenz

samskara	Das Festhalten an einer Vorstellung, die letztlich nur Bewegung im Bewußtsein ist
shakti	Die Kraft Brahmans
Shiva	Gott der Veränderung und Auflösung im Hinduismus; zuweilen aber auch Bezeichnung für das ruhende Absolute, die reine, formlose Transzendenz
tanmatra	Die fünf fundamentalen Substanzen, welche die Objekte der fünf Sinne der Wahrnehmung bilden und welche sich in den fünf reinen Elementen ausdrücken (Ton im Raum, der Tastsinn in der Luft, die Form im Feuer, der Geschmack im Wasser und der Geruch in der Erde).
Tao	Nicht-dualistische Lehre in China, als deren Begründer Lao-Tse gilt
turiya	Der transzendentale Zustand der Befreiung während des Lebens
vasanas	Selbst-Begrenzung in Form von Fixierungen, Vorstellungen, Neigungen und Prägungen
Vasishtha	Spiritueller Lehrer des Prinzen Rama
Vedanta	Wörtlich: »Ende des *Veda*«, eines der sechs Systeme der indischen Philosophie, dessen Ziel die Erkenntnis des Absoluten ist, und die in den *Upanishaden,* den *Brahma Sutras* und der *Bhagavad Gita* niedergelegt wurde
Vedas	Offenbarungen, die von Sehern (*Rishis*) gehört wurden und in vier umfangreichen Sammlungen von Hymnen überliefert wurden; die heiligste, absolute Autorität der Hindus
vidya	Wissen
vijnanamaya kosha	Die feinstoffliche Hülle, die alle Gedankenformen und den Intellekt umfaßt
Vishnu	Im Hinduismus: Gott in seinem Aspekt als Erhalter des Universums

RAMESH S. BALSEKAR
im Verlag Alf Lüchow

Die Lehre erleben
ISBN 3-925898-28-X
160 Seiten - kartoniert

Erleuchtende Gespräche
ISBN 3-925898-25-5
416 Seiten - kartoniert

Erleuchtende Briefe
ISBN 3-925898-27-1
192 Seiten - kartoniert

Die Eine Wahrheit
ISBN 3-925898-59-X
250 Seiten - kartoniert

Video
Gespräche in Kovalam/Südindien
ISBN 3-925898-44-1
8 Videos mit je ca. 3 Stunden Laufzeit

---— VERLAG ⊚ ALF LÜCHOW ———

»ES GIBT NICHTS AUSSER BEWUSSTSEIN«

Adavita, die Lehre der Nicht-Dualität, gehört zu den wichtigsten Lehrsystemen indischer Weisheit. Die Übertragung der Lehre findet im unmittelbaren Gespräch zwischen Meister und Schüler statt. Ramesh S. Balsekar folgt dieser Tradition ebenso wie sein Lehrer Nisargadatta Maharaj oder Ramana Maharshi.

Wird das völlig verstanden – zutiefst, intuitiv – so fällt die bis dahin aufrechterhaltene Vorstellung eines »getrennten Ichs« weg und damit die Grundursache für alle menschlichen Probleme. Der Leser könnte an diesem Punkt mit dem Lesen aufhören. Der überwiegende Teil aber, der weiterliest, wird von den Fragen, die alle Lebensbereiche betreffen, und Balsekars Antworten zutiefst berührt sein.

ISBN 3-925898-25-5 • kartoniert
416 Seiten, DM 44.–/SFr. 44,–/ÖS 320,–

Ein Brief, vom Guru (Lehrer) geschrieben, ist eine unpersönliche und zugleich persönliche Darbietung der LEHRE für den Schüler. »Unpersönlich« deshalb, weil die Quelle der Briefe keine individuelle Person ist, für die der Guru gewöhnlich gehalten wird. »Persönlich«, da der Brief an eine individuelle Person gerichtet ist, von der der Schüler meint, er sei sie.

ERLEUCHTENDE
BRIEFE
RAMESH S. BALSEKAR

ISBN 3-925898-27-1 • kartoniert • 192 Seiten
DM 29,80 / SFr. 29,80 / ÖS 216,–

DEIN WAHRES ICH

Gespräche mit

JEAN KLEIN

Die Gespräche dieses Buches kreisen um die Ursprungsfrage aller Fragen über das Leben und den Menschen, um die Frage

»Wer bin ich?«

In ihnen wird die große indische Tradition der Advaita-Lehre, der Nicht-Dualität, des Weisen Ramana Maharshi fortgeführt.

In den wichtigsten Passagen dieser Gespräche zeigt uns Jean Klein, daß es kein vom »Anderen« getrenntes »Ich« gibt, sondern nur ein unteilbares Sein jenseits aller Dualität. Dort herrscht der wahre Friede unseres Wesens.

Der Arzt und Musikwissenschaftler Jean Klein wuchs in Europa auf. Bei seinen Reisen in Indien fand er in der Begegnung mit den dortigen Weisen die Antwort auf seine Suche nach der Essenz des Lebens. Seit 1980 lehrt Jean Klein in den USA und in Europa.

96 Seiten. Kartoniert. ISBN 3-925898-20-4

Gespräche mit
Swami Prajnanapada
Gesammelt von R. Srinivasan
Vorwort von Frédérick Leboyer

Es wird gesagt, daß es drei Wege auf dem Weg zu Gott, zur Wahrheit, zum Absoluten gibt: Bhakti Yoga, der Weg der Liebe und der Hingabe; Karma Yoga, der Weg des sozialen, wohltätigen, selbstlosen Handelns, und Jnana Yoga, der Weg des wahren Wissens. Dieses Buch befaßt sich mit dem letzteren Weg, der viel weniger bekannt ist als die anderen beiden, und doch sagt man, daß er der »höchste« Weg ist.

Nur ein Heiliger kann über Heiligkeit sprechen oder ein Meister über Weisheit. Wie könnte also ich, ein einfacher Sterblicher, einen Mann wie Swami Prajnanapada vorstellen. Das einzige, was ich sagen kann, ist, daß ich seit unserer ersten Begegnung im Jahre 1962 bis zu seinem Dahinscheiden im Jahre 1974 mehrere Monate im Jahr zu Seinen Füßen saß. Wäre ich ihm nicht begegnet, wäre keins meiner Bücher geschrieben worden, noch hätte ich meine Einstellung zur Geburt verändert.

Er hat einfach meine Augen für das große Leiden des Geborenwerdens geöffnet, indem er mich zu jenem schrecklichen Augenblick zurückführte, so daß ich aus persönlicher Erfahrung »fühlen und wissen« konnte, wie es »für das Kind« ist, sich von seiner Mutter zu trennen und geboren zu werden. Obwohl das, was zwischen einem Meister und seinem Schüler passiert, weder erklärt noch als eine Methode oder ein Glaubensbekenntnis vorgestellt werden kann, ist das Buch von R. Srinivasan kostbar, weil es das, was man die »Belehrungen« nennen könnte, getreu wiedergibt.

Aus dem Vorwort
von Frédérick Leboyer,
dem »Vater der sanften Geburt«

176 Seiten. Kartoniert. ISBN 3-925898-19-0

Stephen Wolinsky
mit Margaret O. Ryan

Die alltägliche Trance
Heilungsansätze in der Quantenpsychologie

Wie wird die individuelle Wirklichkeit geschaffen? Wie werden unsere Symptome und Probleme über Jahrzehnte hinweg erschaffen und erhalten?

Dr. Stephen Wolinsky integrierte die *östliche Philosophie*, die westlichen psychotherapeutischen Ansätze von *Milton H. Erickson* und die *Quantenphysik* in bahnbrechender Weise und schuf damit höchst originelle Antworten.

Durch Bündel von Trance-Zuständen, die von uns erschaffen werden, erleben wir Probleme wie zum Beispiel chronische Angstzustände, phobische Reaktionen, zwanghafte und obsessive Verhaltensweisen, sexuelles Fehlfunktionen, gestörtes Eßverhalten und das wiederholte Scheitern unserer Beziehungen. Diese problematischen Trance-Zustände stammen aus unserer Kindheit, in der sie dazu dienten, das Kind zu bewahren und zu schützen. Sie werden vom verzweifelten Kind auf »Automatik« geschaltet und funktionieren in den meisten von uns bis in unser Erwachsenenleben hinein.

Therapeuten, als auch Leser, die in keinem Heilberuf tätig sind, finden bemerkenswert handfeste Methoden, um die Art zu ändern, mit welcher sie bisher die Erfahrung ihrer Welt erschaffen haben.

DIE ALLTÄGLICHE TRANCE wurde als »*bahnbrechende Arbeit*« (John Bradshaw) bezeichnet, als »*Geschichte machende Psychotherapie ... eine transzendente Erfahrung*« (Carl Whitaker), als »*revolutionär*« (Carl Ginsburg). Es enthält eine Goldmine an Ressourcen für Inzest-Überlebende, für jene, die an den destruktiven Verhaltensmustern der Sucht leiden und für jeden, der sich in wenig wünschenswerten emotionalen oder verhaltensmäßigen Zuständen befindet. Wenn wir lernen, aus unseren selbst-erschaffenen Trance-Zuständen herauszutreten, dann lernen wir, in die Gegenwart einzutreten – in unseren natürlichen »trancelosen« Zustand, in dem wir einen unbehinderten Bewußtseinsfluß erfahren.

»Diese faszinierenden Trance-Geschichten aus dem Alltagsleben als auch aus dem Behandlungsraum nähren das Gefühl für das Wunder und die Kreativität, die die einzige Hoffnung für die menschliche Gesellschaft sind.«
Dr. Ernest L. Rossi

»Dieses Buch ist nicht nur für Psychotherapeuten, es ist für all diejenigen von uns, die sich danach sehnen, einen Sinn in unser Leben und in unsere Welt zu bringen.«
Ron Kurtz, Begründer der Hakomi Therapie

302 Seiten, kartoniert. ISBN 3-925898-17-4

QUANTENBEWUSSTSEIN
Das experimentelle Handbuch der Quantenpsychologie

von Dr. Stephen Wolinsky

Der Autor von *Die alltägliche Trance: Heilungsansätze in der Quantenpsychologie* hat ein neues Buch herausgebracht: einen schrittweisen Führer in die tieferliegende Einheit des Quantenbewußtseins. Dr. Stephen Wolinsky gibt uns über 80 Übungen an die Hand, um den Quantenansatz an Problemlösungen zu erforschen und zu erfahren. Dieses Abenteuer kann man allein, zu zweit oder in einer Gruppe unternehmen; es führt uns in neue Welten und überschreitet die Grenzen der weitreichendsten gegenwärtigen psychologischen Überlegungen.

Dr. Stephen Wolinsky hat eines der interessantesten und anregendsten psychologischen Konstrukte seit Abraham Maslow geschaffen. **Colin Wilson**

Sie werden **Quantenbewußtsein** *übervoll finden – reich an hilfreichen Übungen und an Einsichten, die oft auf den eigenen Erfahrungen von Dr. Wolinsky basieren. Sie werden Techniken begegnen, um das Bewußtsein in jenen Situationen zu ändern, in denen feste Wahrnehmungsmuster die Menschheit viel zu lange in den Höhlen der Nicht-Erleuchtung gefangen hielten.* **Dr. Fred Alan Wolf**

Dr. Stephen Wolinsky hat hier einen gewaltigen Schritt nach vorn getan: in die spurlose Leere des Quantenbewußtseins – wo die Welt als vibrierende Möglichkeit erfahren wird. **Dr. Nick Herbert**

Dieses Buch basiert auf einer einfachen, aber profunden Wahrheit: die Art und Weise, wie das Universum funktioniert, enthält wichtige Erkenntnisse darüber, wie der menschliche Geist arbeitet. Dr. Wolinsky wendet die Lektionen der modernen Physik auf eine orginelle, praktische und erregende Weise auf die Psychologie an. Heute suchen Physiker eine Theorie, die alles umfaßt. Hat Wolinsky die Psychologie entdeckt, die alles umfaßt? Dieses Buch bringt die Psychologie – auch wenn sie dabei um sich tritt und schreit – auf den Stand der Wissenschaft des zwanzigsten Jahrhunderts – eine Entwicklung, die schon lange überfällig war. **Quantenbewußtsein** *ist ein wesentlicher Beitrag, der die gesamte Psychologie neu beleben könnte.*

Dieses Buch ist ein Weckruf an alle Disziplinen, einschließlich der Medizin, die sich mit menschlichen Wesen und deren Problemen befassen. Es zeigt, daß wir nicht als Zuschauer am Spielfeldrand der Physik des 20. Jahrhunderts sitzen und dieses tiefe Wissen ignorieren können; dessen Implikationen sind einfach viel zu tief, zu reich und zu wichtig für das Wohlbefinden der Menschen, als daß man sie übersehen könnte. **Dr. Larry Dossey**

296 Seiten, kartoniert · ISBN 3-925898-18-2

— Verlag Alf Lüchow —

Stephen Wolinsky

DAS TAO DES CHAOS
Quantenbewußtsein und das Enneagramm

Vom Autor der hochgelobten Bücher *Die alltägliche Trance, Quantenbewußtsein* und *Die dunkle Seite des inneren Kindes*, Dr. Stephen Wolinsky, kommt jetzt das vierte, bahnbrechende Werk: *Das Tao des Chaos. Quantenbewußtsein und das Enneagramm*. In diesem Buch zeigt uns Wolinsky einen Weg zu unserem essentiellen Wesenskern, indem wir das Chaos zur Regel machen, anstatt zur Ausnahme. Das ist ein Prozeß, bei dem das Chaos zu unserem Freund wird, zu einer vertrauten Erfahrung, zu einer willkommenen Heimstätte oder gar zum Mittel, das uns zu unserem universellen Selbst zurückführt. Wolinsky zeigt uns, daß die dysfunktionale Persönlichkeit als Widerstand gegen das Chaos geschaffen wurde. All unsere Bemühungen, das Chaos durch Widerstand zu *ordnen* und immer mehr Systeme zu erschaffen, um es zu regeln, haben versagt. Es scheint auf der Hand zu liegen, daß eine Persönlichkeit, die aus Chaos und dem Widerstand gegen das Chaos geboren wurde, nur zu immer mehr Chaos und Widerstand führen kann.

In diesem Buch geht es darum, die Erfahrung, gegen die wir uns am meisten wehren, zu untersuchen und herauszufinden, daß das Chaos nicht länger unser Feind, sondern unser Freund ist. Zahlreiche Übungen fordern Sie auf, Ihr eigenes Chaos zu erfahren und – indem Sie es kennenlernen – zur Essenz Ihres Wahren Selbst zu finden.

Dieses Buch ist brillant, und es bietet phantastische und wundervolle Einsichten. Ich werde es immer wieder aufschlagen. **Deepak Chopra**

Wolinsky führt die Perspektive der Quantenpsychologie in Das Tao des Chaos in noch größere Dimensionen. Er zeigt, daß der Wunsch, das Leben zu bereinigen und alle rauhen Flecke zu entfernen – d.h. das Chaos loszuwerden –, töricht ist. Wenn man richtig mit dem Chaos umgeht, kann es zur Quelle tiefen persönlichen Wachstums werden und zu Erfüllung führen. Stephen Wolinsky schreibt die moderne Psychologie neu. Tun Sie sich einen Gefallen, und kaufen Sie dieses Buch. **Larry Dossey**

Wolinsky untersucht die Strukturen des Ego im Lichte des Enneagramms und erforscht das Chaos in Systemen. Dadurch öffnet er völlig neue Möglichkeiten, die Blockierungen unseres psychologischen und spirituellen Wachstums zu verstehen. Wer sich auf seine zahlreichen Anekdoten und Übungen einläßt, wird auf jeden Fall einen signifikanten persönlichen Durchbruch erleben.
Don Richard Riso & Russ Hudson

344 Seiten, kartoniert • ISBN 3-925898-43-3